L'ESPION ANGLOIS,

OU

CORRESPONDANCE SECRETE

ENTRE

MILORD ALL'EYE

ET

MILORD ALLE'AR.

Singula quæque notando. HOR.

Nouvelle Edition, revue, corrigée & considérablement augmentée.

TOME QUATRIEME.

A LONDRES,

Chez JOHN ADAMSON.

MDCCLXXIX.

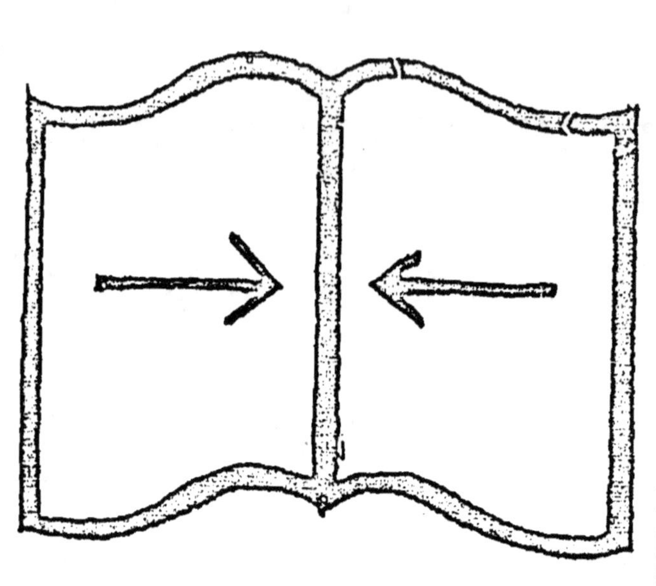

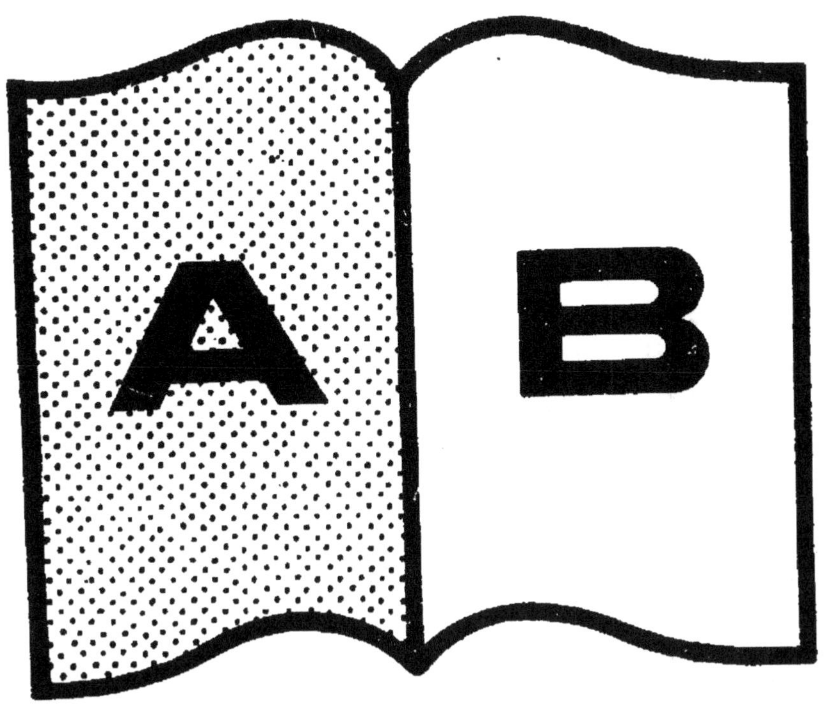
A
B

LETTRES

Contenues dans ce quatrieme Volume.

TABLE.

Fin de la Table.

L'ESPION

L'ESPION ANGLOIS.

LETTRE XLII.

Sur l'établissement d'une caisse d'escompte.

MONSIEUR Turgot, durant son ministere, Milord, s'est toujours occupé des moyens de parvenir à la réduction de l'intérêt de l'argent. Il sentoit parfaitement que c'étoit la seule maniere de se mettre au niveau des autres états & de procurer à la France l'accroissement de prospérité & de richesses dont elle est susceptible. Mais plus instruit qu'un de ses prédécesseurs (a), il savoit que cette baisse ne devoit point s'opérer forcément; que le gouvernement n'avoit à s'en mêler en rien, & qu'elle ne pouvoit être que la suite naturelle d'une plus grande abondance d'especes, & surtout d'une circulation plus libre & plus rapide C'est dans cette vue qu'il avoit adopté le plan d'une *Caisse d'escompte*, ainsi que le porte le préambule (b)

a M. de Laverdy avoit fait rendre par le roi une loi qui réduisoit l'intérêt de l'argent à 4 pour cent. Son successeur, M. Maynon, fut obligé de le remettre à cinq.

b Sur la requête présentée au roi étant en son conseil par *Jean-Baptiste-Gabriel Bernard*, contenant : *qu'il desiroit établir*

de l'arrêt du conseil (*a*) qui l'institue. Il n'a été publié que peu avant sa disgrace; & comme l'usage de ce royaume est que le ministre suivant ne soutienne pas, néglige, contrarie, ou souvent même détruise l'ouvrage de son prédécesseur, on avoit lieu de craindre que ce projet n'avortât avant son exécution. Mais M. de Clugny a rassuré les entrepreneurs à cet égard, par une lettre adressée au Sr. de Mory, nommé provisoirement caissier de cet établissement, où il annonce que son intention est de n'y apporter aucun changement, qu'il le voit sous le même point de vue que M. Turgot, & qu'il est disposé à le faire exécuter & à le favoriser en tout ce qui dépendra de lui (*b*). En conséquence il a pris une sorte de forme, & je me détermine à vous en parler.

Outre la baisse de l'intérêt de l'argent, principal

---

dans la capitale une caisse d'escompte, dont toutes les opérations tendroient à faire baisser l'intérêt de l'argent.

a En date du 24 Mars 1776.

b Voici cette lettre même, en date du 1 Juin : *Vous ne devez avoir aucune inquiétude, Monsieur, sur l'établissement de la caisse d'escompte approuvée par S. M. & confirmée par l'arrêt du conseil du 24 Mars dernier : mon intention n'est pas d'y apporter aucun changement. Je le vois sous le même point de vue qui avoit déterminé mon prédécesseur à le protéger. Vous pourez compter sur les mêmes dispositions de ma part & prendre les mesures convenables pour la prompte & entiere exécution de l'arrêt. Je suis très parfaitement,* &c.

(*Signé*)

CLUGNY.

objet de la caisse d'escompte ; le même préambule déja cité en présente d'une utilité plus étendue, comme de sûreté & d'économie pour les particuliers (*a*). Ainsi ses fonctions seront d'une part, d'escompter au plus à quatre pour cent par an tous les effets commerçables, de l'autre, de se charger en recette & dépense, des deniers & caisses des particuliers qui le desireront, sans pouvoir exiger d'eux aucune commission. On lui permet d'ailleurs de faire le commerce des matieres d'or & d'argent (*b*), soit pour l'occuper en cas qu'elle reste oisive, soit pour la dédommager des sacrifices qu'elle fait par un prêt au dessous du taux ordinaire, surtout entre négocians & financiers.

Les fonds d'avance de cette compagnie en commandite (*c*) c'est-à-dire sans aucune autorité entre

---

a *Et qui* continue le préambule, *présenteroit un moyen de sûreté & d'économie au public, en se chargeant de recevoir & tenir gratuitement en recette & dépense, les fonds appartenans aux particuliers qui voudroient les y faire verser*, &c.

b Tout cela est compris dans l'article II de l'Arrêt du Conseil, qui porte : „ Les opérations de ladite caisse consisteront, 1°. à escompter des lettres de change & autres effets „ commerçables, à la volonté des administrateurs, à un taux „ d'intérêt qui ne pourra, dans aucun cas, excéder 4 pour „ cent l'an ; 2°. à faire le commerce des matieres d'or & „ d'argent ; 3°. à se charger en recette & dépense, des deniers, caisse & payemens des particuliers qui le desireront, „ sans pouvoir exiger d'eux aucune commission, rétribution „ ou retenue quelconques, & sous quelque dénomination „ que ce puisse être ".

c Suivant l'article I, qui dit : „ les actionnaires qui com-

les membres) sont de quinze millions, desquels dix ont dû être versés au 1 Juin, au trésor royal, & dont le remboursement avec les intérêts se fera en treize années, à raison d'un million par an payable de six mois en six mois, sur le pied de 500,000 livres par semestre (*a*).

Tel est le résumé des clauses les plus essentielles de l'établissement, qui font naître plusieurs réflexions bien naturelles. D'abord on juge que tout cet appa-

---

„ poseront ladite compagnie, seront associés en commandite, „ sous la dénomination de *caisse d'escompte* ".

a Suivant l'article IV que voici : „ *il sera* fait par lesdits „ actionnaires un fonds de quinze millions de livres, pour „ lesquels il leur sera délivré cinq mille actions de trois „ mille livres chacune, qu'ils payeront en argent comptant „ en un seul payement ; desquels quinze millions il y en au„ ra cinq qui serviront à commencer les opérations de la „ caisse d'escompte, & les autres dix millions seront déposés „ au trésor royal le 1 Juin 1776, pour sûreté des engage„ mens de ladite caisse, ainsi & de la maniere, qu'il sera ex„ pliqué par l'article VI ; lesquels dix millions ; S. M. sera „ suppliée d'accepter à titre de prêt, & de donner pour va„ leur, des quittances de finance du garde du trésor royal, „ pour treize millions payables en treize années, afin d'opé„ rer le remboursement du capital, & le payement des inté„ rêts de ladite somme de dix millions ; lesquelles quittances „ de finances seront divisées & acquittées en vingt-six paye„ mens égaux, de cinq cens mille livres chacun, dont le „ premier sera échu & payable le premier Décembre 1776, „ & qui continueront ainsi de six en six mois, les premiers „ de Juin & de Décembre de chaque année, jusques & com„ pris le premier Juin 1786. "

reil de bien public prétendu n'est qu'un leurre pour déguiser & colorer un emprunt véritable que le roi fait sous une forme bisarre. Comment concevoir autrement la conduite d'une compagnie, qui se réunissant pour faire des fonds nécessaires à ses opérations, qui ne pouvant bénéficier que sur une grande circulation, commence par se dessaisir des deux tiers & les remettre entre les mains de S. M. ? Ensuite, l'on trouve absurde le prétexte qu'en donne l'arrêt du conseil (*a*) de faire servir ces dix millions de sûreté & de garantie générale des opérations de ladite caisse. Il est très plaisant de voir ces Messieurs offrir le roi pour leur caution, eux qui ne veulent point d'effets sur le roi, & se déclarent pour n'en point escompter, comme vous le verrez, Milord. Qu'est ce d'ailleurs qu'un gage qui diminue chaque année, & rentre en peu de tems dans leurs mains ?

Aussi s'est il trouvé peu de capitalistes qui ayent goûté ce placement d'argent, & dès la premiere assemblée tenue le 26 du mois dernier il n'y a eu que 40 actionnaires, & dans ce petit nombre de votans

a Il est dit article VI : ; les treize millions de livres qui forment le montant total des quittances de finance ci-dessus „ mentionnées, ou ce qui en restera dû eu égard aux payemens „ qui auront été faits, demeureront spécialement affectés à la „ sureté & garantie générale des opérations de ladite caisse: „ Et ne pourront, en aucun cas, les administrateurs d'icelle, vendre, aliéner transporter ni hypothéquer la portion „ des quittances de finance qui se trouvera non remboursée.

tous n'étoient vraisemblablement pas en titre. Quoi qu'il en soit, je n'ai pas manqué de m'informer de ce qui s'y étoit passé. Elle s'est ouverte par un discours, dont on a délivré copie à chacun des assistans. L'orateur, qu'on ne soupçonnera pas de vouloir séduire par son éloquence, après avoir dans son exorde déterminé le motif de la convocation, a voulu établir d'abord le vrai but de cette institution. Il faut vous présenter un échantillon de sa harangue.

„ Avant de procéder à cette élection (des administrateurs) si intéressante pour nos succès, me permettez-vous, Messieurs, de vous entretenir quelques instans sur le sujet qui forme la base fondamentale de notre institution, je veux dire sa tendance manifeste à faire baisser le taux de l'intérêt de l'argent : dans ce seul mot vous trouverez à la fois le germe de notre utilité envers le public, les fondemens de la prospérité à laquelle nous ne pourrons atteindre qu'à force de services rendus, &, il faut vous le dire, Messieurs, la source de toute l'opposition que cette affaire a éprouvée.

„ Si les réflexions que nous allons vous offrir sur l'extrême utilité de la réduction de l'intérêt de l'argent, n'adoucissent pas l'amertume de nos contradicteurs, elles seront du moins bien propres à nous consoler de leur persévérance."

„ Il est important pour nous qu'on connoisse tous les avantages de cette réduction de l'intérêt, & qu'une vérité à laquelle on ne donne souvent qu'un consentement d'habitude, soit démontrée par des exemples frappans, & des calculs positifs, afin qu'on sente tout le mérite d'un établissement qui tendra sans cesse à un but aussi salutaire."

„ On se convaincra aisément de l'importance du bas prix de l'intérêt de l'argent, quand on verra de quelle maniere il influe sur les objets suivans, l'agriculture, les manufactures, le commerce étranger, les finances, l'industrie nationale".

Il a prouvé successivement cette influence par des calculs simples, qu'il étoit inutile de faire, & qui supposoient dans les auditeurs une intelligence trop bornée (*a*) ou des occupations absolument étrange-

---

a On en peut juger par ces paragraphes : l'agriculture & les manufactures.

I. L'AGRICULTURE.

„ Qu'un terrein en friche demande 1,000 livres pour le mettre en valeur & le rendre susceptible d'un produit net de 50 livres par an ; si l'argent est à 6 pour cent, le propriétaire perdroit au défrichement ; s'il est à 5, il n'y gagneroit rien ; s'il est à 4 pour cent, il gagnera une pistole par an sur chaque 1,000 livres qu'il employera : n'est-il pas clair que dans les deux premiers cas le terrein restera en friche & que dans le dernier il sera cultivé ?

Disons aussi que la diminution du taux de l'intérêt augmente le prix des terres ; que l'intérêt commun de l'argent soit 5 pour cent, les terres les plus solides des possessions se vendront au denier 25 ; que l'intérêt baissi à 4, les terres monteront au moins au denier 30 ; & une terre qui dans la premiere hypothese se feroit vendue 250,000 livres, se vendroit

res au rôle qu'ils jouoient en ce moment. Cependant comme il y a dans cette partie de son discours des détails & des faits bons à conserver, j'en ai fait note, & vous trouverez les articles sur le (*a*) com-

---

dans la seconde cent mille écus ; source féconde de libération pour les terres grévées.

II. LES MANUFACTURES.

„ Qu'une manufacture emploie un capital de 100,000 livres l'argent à 5 pour cent, c'est 5,000 livres par an qu'il lui en coûte : que l'argent tombe à 4, elle pourra faire à son choix de deux choses l'une, ou elle diminuera d'autant le prix de ses productions & profitera de l'augmentation de débit occasionné par la diminution des prix, ou bien elle portera son capital de 100,000 à 125,000 livres, sans augmenter ses charges, & s'étendra dans cette proportion ; quelque parti qu'elle prenne à cet égard, il tournera toujours à l'avantage de la nation."

a LE COMMERCE.

„ Qu'un négociant de France fasse de compte à demi avec un négociant de Hollande une entreprise quelconque en commerce étranger, qu'ils fassent chacun 100,000 livres de fonds ; que l'argent coûte au négociant François 5 pour cent, au Hollandois 3 ; que le bénéfice au bout de l'an soit de 8,000 livres, c'est, 4,000 livres pour chacun A quoi aura abouti leur industrie mutuelle, si ce n'est à enrichir le commerçant de Hollande 1,000 livres aux dépens de celui de France ? Si c'étoit là tout le mal, il ne seroit pas grand, parce que l'état aura pu gagner plus que le négociant particulier aura perdu ; mais ce qui est irréparable, c'est que cette branche de commerce soit perdue pour l'état ; car nul ne consentira à faire le commerce à ses propres dépens.

merce, les finances (a) & l'industrie nationale (b) vues moins en petit & traitées d'une façon plus politique.

La Hollande nous fournit une preuve bien instructive de la vérité que nous établissons. Elle a été longtems dans la possession presqu'exclusive d'une branche très-importante du commerce d'économie, je veux dire, la construction des vaisseaux pour les afrétemens des autres peuples; à quoi a-t-elle dû sa supériorité à cet égard? est-ce à son sol? Non, sans doute; elle n'a ni fers, ni bois, ni chanvres. Est-ce à la modicité des impôts? Encore moins. C'est au bas prix de l'intérêt de l'argent établi bien plutôt en Hollande qu'ailleurs; & ce qui acheve de le prouver, c'est qu'à mesure que les autres nations sont parvenues à se rapprocher des Hollandois dans le taux de l'intérêt, elles ont pris plus de part au commerce d'afrétemens. S'il est une nation dans le monde à qui ce commerce seroit utile, c'est à la France; c'est une source de richesse pendant la paix & de marine pour le tems de guerre; mais pour la posséder complettement, il ne suffit pas à la France du nombre de ses ports & de l'industrie de ses habitans, il faudroit encore le bon marché de l'argent: bref, l'intérêt est une véritable charge du commerce; diminuer ses charges, c'est augmenter le bénéfice, cela est évident".

(a) LES FINANCES.

" C'est ici que le bas prix de l'intérêt de l'argent influe d'une maniere bien rapide & bien importante qui ne voit que réduire le taux de l'intérêt, c'est diminuer le poids de la dette publique: diminuer la rente d'une constitution, c'est rendre aux revenus de l'état le même service que si l'on avoit éteint la même proportion du capital: dans les emprunts public, à quelque usage qu'on les destine, il faut charger le peuple en raison de l'intérêt payé pour ces emprunts: si cent millions coûtent 6 pour cent, c'est 6 millions par an dont il faudra augmenter les impôts; mais si l'on ne paye que 4 pour cent, il ne faudra imposer que 4 millions au lieu de 6; ou bien avec

Après avoir fait valoir de son mieux ces objets d'utilité patriotique, auxquels il voudroit élever le

---

ces mêmes six millions d'imposition on pourra emprunter 150 millions au lieu de 100, & cela sans que les revenus publics soient plus grévés dans un cas que dans l'autre : quel avantage prodigieux dans les guerres, les subsides & les dépenses publics de tout genre!

Si l'Angleterre a eu des succès dans la derniere guerre, on conviendra qu'elle les doit en grande partie aux dépenses excessives qu'elle a du soutenir ; elle a emprunté en six années 75 millions de livres sterling (environ 1800 millions de notre monnoie) ; si au lieu de payer environ trois & demi pour cent de tous ces emprunts, elle eût été obligée d'emprunter à 5 & à 6 pour cent, elle n'auroit pas pu lever une somme suffisante dans ses impôts annuels pour en payer l'intérêt, & probablement la confiance publique se seroit tarie trois ans plutôt : que seroit-elle devenue dans les dernieres campagnes?

Une observation importante à placer ici, c'est que la Banque d'Angleterre a contribué par plus d'un moyen à rendre ces emprunts praticables".

(b) L'INDUSTRIE NATIONALE.

„ Avoir démontré les quatre points qui précedent, c'est avoir établi le cinquieme : en effet, si l'agriculture a été excitée par de nouvelles facilités qui appellent aux défrichements; si les manufactures sans augmenter leurs charges ont employé de plus grands capitaux, ou si en diminuant le prix de leurs productions elles en ont augmenté le débit ; si le commerce s'est ouvert de nouvelles branches dont le haut prix de l'argent l'avoit exclus jusqu'alors, & si ces branches sont des sources de puissance aussi bien que de richesse ; si les finances ont reçu de ces mêmes causes des moyens de diminuer les charges publiques & de soulager le peuple, que faudra-t-il de plus pour que l'industrie nationale ait tout son ressort & que la puissance réelle de la France s'accroisse d'un même pas avec les richesses & le bien-être de ses peuples ?

zele de ses confreres, l'orateur détruit les objections qu'on pourroit lui faire, mais aussi foiblement qu'il a démontré sensiblement les premiers, d'une évidence reconnue. Il continue avec le même ton de bonhommie :

„ Mais on nous dira peut-être que déja l'abondance de l'argent a amené le prix de l'escompte à 4 pour cent ; c'est un grand bien, sans doute, d'en être venu au même point où est l'Angleterre ; mais nous sommes encore bien loin de la Hollande, où l'escompte est souvent à deux & même un trois quarts pour cent l'an. Pourquoi ne travailleroit-on pas à égaler les Hollandois en cette partie, ou du moins à donner de la consistance & de la solidité aux avantages que nous nous sommes déja procurés en ce genre ; Il s'en faut bien qu'on puisse regarder comme permanente la position actuelle de la place à cet égard ; les opérations du gouvernement, des bruits bien ou mal fondés contraires à la tranquillité de l'Europe, des emprunts nouveaux peuvent resserrer l'argent, & l'escompte remonter tout de suite à 5 & à 6 pour cent. D'ailleurs, l'instabilité du prix de l'escompte & l'incertitude de touver l'abondance de l'argent dans les momens du besoin, sont par elles mêmes de grands empêchemens aux spéculations étendues & à une circulation accélérée ; il importoit donc de former un établissement qui ne s'occupât, pour ainsi dire que de cette branche seule & dont les fonds ne pussent pas, à la moindre tentation, se divertir vers d'autres emplois.

„ Telle est votre caisse d'escompte, elle prendra sans cesse le papier au-dessous du cours de la place; ce n'est pas ici une vaine promesse: son intérêt l'y contraindra; car s'étant interdit les autres commerces, elle n'aura aucun autre emploi de ses fonds; chez elle ce sera une nécessité à l'argent de chercher le papier; chez les particuliers le papier vient chercher l'argent que mille autres emplois lui disputent entre leurs mains. "

„ C'est d'après ce point fondamental qu'il faut prononcer sur l'honnêteté, sur l'utilité de notre établissement, mais, nous dit-on, quels sont vos moyens? avez-vous pu croire qu'un chétif capital de 5 millions fut suffisant pour opérer un si grand effet, & pour influer sur le taux commun de l'intérêt? D'ailleurs, où sont les bénéfices qui vous engagent dans cette spéculation? Ne voyez vous pas que de vos 5 millions destinés à l'escompte journalier, une partie chommera nécessairement, & qu'il y aura des frais d'administration inévitables, peut-être des pertes à déduire de ce qui reste? De 4 pour cent d'intérêt que vous prenez, ce sera beaucoup s'il vous reste 2 pour cent net. "

„ Il est vrai M. M. que si nous ne devions opérer que sur nos 5 millions, notre établissement seroit peu utile au public, & encore moins avantageux à nous-mêmes; mais nous avons des vues plus étendues; & puisque l'on a poussé l'affectation jusqu'à prétendre qu'on ne les pénétroit pas, nous allons les expliquer plus précisément. Elles sont les mêmes que celles de toutes les Banques de circulation de l'Europe; nous nous offrons à être les cailliers du public, à garder l'argent de ceux qui le desireront, & à nous en charger, soit en compte courant, pour le rendre sur le simple *mandat* des propriétaires, soit en échange de nos reconnoissances payables à vue."

„ Quand on réfléchit sur les frais, les risques & l'incommodité des caisses domestiques, il paroit naturel de penser que beaucoup de particuliers chercheront à les éviter en se servant de la caisse d'escompte. Tous ceux qui ont vu la manutention des caisses un peu considérable, peuvent juger combien elle est coûteuse: de plus il y a le risque de vol, de feu, d'erreurs, la perte sur les sols, sur les passes de sacs, &c. Il y a peu de banquiers à Paris à qui ces objets ne coûtent dans l'année 3,000 à 4,000 livres, à quelques-uns le double, aux trésoriers bien d'avantage encore. Toutes ces personnes trouveront une économie considérable à se servir de la caisse d'escompte."

„ Quant aux particuliers qui aujourd'hui gardent eux-mêmes leur argent, la caisse sera pour eux d'une commodité encore plus décidée; elle se chargera gratuitement de recevoir leurs effets, de payer sur leurs simples *mandats*; ils éviteront par ce moyen tout l'embarras des payemens en nature & toute l'inquiétude qui doit les accompagner, quand ils sont hors de chez eux. D'autres enfin, & peut-être en grand nombre, desireront de faire leurs payemens en reconnoissances de la caisse, puisque ces reconnoissances seront en forme ronde, propres à la circulation & payables en especes à la présentation; elles éviteront à ceux qui les prendront les détails d'un bordereau, l'embarras de peser, de compter, de vérifier, & elles rendront un payement d'un million aussi facile & aussi court, moins volumineux & plus léger que ne l'est aujourd'hui un payement de 400 livres."

„ Que faut-il pour s'attirer les caisses des particuliers? De l'économie pour eux; elle est démontrée; de la commodité; elle saute aux yeux; de la sûreté: c'est-là le grand point, voyons si elle est bien établie. La sûreté suppose deux choses, fidélité & solidité: comment sont les caisses particulieres à cet égard? tout y est réduit à la sureté morale qui résulte de l'opinion qu'on a de la bonne foi de son caissier; car solidité il n'en a aucune. Qu'il y ait une erreur considérable, soit volontaire ou accidentelle, il est rare que le caissier particulier puisse la réparer; mais dans le cas de la caisse d'escompte, non seulement la sûreté morale est plus forte que chez le particulier, puisqu'il y a sept surveillans pour un; mais on y trouve en outre une sûreté pour ainsi dire physique, le cautionnement d'un capital réel de 15 millions."

Ce grand professeur en finances, non content d'avoir ainsi développé ce qu'il appelle la théorie de l'établiſſement, théorie qui ſeule, ſuivant lui, profondement diſcutée, doit donner les plus légitimes eſpérances de ſuccès, en appelle à tous les peuples qui recueillent les avantages du commerce & du crédit public, & les atteſte comme pouvant certifier par des proſpérités ſoutenues, réſultantes de ſemblables banques, la vérité de ſes ſublimes ſpéculations. Il ſe moque de ceux qui n'auroient pas confiance dans une caiſſe d'eſcompte toujours ſous la main d'une autorité deſpotique : il prétend que celle-ci connoît trop bien ſes intérêts pour les contrarier par un manque de foi, par un abus de pouvoir qui tourneroit contre elle-même.

„Ce n'eſt pas en Angleterre & en Hollande ſeulement, dit-il, que les banques ont du ſuccès, ni dans Genes, Hambourg & les autres pays appellés libres: mais dans des gouvernemens réputés moins propres à ces établiſſements, Berlin, Breſlau, Coppenhague, Pétersbourg ont des banques; partout elles ont été tentées & partout elles ont réuſſi; bien loin de s'étonner de l'exiſtence de l'établiſſement que nous avons formé, ou de douter de la poſſibilité de ſa durée, il faudroit peut-être s'étonner que depuis longtems Paris & Conſtantinople ſoient pour ainſi dire les ſeules capitales en Europe qui n'aient pas quelqu'établiſſement en ce genre."

„Que veulent en effet ceux qui, en dépit de l'expérience & de la raiſon, prétendent que les banques ne peuvent exiſter dans les monarchies? N'eſt il pas clair qu'ils confondent l'existence du pouvoir avec le projet prémédité d'en abuser, & d'en abuser non pas à son propre profit, mais à son propre détriment. Le premier acte d'autorité feroit tarir la source de tous les biens qu'on peut attendre d'un pareil établissement, en détruisant toute confiance.

„ Pour moi je ne sais si ceux qui affectent des craintes de violence sont de bonne foi; s'ils le sont, je désespere de les tranquilliser; ils ont l'imagination malade, leur guérison est du ressort de la médecine, & non pas du raisonnement."

„ Mais en voilà assez pour nous qui sommes instruits de la nature de cet établissement, & qui connoissons son but: pour nous qui savons qu'il est honnête, & qui desirons qu'il soit utile: quant à la multitude, elle ne peut avoir d'opinion que d'après les succès."

Le défenseur de la caisse d'escompte termine par une réflexion bien consolante pour ceux qui craindroient d'y hasarder leur fortune; c'est qu'en supposant que les bénéfices ne fussent pas proportionnés à leur espoir, ils ne courent du moins aucuns risques. Ecoutez comment il rassure les pontes timides.

„ Le tems seul pourra faire connoître de quels bénéfices cette affaire est susceptible, mais ce que l'on peut démontrer dès-à-présent, c'est qu'il peut y avoir bien plus à gagner pour les actionnaires qu'il ne sauroit y avoir à perdre: en effet, si nous n'avons de caisse à garder que la nôtre, si la commodité de notre institution ne nous procure aucune jouissance d'argent : si à cet égard la France se trouve en opposition avec tous les autres états, vous renoncerez bientôt à un travail à charge à vous mêmes & inutile au public, & vous retrouverez dans les cinq millions de votre caisse & dans le million annuel du roi, à peu près la même valeur que l'action vous aura coûté. Si, au contraire, vous avez de nombreuses caisses de particuliers & des reconnoissances en grand nombre dans la circulation, vous aurez des fonds considérables à employer à l'escompte & au commerce des matieres ; alors votre dividende annuelle pourra être considérable. "

Il pose pour dernier axiome un grand principe, qui devroit être celui de tout établissement, où, sous prétexte de se charger des intérêts communs, une administration dévorante absorbe non-seulement les bénéfices, mais souvent les capitaux de leurs crédules commettans.

„ Quelque chose, dit il, qui arrive à cet égard, n'oublions jamais, Messieurs, que les bénéfices de la caisse d'escompte ne peuvent être qu'en raison directe des services & des facilités que le public aura reçus, & que les administrateurs n'auront quelque chose, que lorsque les actionnaires auront beaucoup."

Les actionnaires encouragés par sa harangue patriotique, brûlant de la ferveur de l'enthousiaste de la caisse d'escompte, ranimerent leur confiance & procéderent à la nomination de sept administrateurs, le caissier compris (a), & l'on vit avec peine entre les noms de ces élus celui d'un homme qui avoit autrefois proposé d'établir une banque sur les ruines de la compagnie des Indes, & avoit fait banqueroute peu après (b).

Quoi qu'il en soit, diverses circonstances font présumer que malgré ces préparatifs la caisse en question ne réussira pas, & ne se formera jamais solidement.

1°. L'arrêt du conseil ordonne que les dix millions devoient être versés au 1 Juin dans la caisse du trésor royal; mais le public ne s'empressant pas de porter son argent à celles de ces Messieurs, ils n'ont pas jugé à propos de se mettre sottement à découvert d'une pareille somme pour leur propre compte, & il y a apparence que le roi n'en pouvant pas tirer meilleur parti, sera forcé de les dispenser de tenir cette condition de leur engagement.

2°. Cette caisse d'escompte n'est pas comme toutes celles de cette espece, comme les banques de tous les états: elle examine, elle discute les papiers qu'on lui apporte, rejette les uns & admet les autres à son choix. D'abord, tout ce qui est sur le roi n'est point reçu: elle l'auroit trouvé bon pour lui confier l'argent des dupes qui auroient pris de ses actions, mais les manutenteurs de la machine ne trouvent pas sage d'y hasarder leurs propres fonds. Ensuite les effets

---

a Mrs. Sellonf, Pache, Marck, de Lesser, Panchaud, de Saint-Janvier & de Morry.

b Le Sr. Panchaud.

fur particuliers font encore fufceptibles de beaucoup d'arbitraire, & le tems de l'échéance détermine furtout l'acceptation. On ne fe charge d'aucune lettre de change à plus de deux ufances.

3°. Suivant fon inftitution, elle s'annonçoit comme devant recevoir gratuitement les revenus des particuliers, foit à la ville, foit fur les états, foit ailleurs; elle y déroge déja en ce point & ne vaque pas à un fervice dont elle craint d'avoir la charge fans le revenant bon, qui devoit dépendre de l'emploi momentané de ces fonds, & qui ne peut avoir lieu, les fiens ne circulant pas encore dans leur totalité.

4°. Les actions de cette caiffe ne font point mifes en jeu comme tous les autres effets; on n'en voit aucune fur la place, foit en gain, foit en perte. D'où l'ont conclud affez naturellement qu'elle n'eft qu'un fimulacre, un établiffement phantaftique, n'ayant encore pris aucun corps, aucune confiftance, qui s'évanouira comme il s'eft formé, fans qu'on s'en apperçoive ou s'en reffente.

Dans le vrai, rien de plus abfurde qu'une imagination de cette efpece fous ce gouvernement-ci, où rien n'eft ftable ni facré. Qui oferoit aventurer fa fortune aux mains d'un prétendu caiffier, qui à la premiere requifition du miniftre des finances ne pourra s'empêcher de lui donner fes clefs, & de le laiffer fouiller à fon choix dans fa caiffe. Ignore-t on ce qui fe paffoit à la compagnie des Indes, dés fonds de laquelle le contrôleur général disposoit comme de ceux du trésor royal ? Ouvroit-elle un emprunt ? C'étoit toujours le roi qui commençoit par mettre la main dessus, & le remplaçoit après quand & comme bon lui sembloit. N'a-t-on pas vu un abbé Terrai piller la caisse des fermes, celle des receveurs généraux des finances, & ces caisses plus sacrées encore, appellées de Consignations (*a*), sous la sauve garde immédiate de la justice ? Viol d'un dépôt public, qui auroit mérité la corde au particulier qui s'en seroit rendu coupable. N'a-t-il pas poussé l'infamie jusqu'à mettre au lieu d'argent de mauvais effets royaux, perdant 30, 40 ou 50 pour cent, jusqu'à forcer les malheureux plaideurs, étonnés d'une telle métamorphose, à se taire & à recevoir ce qu'il lui plaisoit leur donner (*b*) ? L'apologiste de la caisse d'escompte compare donc mal à propos celle qu'il s'agit d'établir, aux diverses banques de l'Europe, & surtout à celles de la Hollande & de l'Angleterre ; établissemens posés sur les fondemens même de ces états, & qui ne peuvent manquer que par leur subversion. Les raisons de confiance qu'il tire de l'intérêt bien entendu du gouvernement, de se ménager une pareille ref-

---

a On appelle ainsi des dépôts où les plaideurs sont obligés de consigner certains fonds, jusqu'à ce que la justice ait reconnu & declaré le vrai propriétaire.

b C'est ce qu'on lit du moins dans des *Mémoires sur l'Administration des finances en* FRANCE, *sous M. l'abbé* TERRAI

ſource, en ne s'en permettant aucun abus, eſt illuſoire ſous des miniſtres égoïſtes & précaires, occupés à ſe tirer d'un embarras urgent & diſpoſés à ſacrifier un ſiecle de bonheur politique a un moment de jouiſſance perſonnelle. Le paſſé en fournit des exemples continuels, & l'on ne peut qu admirer l'aveuglement ou l'innocence de l'orateur, qui ſemble parler comme un homme neuf en France, n'ayant jamais vu, ni lu, ni ouï dire rien de ce qui s'y fait journellement.

Par une petite ruſe, ſouvent employée, mais enfin toujours bonne, parce qu'il y a toujours des dupes, les chefs de la caiſſe d'eſcompte ont imaginé de publier une *Lettre d'un Anglois* prétendu à un de ſes compatriotes, où ils exaltent juſqu'aux nues leur propre projet (*a*), & ne le donnent modeſte-

---

a Extrait d'une lettre d'un Anglois à Paris, à ſon ami à Londres.

„ Tandis qu'une guerre civile ruine notre commerce & notre crédit, la France n'oublie rien pour faire fleurir l'un & l'autre chez elle. Les papiers publics vous ont inſtruit de tous les établiſſements utiles, agricoles & économes, formés depuis l'avénément du jeune roi au trône; il ſemble que tous ſes ſujets ſoient animés de ſon eſprit. Une compagnie commerçante vient de former encore un établiſſement patriotique ſous le titre de caiſſe d'eſcompte, avec un fonds de 15,000,000 de livres tournois Elle s'engage à eſcompter des billets & lettres de change, ſoit en tems de paix, ſoit en tems de guerre, ſans jamais paſſer le taux de 4 pour cent; & elle s'oblige de n'embraſſer que ce ſeul objet de commerce, avec celui de

ment que comme *un plan perfectionné de notre banque de Londres.* Vous jugez bien, Milord, que jamais Anglois, à moins qu'il ne soit habitant de Bedlam (*), n'a pu penser ni écrire cela. D'ailleurs, l'éloge outré qu'on y trouve de la France & de son gouvernement actuel, trahit l'auteur, & le decele pour un de ces adulateurs gagés, qu'ont toujours les ministres quand ils veulent faire prôner quelque plan ou entreprise : mais j'aime cette exclamation trop vraie & que cha-

---

l'or & de l'argent, & à recevoir les dépôts volontaires, sans se mêler d'autre chose. Tout Anglois doit être vivement allarmé de voir les commerçans, les manufacturiers & les agriculteurs de France mis à même de se procurer des fonds à 4 pour cent, dans le tems que notre banque d'Angleterre, qui depuis un siecle a gagné des sommes immenses, a haussé le prix de l'escompte à 5 pour cent. Une telle différence dans le taux de l'intérêt, jointe aux avantages naturels dont la France jouit, doit faire nécessairement pencher la balance du commerce en faveur de cette nation rivale. En vain nous nous flations que les impôts mis par le gouvernement sur l'industrie feroient renchérir la main-d'œuvre chez les François, il vient encore de renoncer à cette ressource fatale pour lui & avantageuse pour nous, en supprimant les corporations ; enfin ce nouvel établissement *qui n'est qu'un plan perfectionné de notre banque*, a assez sagement calculé les réglemens de son administration pour en assurer le succès; & cette compagnie compte que ses profits seront assez considérables pour la mettre en état de baisser bientôt le taux de l'intérêt à 3 pour cent. Quelle nation, mon ami, deux ans de sagesse lui suffisent pour réparer toutes ses pertes &c. "

* Ou Bethlem, hôpital des fous de Londres. *Note de l'Editeur.*

cun de nos concitoyens doit faire souvent : „ Qui „ nous auroit dit en 1762, que dans 13 ou 14 ans, „ la France seroit heureuse & florissante, & nous „ affoiblis & ruinés, l'aurions-nous cru ?" Nous ne l'attribuerons pas, sans doute, comme l'auteur, à la vertu & à la sagesse de sa nation, mais bien à l'imbécilité de la nôtre, à l'esprit de vertige & de démence de notre cour. Quand cela finira-t il ? *J'ai peur que ceci ne soit long*, dit le prophete de malheur, & je crains que ce pronostic de sa lettre ne soit le plus vrai.

O Cives, Cives, quæ vos dementia cepit ?

Paris, ce 11 Juillet 1776.

LETTRE XLIII.

Sur un livre obscene intitulé : la Foutromanie.

JE ne vous fais mention, Milord, de cet ouvrage infame, que parce que vous voulez ne rien ignorer de ce qui attire l'attention de cette capitale. Il y occasionne un bruit si considérable, que j'ai eu envie de le lire. Il est fort rare. M. Le Noir a les ordres les plus précis du gouvernement d'en empêcher la distribution. Malgré cette inquisition, la cupidité audacieuse élude & trompe tous les efforts des émissaires de la police pour s'opposer au débit de la *Foutromanie.* Quoique plusieurs colporteurs soient arrêtés & menacés des peines les plus graves, il en perce des exemplaires, & ils ne sont pas même à un prix exorbitant, puisqu'ils ne coûtent aujourd'hui que 9 livres la piece. Voici l'analyse de cet ouvrage obscene, dont le plus grand mérite est d'être prohibé. Il est intitulé: *Poëme lubrique, à Sardinapalis, aux dépens des amateurs*, 1775. Il est divisé en six Chants, d'environ 300 vers chacun. Il est précédé d'une préface servant d'apologie à l'entreprise de l'auteur, & surtout à la maniere cynique de son exécution. Il ne dit là-dessus que les lieux communs usités par ses semblables.

Ce poëme est le contraire de *Parapilla.* Celui-ci roule sur la chose la plus orduriere, sans contenir un seul mot sale, & l'autre les emploie jusques en parlant morale. Il n'est proprement que la paraphrase de la fameuse *Ode à Priape*, immortel chef d'œuvre de Piron dans le genre érotique. (*a*) On sent qu'en délayant, en étendant, en multipliant en tout sens les peintures énergiques de ce grand maître, on n'a pas que les affoiblir. D'abord on croiroit que c'est un traité didactique sur cet art, objet de tant d'écrits: il semble

a Poëme obscene, connu surtout par un *Poëme sur la vérole*, où il entre dans les détails les plus savans de l'art de la chirurgie.

semble que le poëte en ait eu le projet, mais il le perd souvent de vue, & ses chants ne sont pas même bien distincts.

Dans le premier, après une invocation à la *Luxure* & aux ombres des morts les plus illustres dans le genre que célebre l'auteur, il trouve que la *Foutromanie* est le bonheur des dieux, qu'elle les empêche de s'ennuyer. Il conseille aux hommes d'en faire autant : il peint son état quand il tient Mlle. Dubois dans ses bras. (Cette ancienne actrice de. la comédie françoise est la premiere qui ouvre la marche). Il est si fier alors qu'il brave les plus grands héros & même le roi de Prusse. Les Dlles. Arnoux & Clairon figurent ensuite. En parlant de celle-là, l'auteur si impudent sur les objets les plus sacrés, semble n'oser nommer le comte de Lauragais, & laisse en blanc le nom de ce Seigneur. Il n'est pas si délica à l'égard du comte de Valbelle, dont il peint l'attachement aveugle pour celle-ci. Mlle. Allard figure après avec le duc de Mazarin. Mlle. Vestris, éméritte de l'opéra, n'est pas oubliée. Des héroïnes de théatre l'auteur passe aux duchesses : il peint les mœurs à la mode parmi les femmes de cour, qui se dédommagent avec leurs laquais, des caresses que leurs maris prodiguent aux courtisannes. Court & vigoureux épisode sur la vieille Polignac de Pantin, si renommée pour son effroyable *putenisme*.

Dans le second, description des charmes d'une fille novice & des ardeurs d'un jeune libertin : rien n'atrête la lubricité à cet âge, pas même les menaces de l'enfer. Les directeurs se livrent aux mêmes débauches plus secrettement, l'auteur met à cette occasion en scene un Pere *Chrisostôme*, Carme. Déclamation contre les plaisirs imparfaits des couvens. Episode d'un *Foutromane*, se déguisant en vitrier & pénétrant chez des religieuses. Sortie contre les Tribades, les Pédérastes. Le vieux duc d'Elbœuf est un des premiers qui ait amené cette derniere secte en France. Digression sur la Vérole.

L'auteur ouvre le troisieme chant par vanter l'art qui guérit cette peste. Il célebre les hardis champions qui ont bravé ce mal immonde : il passe sans transition aux Prélats de cette espece : il parle des amours de M. Montazet, archevêque de Lyon, avec Madame la duchesse de Mazarin. Il se permet l'écart le plus indécent sur celles du duc d'Orléans & de Madame de Montesson, & poussant la licence jusques à insulter aux mânes de la feu duchesse, il révele au grand jour le secret des penchans de cette princesse pour Mrs. de l'Aigle & de Melfort, & ne rougit pas de les peindre victimes des caresses empoisonnées de S. A. Cependant il ne veut pas d'amour platonique. C'est en France où l'on ne se morfond pas auprès des femmes ; on en trouve dans tous les rangs de disposées à l'art, objet du poëme. Il faut prendre garde de se mettre mal avec ce sexe aimable. Comment y suppléer? La pédérastie est décriée ; ce qui donne lieu de raconter la disgrace du prince de

Beaufremont besognant un *Cent suisse*. Le peintre revient aux attraits de la femme. Il finit ce chant par l'éloge de l'Arétin, inventeur des fameuses postures.

Le quatrieme chant est consacré à l'éloge du *Bordel*. Les célebres maquerelles sont passées en revue: *Pâris*, *Carlier*, *Bokingston*, *Montigny*, *d'Hericourt*, *Gourdan*, reçoivent l'encens de l'Ecrivain. Description des orgies délicieuses de ces lieux infâmes. Le lit & la table doivent se succéder; c'est ce qui rend les Allemandes meilleures pour la foutromanie; l'auteur le pense ainsi & maudit l'Italie, où il s'est ruiné la bourse & la santé.

Le poëte, au cinquieme chant, encourage ceux qui seroient effrayés de la vérole: toutes les femmes ne l'ont pas. Et puis le moyen de résister à l'impulsion d'un tempérament de feu? Montesquieu a brûlé, ainsi que Rousseau & Marmontel; c'est d'Auberterre qui a enflammé ce dernier. Grand éloge de Dorat, poëte *Foutromane*; ce qui annonce combien l'auteur connoît peu ce flasque héros d'amour. Digression contre les Hollandois, qui n'aiment que l'or. Morale sur le bon usage des richesses, ce qui donne lieu de tomber sur M. de Brunoi. Description des cardinaux impudiques: Spinola couche avec Palestrine, Albani avec Altieri, Bernis avec Sainte-Croix, Borghese est b.... C'est ici que ce nouveau Mezence, provoquant la foudre des dieux de la terre, ose se permettre de mettre en scene l'auguste Marie-Thérese, l'il-

Illustre Souveraine des Russies, le Roi de Pologne, la feu Reine de Dannemarck, & que par une pitié insultante dans sa façon de s'exprimer, il plaint les Dames de France, les tantes de Louis XVI, de vivre célibataires.

Agironi est le héros du sixieme chant. Ce charlatan l'a sans doute guéri de quelque galanterie : il le met bien au dessus de *Keyser* & de tous ses semblables. Il entre dans quelques descriptions anatomiques, à la maniere de M. Robé; puis il revient sur le sujet de ses vers, sur la *Foutromanie*, ame de l'univers Il termine ainsi, après avoir ressassé, en ces termes orduriers & accoutumés, cette morale *Epicurienne* si dégoûtante dans sa bouche.

On ne peut nier que cet auteur, qui fera bien de garder le plus parfait incognito, n'ait quelque talent pour la poésie, qu'il ne montre de la facilité; mais il manque de l'essentiel en pareil genre, de l'énergie. Corneille disoit que pour faire une bonne tragédie il falloit avoir des c...... à plus forte raison quand on traite de celle-ci. Il y a cependant quelques tirades dans l'ouvrage plus remplies de nerf. Ce sont précisément les plus condamnables, celles où la plume auroit dû lui tomber des mains. Sa description des débauches des cardinaux est vive & rapide, mais n'approche pas de celle où le poëte forcené leve le voile sur les mysteres amoureux qu'Homere a tracés d'un pinceau si chaste en célébrant les nôces de Jupiter & de Junon. Doublement émule d'Arétin, & par son obscénité & par son audace, il parle avec une impudence facrilege des deux plus grandes Princeffes de l'Europe, aux vertus defquelles il rend hommage, même en les calomniant, & dirigeant vers elles fon encens empefté du fond de la fange où il fe roule.

On fent qu'une furie feule a pu infpirer l'écrivain lorfqu'il compofoit ces vers, dignes du feu, ainfi que lui. Que ne s'en tenoit-il aux héroïnes faites pour figurer dans la galerie de fes portraits? Combien d'anecdotes, d'épifodes, d'hiftoriettes en ce genre n'auroient pu lui fournir les couliffes & les courtifannes du grand ton, s'il eût voulu en enrichir fes chants: au contraire, il ne parle que de quelques vieilles impures, & ne paroît nullement inftruit de l'hiftoire des filles de Paris, dont il auroit dû fe meubler la mémoire, avant que d'entreprendre fa tâche très-mal remplie.

En voilà beaucoup trop, fans doute, Milord, fur un poëme qui mériteroit d'être condamné à un éternel oubli, fi la curiofité infatiable & irritée par une profcription rigoureufe ne lui donnoit une vogue éphémere: car, au fond, il ne peut plaire à aucune efpece de lecteurs, & n'a pas même le mérite des livres de ce genre pour les jeunes débauchés, dont ils fomentent les paffions, & pour les vieux, dont il rallument les defirs.

Puiffiez-vous, Milord, ne pas avoir befoin de pareilles reffources! Pour moi:

Non fum qualis eram bonæ
Sub regno cinaræ.

Mais j'ai toujours le cœur chaud pour mes amis & surtout pour vous.

Paris, ce 21 Juillet 1776.

LETTRE XLIV.

Sur la suite des opérations de M. le Comte de Saint-Germain, comme la formation des Divisions; l'Ordonnance portant Réglement général pour les troupes, celles concernant les Invalides, &c.

VOus me pressez, Milord, de vous rendre compte des dernieres opérations du nouveau ministre de la guerre & de vous instruire de ce qu'on en pense dans ce pays-ci. Pour vous contenter j'ai encore eu recours à mon militaire, & voici le résultat de notre conversation.

L'Espion.

Voilà, je crois, tout ce que nous avons à espérer d'essentiel de M. le comte de St Germain. Il a fini à peu près ce qu'il avoit annoncé de ses projets, tellement quellement.

Le Militaire.

Oui il ne reste plus qu'à défaire ce qu'il a fait.

L'Espion.

Attendez donc au moins qu'il ait un successeur.

LE MILITAIRE.

Au dire de bien des politiques, cela ne tardera pas: mais en supposant qu'il reste: il y a à parier que lui-même sera forcé de revenir sur bien des choses.

L'ESPION.

Vous êtes toujours caustique. Mais procédons méthodiquement: c'est la seule maniere de s'instruire dans cette multitude de variations dont la confusion étonne & embarrasse. Je voudrois savoir ce que vous pensez des officiers généraux qui doivent servir cette année pendant 4 mois aux 22 divisions entre lesquelles sont partagées les troupes (a).

---

a En voici la liste: *Flandres & Hainaut; Premiere Division*, le Marquis de Castries, lieutenant-général commandant, le comte de Puységur, le comte de Schomberg, maréchaux de camp. *Seconde Division*, le prince de Robecq, lieutenant-général; le comte d'Apchon, le Sr. de Sombreuil, maréchaux de camp. *Troisieme Division*, le marquis de Lugeac, lieutenant-général; le vicomte de Sarsfield, le comte de Grave, maréchaux de camp. *Artois*: le marquis de Levis, lieutenant-général; le marquis de Saint-Georges, le duc de Guines, maréchaux de camp. *Evêchés & Champagne*: *Premiere Division*, le comte de Broglie, lieutenant-général; le comte de Rochambeau, le baron de Saint-Victor, maréchaux de camp. *Seconde Division*, le comte de Choiseul-Beaupré, lieutenant-général, le comte de Guibert, le Marquis de Jaucourt, maréchaux de camp. *Troisieme Division*, le comte de Chabot, lieutenant-général; le marquis de Vaubecourt, le Sr. de Verteuil, maréchaux de camp. *Lorraine*; le comte de Stainville, lieutenant-général; le marquis de Conflans, le baron de Vie-

LE MILITAIRE.

Ils sont tous en général assez bien choisis. Au reste, il y en a plusieurs qui se sont excusés, n'ayant

---

meinil, maréchaux de camp. *Alsace : Premiere Division*, le marquis de Vogué, lieutenant général ; le comte d'Haussonville, le baron de Gelb, maréchaux de camp : *Seconde Division*, le baron de Wurmser, lieutenant-général, le marquis de Chamborand, le baron de Falkenhain, maréchaux de camp. *Troisieme Division*, le prince de Beauveau, lieutenant-général ; le duc d'Ayen, le baron de Wimpsen, maréchaux de camp. Comte de *Bourgogne* : le marquis de Ségur, lieutenant-général ; le comte de Scey, le marquis de Choiseul-la-Beaume, maréchaux de camp. *Dauphiné* : le comte de Tonnerre, lieutenant-général ; le comte de Durfort, le comte de Blot, maréchaux de camp. *Provence* : le comte de Vaux, lieutenant-général ; le marquis de Sommeyevre, le comte de Valbelle, maréchaux de champ. *Languedoc & Roussillon* : le comte de Mailly, lieutenant-général ; le comte de Caraman, le comte de Talleyrand, le comte de la Roque, maréchaux de camp. *Guienne* : le marquis de Traisnel, lieutenant-général ; le comte d'Esparbès, le marquis de Miran, maréchaux de camp. *Aunis & Poitou* : le marquis de Voyer, lieutenant-général, le comte de Montazet, le comte de la Tour-du-pin-Paulin, maréchaux de camp. *Bretagne* : le marquis de Langeron, lieutenant-général ; le marquis d'Héricy, le comte de Maillé, maréchaux de camp. *Normandie* : le duc d'Harcourt, lieutenant-général : le marquis de Beuvron, le marquis de la Vaupaliere, maréchaux de camp. *Picardie & Soissonnois* : le comte de Maillebois, lieutenant-général ; le comte de Melfort, le comte de la Luzerne, maréchaux de camp. *Provinces de l'intérieur* : le marquis de Poyanne, lieutenant-général ; le comte de Turpin, le marquis de Ray, le duc de Fronsac, maréchaux de camp. *Corse* : le comte de Marbeuf, lieutenant général ; le vicomte de Barrin, le Sr. du Rosel de Beaumanoir, maréchaux de camp.

pas voulu se charger les premiers d'une tenue d'administration, police & discipline intérieure des corps toute nouvelle, où il y a des choses qui leur ont répugné. On cite entr'autres les marquis de Talaru (*a*), surnommé *l'amour du militaire*, qui a craint de perdre cette qualité, le comte de Narbonne, surnommé Fritzlar dans la derniere guerre, pour avoir glorieusement emporté ce poste, le comte de Périgord, &c.

L'ESPION.

En revanche on s'opposoit à la nomination du comte de Maillebois.

LE MILITAIRE.

Oui, le tribunal des maréchaux de France a voulu remuer, mais ils ont reçu défenses de le faire. Cependant on parle d'un mémoire qu'ils ont présenté au roi, où ils prétendent que la monarchie n'offre point d'exemple dans le militaire d'un crime de la nature de celui de l'accusé (*b*), inculpant par écrit son supérieur & cherchant à le perdre; que mettre en activité le comte de Maillebois dans ses fonctions de lieutenant-général, c'est nécessairement lui laisser les prétentions au grade supérieur, qui n'est autre que celui de maréchal de France: c'est mettre même S. M. dans l'impossibilité de le refuser; c'est conséquemment lui donner la perspective de siéger parmi les ju-

a Nommé pour servir dans la divison de *Dauphiné*.

b Ceci est relatif à son affaire avec le maréchal d'Estrée, dont a parlé *l'Observateur Hollandois*.

ges du point d'honneur, lorsqu'il est encore flétri à ce même tribunal. Ils déclarerent qu'ils ne pouvoient s'associer un pareil collegue, & qu'ils remettroient plutôt leur bâton au roi.

Mais le ministre de la guerre, après avoir fait écrire par S. M. au tribunal une lettre où elle lui défendoit de lui faire aucune représentation au sujet de cet officier général, où elle ajoutoit qu'elle avoit reconnu son innocence, & se proposoit d'employer ses talens militares à sa volonté, l'a excitée à tenir ferme lui a représenté le comte de Maillebois comme le seul officier François en état peut-être de commander ses armées dans la position critique où se trouve le royaume: en conséquence il a reçu ses instructions & s'est rendu à sa division.

L'ESPION.

Que pensez vous de cela?

LE MILITAIRE.

Que cet exemple est fort dangereux; qu'il n'est point de talent qui doive faire oublier un crime d'état, une trahison manifeste, car tous les militaires, en rendant justice aux qualités essentielles & brillantes du comte de Maillebois, conviennent du fait & ne peuvent l'excuser.

L'ESPION.

On dit qu'il a beaucoup contribué à la confection de la grande ordonnance (a) qui vient de paroître.

---

a En date du 25 Mars Elle a pour titre une ordonnance portant réglement sur les recrues, engagemens & remontes;

LE MILITAIRE.

Il n'y a pas de doute.

L'ESPION.

Elle fait bien du bruit.

LE MILITAIRE.

Comme cela doit être.

L'ESPION.

Vous êtes bien laconique! Est-ce qu'elle ne vous plairoit pas? Pour moi qui, jettant un premier coup d'œil sur cet écrit volumineux, n'ai pu en saisir tout l'ensemble, le discuter dans ses détails, je l'ai trouvé précieux par l'esprit d'humanité, qui en fait la base, par celui de sévérité pour le maintien de la subordination & de la discipline qui y regne aussi, par cette vigilance à arrêter les progrès du luxe & de la molesse qui se sont introduits dans vos garnisons, dans vos camps & dans vos armées. J'en aime surtout le préambule simple. Pour le coup celui-là est de la composition du ministre & de ses faiseurs.

LE MILITAIRE.

Il est si bref que je le sais par cœur. S. M. dit „ qu'elle a jugé de la plus grande importance de prescrire des regles invariables sur tout ce qui con-

la discipline, la subordination, la police intérieure, les récompenses, les punitions, la nomination aux emplois vacans, la formation des troupes en divisions, les congés, les semestres, les revues des commissaires de guerre & celles des officiers généraux.

cerne ses troupes, & principalement sur l'administration intérieure des régimens, sur la discipline & sur la subordination; considérant que, si l'ordre est le principe de tout bien, c'est dans l'état militaire qu'il est le plus intéressant de le maintenir; convaincue que la force des troupes est dans leur obéissance, & que c'est la discipline qui prépare les victoires, &c."

L'ESPION.

Comme nous ne pouvons nous appesantir sur les diverses parties d'un ouvrage aussi étendu & aussi compliqué, voici l'idée qui m'en est restée; rectifiez-moi, je vous prie, où vous me trouverez en défaut.

„ S. M. prescrit pour premier & principal devoir „ à ses officiers généraux & aux commandans des „ corps de faire respecter la religion, & déclare que „ son intention est de ne souffrir aucuns officiers „ affectant l'incrédulité, ou qui auront des mœurs „ publiquement dépravées, n'admettant de valeur „ vraiment recommandable que celle de l'homme ins- „ truit & vertueux. S. M. défend tous les jeux de „ hasard, ainsi que les dépenses qui excedent les „ appointemens; & parce que l'exemple est de toutes „ les persuasions la plus douce & la plus persuasive, „ elle veut que les tables des officiers-généraux, des „ commandans de corps soient servies militairement, „ c'est-à-dire, sans profusion & sans ostentation; que „ le lieutenant-général commandant en chef dans „ une province, ne puisse jamais avoir que vingt „ couverts; que celui qui ne commandera qu'une

„ diviſion, n'en ait que quinze? que le maréchal de „ camp ſe réduiſe à douze, & le colonel à huit. Dé- „ clare S. M. qu'elle ceſſera d'employer à ſon ſervi- „ ce tous ceux qui s'écarteront de cette loi. Elle „ recommande une grande attention ſur tout ce qui „ peut intéreſſer le bien-être du ſoldat. Con- „ vaincue que la peine de priſon eſt nuiſible à la ſan- „ té, elle veut que cette peine ne ſoit ordonnée „ qu'avec ménagement, & que les fautes légères ſe „ puniſſent dorénavant par des coups de plat de ſa- „ bre, châtiment employé par les nations les plus cé- „ lebres. S. M. établit une ſubordination graduelle, „ qui fondée ſur la juſtice & la fermeté, écarte tout „ arbitraire & toute oppreſſion. Elle déclare qu'el- „ le n'accordera à l'avenir aucune retraite à ceux qui „ quitteront le ſervice, à moins qu'il n'ait été „ conſtaté dans les formes qu'ils ſont dans l'impoſſibilité „ de le continuer, & à tout officier, de quelque „ grade qu'il ſoit, qui l'aura quitté, ne ſera plus „ admis à le reprendre, & ne pourra plus participer „ aux avancemens ni aux graces. Les vétérans & „ anciens ſoldats, reconnus dans l'impoſſibilité de „ continuer leur ſervice, ſeront libres d'opter ou de „ l'hôtel des invalides, ou d'une penſion, dont la „ plus forte ſera de 300 livres à chaque ſergent- „ major, & la moindre de 80 à chaque fuſilier, chaſ- „ ſeur ou tambour."

LE MILITAIRE.

A merveille!

L'Espion.

Votre admiration tombe sur l'heureux résultat de ma mémoire, mais la mienne est de voir la sagesse qui en a dicté tous les articles, les précautions sans nombre prises par l'auteur, non-seulement pour former un bon soldat, mais pour en former un honnête homme, un homme religieux & presqu'un saint.

Le Militaire.

C'est ce que j'en critique, moi. Je ne veux point que le législateur entre dans une multitude de minuties qui ne servent qu'à compromettre son autorité, parce que cette attention scrupuleuse, excellente dans la spéculation, ne peut avoir lieu longtems ou jamais dans la pratique; qu'il faut nécessairement s'y soustraire en quelque point; qu'en s'habituant de la sorte à la négliger dans certaines parties, on la respecte moins, on se relâche ensuite sur d'autres, & l'on finit par la mépriser, ainsi que celui qui l'a faite.

Par exemple, que signifient ces menaces portées dans le titre VI de la police intérieure des corps, établies d'ailleurs sur l'assertion fausse: *qu'un homme scandaleux n'est pas digne de commander d'autres hommes, quelque valeureux qu'il puisse être?* Elle rappelle le mot du duc de Vendôme au duc de Bourgogne pendant la campagne désastreuse de 1709. Ce prince fort dévot, après la prise de Lille, reprochoit au premier dans sa mauvaise humeur de ne point aller à la messe, & d'éloigner ainsi de nos armes les bénédictions du ciel;

croyez-vous, Monseigneur, lui répondit ce général, *que Marlborough y aille beaucoup?*

L'ESPION.

Et votre maréchal de Saxe, n'affichoit-il pas les mœurs les plus dissolues, n'en éprouvoit-il pas les suites les plus funestes aux yeux de toute l'armée, lorsqu'il gagna la bataille de Fontenoy? Je conviens donc de l'absurdité de la proposition. Il n'en est pas moins vrai que sinon l'esprit religieux, au moins l'honnêteté des mœurs, est une chose bien desirable partout où il y a beaucoup d'hommes rassemblés.

LE MILITAIRE.

Sans doute; mais il s'agit de trouver le moyen efficace de la faire naître & de la maintenir. Or il est ridicule de s'imaginer y réussir par des ordonnances. C'est par l'exemple; c'est, non-seulement quand le monarque en offre le modele, mais quand il ne souffre pas que sa famille, que les princes de son sang, que les grands qui l'approchent, que les principaux magistrats, que les ministres de la religion en présentent de contraires. N'est-il pas fol d'ordonner à 20,000 officiers de vivre comme des capucins, lorsque la premiere éducation qu'on donne à un jeune gentilhomme sortant du college, est de lui apprendre à plaire au sexe pour le séduire, lorsqu'en arrivant dans la garnison il voit que le militaire le plus fêté, le plus exalté, est celui qui a ce qu'on appelle le plus de bonnes fortunes, c'est-à-dire qui a le plus perdu, le plus déshonoré de femmes. Cette conduite leur est tellement propre que dans les divers endroits où il y a des troupes, une maîtresse de maison qui par état n'est point obligée de recevoir chez elle des officiers, est affichée dès qu'elle en admet. On qualifie de galante une pareille vie, & dans le fait elle est abominable par la destruction de tous les liens domestiques & de tous les principes. C'est au point, qu'un régiment en quittant une ville, donne des renseignemens à celui qui le suit, sur les familles où l'on peut s'introduire & se ménager quelque conquête. Ensorte que les chefs se répartissent d'avance entr'eux ces points d'appui, & s'y cantonnent jusqu'au moment de faire place à d'autres.

L'ESPION.

Je suis forcé de convenir que cette morale est en pure perte dans une ordonnance, dès qu'au lieu de punitions qu'il devroit y avoir pour les infracteurs, il n'y a que des triomphes, dès que la loi doit se trouver continuellement en contradiction avec les principes de la vie civile. Je me restreins à louer la bonne intention, n'ayant produit que de petites vues & une exécution stérile. Mais il me semble que les articles suivans pour la réforme du luxe, pour empêcher les officiers de se ruiner, de faire des dettes, autant que je puis m'en souvenir, peuvent & doivent produire plus d'effet.

LE MILITAIRE.

Je ne puis dissimuler que ceux-là ne soient mieux fondés, d'une vérité de spéculation immédiate &

d'une pratique aisée en apparence. Cependant je crains fort qu'ils n'aient pas beaucoup plus d'exécution que la premiere. Avant de vous en donner mes raisons, il faut se rappeller à peu près les dispositions de la loi. Je les ai assez présentes pour en exposer la substance.

„ S. M. convaincue (a) que le luxe est un princi-
„ pe de corruption, enjoint aux officiers généraux
„ employés près de ses troupes, & aux commandans
„ des corps de ne point permettre, que ceux qui
„ leur seront subordonnés, excedent en dépenses le
„ montant de leurs appointemens, ni que ceux qui
„ sont riches de leur propre fonds, humilient leurs
„ camarades par des dépenses qui ne conviennent pas
„ à leur grade. Elle se promet de l'attachement que
„ les commandans des corps ont à sont service, qu'ils
„ ne négligeront rien pour convaincre les jeunes
„ officiers, que la sobriété est une des vertus de leur
„ état, & qu'un militaire doit s'endurcir au travail, à
„ la peine & s'accoutumer aux privations. S. M.
„ défend, par les deux articles suivans, tous les jeux de
„ hasard dans ses troupes, & ceux de commerce qui
„ excéderoient les bornes convenables, voulant, que
„ tout officier ou cadet gentilhomme, joueur de
„ profession, querelleur, ou faisant des dettes sans
„ les payer, soit mis aux arrêts ou en prison par les

a IIe. article du titre VI, & articles 3 & 4 du même titre.

„ ordres du commandant du corps; & que s'il re„ tombe dans les mêmes fautes, après deux punitions „ de ce genre, il soit jugé pour la troisieme fois par „ un conseil de guerre, renvoyé de son corps com„ me désobéissant aux ordres de S. M., & déclaré in„ capable de la servir."

La proposition qui sert de base à tout le reste, est trop certaine pour être contestée. Mais croyez-vous que cet officier-général, ce commandant de corps, ou, pour parler plus franchement, ce Sybarite voluptueux, arraché pendant quelques mois à la molesse de la ville ou aux enchantemens de la cour, soit bien capable de prêcher efficacement l'austérité d'un Spartiate & d'en reproduire les vertus? Comment, abîmé de dettes, muni de lettres d'état, de sauf-conduits de toute espece, insultant avec cruauté aux vaines poursuites de ses créanciers, pourra-t-il avoir assez de fermeté pour empêcher ses camarades de mener un train de vie si doux & si commode? Et s'il parvient du moins à arrêter le militaire mal aisé dans sa ruine, est-il à présumer qu'il obtienne de l'officier riche de ne pas consacrer son superflu pour gagner une considération qui ne s'accorde guere qu'au faste de l'opulence & à prix d'argent?

Je regarde comme à-peu-près aussi illusoire le réglement concernant le jeu. Il sera toujours nul lorsqu'au contraire un officier ne figurera avec avantage chez Madame la commandante, & plus encore chez Madame l'intendante, comme plus riche, qu'autant qu'il faura jouer plus gros jeu ; tant que nos princes convertiront leurs palais en tripots, & par leur avidité à gagner donneront lieu de croire que l'or est un aimant universel, à l'attraction duquel rien ne doit résister, & même la probité.

L' E s p i o n.

Vous m'en direz tant qu'il faudra bien vous céder. Je suppose que les loix sont faites pour qu'on y obéisse, & je suis de votre avis, qu'il vaut mieux n'en pas promulguer, que de les laisser sans être maintenues dans toute leur intégrité. Il suit de ce que vous m'apprenez que le réglement concernant la table des officiers-généraux & commandans des corps ne sera pas plus mis en vigueur ; qu'elle ne sera point servie militairement, & qu'ils ne se refuseront rien au luxe des nouvéautés, grandes expressions que j'ai remarquées, ainsi que la défense bien contraire au génie de galanterie de la nation & surtout de vos militaires, de tout souper d'apareil, de toute fête, de toute dépense extraordinaire, même en l'honneur du sexe.

L e M i l i t a i r e.

Oh ! je vous en réponds.

L' E s p i o n.

Au moins rien n'empêchera-t-il que les regles pour les mœurs & la conduite des bas-officiers & soldats ne soient suivies dans tous les points : que chaque capitaine ne veille avec un soin assidu (*a*) sur

(*a*) Voyez l'article 9 du titre VI.

ſa compagnie ; qu'il ne s'attache à en faire vivre enſemble les individus en bonne union & harmonie, qu'il ne cherche à connoître l'eſprit qui regne parmi eux, & les propos qu'ils tiennent, afin de réprimer tout ce qui pourroit être ſéditieux & dangereux, qu'il ne s'occupe de la conſervation de leur ſanté.

LE MILITAIRE.

Je vous proteſte, au contraire, que rien de tout cela ne ſera obſervé ; que dans la multitude de nos officiers le plus grand nombre n'eſt pas même en état d'y vaquer ; que les autres n'en auront pas la bonne volonté, & que ſur un régiment il n'y aura peut-être pas un ſeul capitaine qui obſerve à la lettre ces nouveaux devoirs.

Cet article ſe reſſent de l'ancien état de M. le comte de Saint-Germain. Comme il a régenté dans ſa jeuneſſe chez les Jéſuites, il voudroit faire de nos damoiſeaux militaires autant de pédagogues : d'ailleurs, il y a dans l'énumération de ces fonctions d'inſpection un point que je n'aime pas trop, propre à favoriſer l'eſpionnage & la délation. C'eſt encore une des inſtructions que les chefs des colleges de la ſociété donnoient à leurs jeunes inſtituteurs à l'égard de leurs écoliers dont ils vouloient, ſuivant l'expreſſion de l'écriture, *ſonder le cœur & les reins.*

Voulez vous mieux juger de ce qui arrivera ? Voyez ce qui ſe paſſe ſous nos yeux. Aſſurément le régiment des gardes-françoiſes eſt un exemple aujourd'hui de bon ordre & de diſcipline : combien d'officiers se mêlent de leur compagnie ? C'est un sergent qui en fait le détail, & remplit les fonctions de chacun d'eux. C'est donc une faute au compositeur de cette ordonnance d'être entré dans toutes ces considérations concernant le moral du soldat, qui sont plus du ressort de leur confesseur que de leur capitaine.

Il n'en est pas de même du physique : j'approuve fort tout ce qui regarde la maniere de conserver & de fortifier l'individu.

L'ESPION.

Ainsi l'article XV (*a*) a du moins votre suffrage. Vous aimez, ainsi que moi, ces promenades militaires, genre d'exercice nouveau parmi nous, propre à disposer aux autres, tenant des principes qui anime-

---

a Il porte que, „ l'intention de S. M. étant, que les soldats soient maintenus dans une activité, qui puisse contribuer à les fortifier, & à les entretenir sains & robustes, „ elle veut, lorsque le mauvais tems ne s'y opposera pas „ que les jours qui ne seront pas destinés à des exercices, „ soient employés à des promenades militaires, quelquefois „ avec armes & bagages, quelquefois sans armes. Tous les officiers des compagnies, dans l'infanterie, marcheront à pied „ comme le soldat ; & ces promenades seront plus ou moins „ étendues, suivant les ordres du commandant du corps, qui „ quelquefois prescrira le tems, pendant la durée duquel „ une distance quelconque devra être parcourue. Cet exercice salutaire sera fait par compagnie, par bataillon, & de „ tems en tems par tout le régiment ensemble. Veut S. M. „ qu'il se trouve alternativement à ces promenades un des „ officiers supérieurs du corps, & que le plus grand ordre y „ soit observé."

rent autrefois la discipline regnant dans les armées Romaines.

L E M I L I T A I R E.

J'adopte cet article, parce qu'il est possible de l'exécuter; qu'il le sera sûrement, & qu'on sent le bien réel qui en doit résulter.

L' E S P I O N.

Je ne sais pourquoi on blâme si fort les coups de plat de sabre substitués à la peine de la prison. Le motif m'en paroît très-louable, puisque c'est pour éviter celle-ci, reconnue dangereuse pour la santé des troupes.

L E M I L I T A I R E.

Entre nous je suis assez de votre avis, mais vous savez que le préjugé est fort difficile à déraciner. Au reste, l'article (*a*) est tourné avec beaucoup d'adresse, & avec toutes les précautions & insinuations propres à le faire goûter. J'en ai retenu jusqu'aux termes. Il est dit:

„ L'intention de S M. est, que les fautes légeres, qui jusqu'à présent ont été punies par la prison, le soient dorénavant par des coups de plat de sabre. Si ce dernier châtiment, le plus efficace, par la promptitude, & d'autant plus militaire que les nations les plus célebres, & chez lesquelles l'honneur étoit le plus en recommandation, en employoient rarement d'autres, est redouté du

---

a C'est le 20e. du titre IX, intitulé : *des punissions.*

„ soldat François ; il sera un moyen d'autant plus „ sûr à employer pour le succès de la discipline. Les „ fautes plus graves seront punies par le piquet de„ vant le corps-de-garde ; ou en faisant porter au „ coupable pendant un tems limité, devant le même „ corps-de-garde, un nombre plus ou moins consi„ dérable de fusils. Veut S. M. que la prison ne „ soit ordonnée que pour les fautes très-graves, & „ qui ne paroîtroient pas suffisamment punies par les „ châtimens qui viennent d'être indiqués, ou qui „ seroient de nature à mettre le coupable au conseil „ de guerre."

L'ESPION.

Malgré cela, j'entends dire ce que vous avez prévu dans une de nos conversations précédentes, que cet article rencontre beaucoup de difficultés; que les caporaux ont démandé d'être remis au rang de soldats, plutôt que d'être obligés, en vertu de l'ordonnance, d'exécuter une correction répugnant généralement à l'usage, &, suivant certaines gens, même au caractere de la nation.

LE MILITAIRE.

Ce qu'il y a de certain, c'est que j'ai vu des Lettres de Metz où l'on marquoit que lorsqu'on a lu la nouvelle ordonnance aux troupes, & qu'on on en est venu aux coups de plat de sabre, un soldat s'est écrié (il est vrai qu'on ajoutoit plaisamment qu'il étoit Gascon): *nous aimons mieux le tranchant*; & que la désertion a sur le champ été considérable.

L'ESPION.

Je ne sais si l'officier subalterne de Verdun étoit aussi Gascon, mais on m'a assuré que ce caporal, chargé de donner 25 coups de plat de sabre à un soldat, avoit d'abord refusé de se prêter à cette exécution; que sur la représention à lui faite, qu'il se mettoit lui-même dans le cas de la punition, il s'étoit déterminé à obéir, en déclarant qu'il n'en porteroit au coupable que 24, & que le 25e. seroit pour lui; ce qu'il a exécuté, en s'éventrant du dernier.

LE MILITAIRE.

Il y a eu plusieurs autres catastrophes du même genre. Il est résulté de ce châtiment une émigration considérable de soldats. Malgré cela, je ne doute pas qu'il ne prenne si l'on persiste à vouloir le mettre en vigueur.

L'ESPION.

Oui, l'on fait assez ce qu'on veut aujourd'hui de votre nation, qui a tellement perdu de vue l'honneur qu'elle ne sait plus où il réside.

LE MILITAIRE.

Et dans le fait, ce n'est pas là. L'essentiel est seulement que les punitions ne soient infligées que raisonnablement & justement.

L'ESPION.

Il me semble aussi que ces coups de plat de sabre ne doivent pas être ordonnés légerement; que le mot *faute*, dont on se sert pour désigner les cas où

l'on

l'on doit user de cette correction, ôte à l'instant toute idée de tache ou d'infamie (*a*).

LE MILITAIRE.

Le dernier article (*b*) de ce titre est celui qui me plaît le plus, parce qu'il traite l'objet en grand, tel qu'il doit être envisagé par un législateur.

„ S. M. autorise les officiers - généraux, ayant „ commandement sur ses troupes, d'ajouter à ce qui „ est prescrit dans le présent titre tout ce qu'ils croi- „ ront nécessaire pour assurer la bonne police des „ régimens qui se trouveront sous leurs ordres, „ suivant les positions & les circonstances, & „ d'ordonner ce qu'ils jugeront convenable pour em- „ pêcher le libertinage & prévenir la désertion; leur „ enjoignant S. M. particulierement, ainsi qu'aux „ chefs des corps, de maintenir, en tout ce qui „ pourra dépendre d'eux, la paix, l'union & la

---

a Dans l'article 21. Il y est dit: „ S. M. en ordonnant de „ punir par des coups de plat de sabre, les fautes qui ne mé- „ riteront pas un châtiment plus févere, veut qu'il ne soit „ fait aucun abus de ce genre de punition; & elle ordonne „ en conséquence qu'un officier subalterne, à moins qu'il ne „ commande la compagnie, ne pourra jamais faire donner des „ coups de plat de sabre sans en avoir reçu l'ordre du capitai- „ ne; que le capitaine, ou autre officier commandant la compa- „ gnie, ne pourra en ordonner plus de vingt cinq coups, & le „ commandant du corps plus de cinquante. Cette punition „ sera infligée par un des bas-officiers de la compagnie dont „ sera le coupable. "

b Le 25e.

„ réciprocité des devoirs sociaux entre les troupes & „ les habitans des lieux où elles seront en garnison „ ou en quartier. “

Ce dernier point surtout, qui regarde l'harmonie à maintenir entre le citoyen paisible & le citoyen armé, n'avoit pas été assez considéré par les prédécesseurs de M. le comte de Saint-Germain. Les militaires, dans les villes où ils sont en garnison, affectent envers la bourgeoisie une hauteur & un despotisme qui les font communément détester, & rendent leur présence très-dangereuse. J'ai vu à Rocroy un jeune notaire mis en prison, pour avoir passé devant le major sans le saluer, & cette affaire est devenue si grave qu'il en a résulté la perte presqu'entiere de l'état & de la fortune de cet officier public.

L'ESPION.

Confirme-t on le bruit qui avoit couru que par un article de cette ordonnance, S. M. semblant autoriser le duel, il avoit été jugé assez grave pour mériter l'attention du parlement, chargé, au contraire, de veiller à l'exécution de l'édit de Louis XIV, le défendant si expressément ?

LE MILITAIRE.

On avoit parlé effectivement d'une dénonciation qu'on en vouloit faire aux chambres assemblées, mais il n'est pas assez clair pour donner lieu aux réclamations de cette compagnie, & le législateur lui-même sait bien que c'est une loi qui n'est jamais exécutée & qu'on élude comme on veut.

L' ESPION.

En voilà suffisamment pour savoir à quoi m'en tenir sur les rubriques les plus essentielles· Les autres, qui concernent, pour ainsi dire, le méchanisme du service, nous conduiroient trop loin D'ailleurs on dit qu'il y a beaucoup de fautes.

LE MILITAIRE.

On y en découvre par l'examen, tous les jours de nouvelles. On conçoit clairement que le rédacteur ne s'est pas donné la peine de digérer assez le plan du ministre, & qu'il faudra plusieurs autres ordonnances pour changer ou interpréter quantité d'endroits. Les ennemis de M. de Saint-Germain s'en prévalent pour le décrier, & accréditer davantage la rumeur sourde qu'il *n'a plus de tête*.

L' ESPION.

L'ordonnance concernant les *Invalides* (a), excite encore bien des plaintes.

LE MILITAIRE.

Il est certain qu'il y avoit beaucoup d'abus dans cette partie : que l'état-major coûtoit énormement cher ; que les déprédations étoient excessives ; que d'ailleurs on accordoit l'hôtel à quantité de gens qui ne le méritoient pas.

L' ESPION.

Il me semble que la grande raison de cette réduc-

---

a En date du 17 Juin. Il y a deux ordonnances de cette espece : l'une concernant l'hôtel des Invalides, & l'autre concernant les compagnies détachées des Invalides, &c.

tion à laquelle il n'y a pas de replique, c'est que suivant le préambule, les dépenses de cet établissement excédoient considérablement les revenus qui lui étoient affectés, & qu'il étoit devenu indispensable de prendre chaque année, sur les fonds de l'extraordinaire de guerre, ceux nécessaires à l'acquittement des pensions des officiers, bas officiers & soldats invalides retirés dans les provinces.

LE MILITAIRE.

Mais c'étoit par les chefs qu'il falloit donc commencer la réforme, comme les membres les plus inutiles & les plus onéreux. Pourquoi conserver de gros appointemens encore à ceux qu'on exclut de l'administration, & surtout à un *Le Rez de Chaumont*, l'intendant, reconnu coupable de concussions dans sa place, & à qui même M. de Saint-Germain l'a reproché en arrivant au ministere ? Avec les seuls honoraires qu'on lui donne, on auroit entretenu à l'hôtel 40 invalides (*a*).

Peut-être y avoit-il quelque chose de mieux à exécuter encore; c'étoit d'abolir absolument cette institution, quant au séjour de Paris ; de supprimer ainsi l'entretien énorme de l'hôtel, tout l'état major, tout le gain des fournisseurs & autres sang-sues, s'engraissant de la subsistance destinée au soldat, & de ré-

a M. de Chaumont a 12,000 livres de pension. Un invalide, soldats & officiers compris, coûtoit au roi dix-sept sols par jour, l'un portant l'autre; & sur ce pied : cette somme suffisoit à l'entretien de plus de trente-neuf individus.

partir la masse de fonds (*a*) affecté à cet établissement en pansions, dont jouiroient chez eux les serviteurs du roi qui se trouveroient dans le cas d'obtenir une retraite, soit à raison de leurs blessures, ou de leurs maladies, ou de l'ancienneté de leurs services Assurément avec des fonds économisés, de la sorte, il y auroit eu de quoi faire un traitement convenable, à chacun de ces honnêtes gens, qui vivant dans les campagnes, les vivifieroient; pourroient cultiver leur champ, & y jouir d'une aisance qu'ils se peuvent rarement procurer à l'hôtel.

L'ESPION.

Oui : mais cet hôtel; que deviendroit-il? Ce beau monument est une chose à maintenir.

LE MILITAIRE.

On en auroit fait ce qu'on auroit pu. Vous savez qu'il y a eu un moment où l'on songeoit à y transférer l'hôtel-Dieu; que l'architecte Moreau est venu le visiter, en prendre les dimensions. On a trouvé que le changement n'étoit pas possible; que ce lieu étoit trop éloigné de l'eau.

L'ESPION.

On auroit pu lui rendre une de ses premieres destinations, qui étoit de servir pour le tombeau de vos rois.

LE MILITAIRE.

j'aime les monumens tout comme vous, mais il

---

a Ces fonds consistent en une taxe de quatre deniers, qu'on préleve sur toutes les dépenses du département de la guerre.

ſant que les hommes ſubſiſtent avant les édifices. Je ne demande pas mieux que de conſerver celui ci, ſi l'on peut trouver des expédiens, ſans faire tort à ceux auxquels il étoit deſtiné. Je ne doute pas que ſous un miniſtre ferme, vigilant, attentif à réprimer les brigandages, en ne pût concilier la gloire faſtueuſe de Louis XIV avec l'objet d'humanité qui en a été le prétexte : mais je n'aurois jamais voulu qu'on eût expulſé un ſeul malheureux de cet aſyle ſacré.

L'ESPION.

M. de St. Germain motive ſa dureté ſur la néceſſité. Il déclare en outre qu'il ne fait que remettre cet établiſſement ſur le pied de ſa création pour 1,500 Invalides, & par une commiſération digne de ſa belle ame il les tolere à 1,800 dans ce moment, juſqu'à ce que la réduction s'en effectue par le laps du tems. Il ſe conforme à cet égard à la circonſtance la plus déſaſtreuſe du regne du fondateur, l'époque de la paix d'Utrecht, où, après treize ans d'une guerre ſanglante, il n'y avoit à l'hôtel que ce même nombre d'invalides, dont 200 officiers, & ils étoient 3000, dont 500 officiers, au moment où a paru ſon ordonnance.

LE MILITAIRE.

Ils auroient été dix mille, on auroit dû les laiſſer ou du moins donner ſeulement l'option à ceux qui l'auroient deſiré.

L'ESPION.

Eſt-ce que cela ne s'eſt pas fait ainſi ?

LE MILITAIRE.

Si peu que, lorſqu'ils ſont partis, un des chariots chargés de ces vieux ſoldats s'étant arrêté à la place des Victoires, ils en ſont deſcendus, les yeux en pleurs, ils ſe ſont agenouillés devant la ſtatue de Louis XIV, l'ont appellé leur pere; & ſe ſont écriés qu'ils n'en avoient plus: ſi peu que la plupart de ces malheureux ne ſont point parvenus à leur deſtination; qu'ils ſe ſont jettés, ſoit par beſoin ou autrement, dans les hôpitaux ſur la route, & n'en veulent point ſortir.

L'ESPION.

Quoi qu'il en ſoit, rien de plus ſage que le principe par lequel on ne peut être admis à l'hôtel, à moins de bleſſures ou d'infirmités qui rendent impotent au point de priver de tous les moyens de pourvoir, par ſon travail ou ſon induſtrie, à ſa ſubſiſtance, & à défaut des hommes ci-deſſus déſignés, on ne doit accepter que ceux ayant ſeptante ans révolus.

LE MILITAIRE.

Il faudroit s'en tenir-là, & ſans fixer le nombre de ceux qu'on recevroit à l'hôtel, le proportionner ſeulement à la quantité de ceux qui auroient beſoin de ce repos abſolu; l'augmenter ou le diminuer en conſéquence, réſerver pour des tems plus critiques, comme ceux de la guerre, l'économie qu'on pourroit faire en tems de paix.

L'ESPION.

Je vois dans l'ordonnance une diſpoſition qui, ſans

être aussi précise, entre dans cet esprit-là, du moins en partie. Elle porte, ce me semble, que S. M. entend que parmi les officiers, bas-officiers & soldats désignés (a), il y ait, proportionnellement à leur grade, cent places vacantes, uniquement destinées pendant le cours de chaque année, à ceux dont l'admission à l'hôtel ne sauroit être différée, par le genre de leurs infirmités ou de leurs blessures.

LE MILITAIRE.

Vous avez raison: mais je n'aime pas ce nombre fixe, dont on peut se prévaloir; suivant moi, pour refuser ou pour accepter, en un mot, donnant lieu à la faveur, & aux abus conséquemment. Enfin je voudrois surtout que les places de l'état-major (b) ne fussent point accordées à des gens de cour, mais fussent dévolues de droit, suivant chaque grade, aux plus anciens entre les officiers invalides.

L'ESPION.

Comment, n'ai-je pas ouï dire que parmi les aides-majors, on avoit placé un certain la Janniere, inspecteurs de police?

---

a ,, S. M déclare précédemment ne vouloir plus entretenir à l'hôtel que six lieutenans-colonels, douze commandans de bataillon ou majors, soixante capitaines de la premiere & seconde classe, deux cens lieutenans, soixante maréchaux des logis, deux cens douze bas-officiers & neuf cens soldats."

b L'ordonnance fixe le grand état-major, à un gouverneur, qui doit-être choisi dans le nombre des officiers généraux,

LE MILITAIRE.

Rien de plus vrai, & l'on y avoit vu avant le Sr. d'Hemmery. C'est une imagination du lieutenant de police pour donner du relief à cette cohorte, la mettre sur un pied militaire, & faire avoir successivement aux individus la croix de Saint-Louis.

L'ESPION.

Oui, mais est-ce qu'on souffre à l'hôtel ces infâmes subalternes ?

LE MILITAIRE.

Le premier n'osoit pas trop y venir, mais celui d'aujourd'hui s'y montre le front levé ; il y fait même ses fonctions impunément.

L'ESPION.

Ce que vous m'apprenez-là, diminue de beaucoup l'intérêt que je prenois à ces braves gens. il faut qu'ils soient bien engourdis, bien lâches pour ne pas rougir d'une agrégation aussi honteuse, pour n'avoir pas réclamé contre, pas l'organe de leurs chefs, ou plutôt pour ne s'être pas fait justice eux mêmes en écharpant ce vil suppôt de police dès la premiere fois qu'il s'est montré au milieu d'eux & leur a donné des ordres ! En quoi réside donc l'honneur des militaires François ?

---

un directeur, choisi dans le nombre des commissaires des guerres ; un major, choisi dans le nombre des lieutenant-colonels ; quatre aides-majors, choisis dans le nombre des capitaines ; un trésorier & un secrétaire, garde des archives. Le petit état-major est également fixé par la même ordonnance,

LE MILITAIRE.

Il est si inconséquent que je ne saurois trop vous assigner où.

L'ESPION.

Je suis trop indigné de ce que vous m'apprenez; n'en parlons plus. Mais avant de quitter ce qui concerne cette partie de vos troupes, donnez-moi une idée de vos invalides dans le royaume. Comment est-on reconnu tel; Quel avantage en résulte-t-il pour ceux qui ne sont pas à l'hôtel? Quelles sont leurs fonctions?

LE MILITAIRE.

Il y a environ 30,000 invalides. On est reçu invalide extraordinairement & sur le champ, par un accident ou mutilation à la guerre ou en fonctions militaires, qui rendent effectivement tel. On l'est toujours au bout de vingt cinq ans de service, établis par un certificat du colonel & de l'état-major du régiment d'où sort celui qui le demande. Quand on n'est point dans le cas d'avoir encore l'hôtel, on prend ce qu'on appelle un grand congé; c'est-à-dire qu'on est libre d'aller où l'on veut pendant trois ans: on se représente après ce tems pour en obtenir un second ou pour réclamer la pension.

Indépendamment des invalides qui ont l'hôtel, il y a les compagnies détachées de l'hôtel (a), compo-

---

(a) Le nombre est fixé par le §. 2 de l'ordonnance; savoir; seize compagnies de bas-officiers, huit de canonniers & soixan-

fées des membres encore en état de servir, & employées à la garde des châteaux du roi à Paris & dans les environs, ou dans l'intérieur du royaume aux lieux qui n'exigent pas les mêmes précautions que les places frontieres.

L'ESPION.

Me voilà parfaitement au fait de ce corps. Je n'ai plus que quelques renseignemens à vous demander concernant les nouvelles ordonnances qu'on a publiées ces jours-ci

LE MILITAIRE.

Il n'y en a que trois dignes de s'y arrêter. La premiere (*a*), concerne quelques objets relatifs aux

---

te cinq de fusiliers. Onze des seize compagnies de bas-officiers sont destinées à la garde des Tuilleries, du Louvre, de l'Arsenal, de la Bastille, du château de Vincennes, de l'Ecole militaire & de l'Hôtel, sans rien changer à leur composition ni à leur solde. Les cinq autres, qui doivent être détachées dans les provinces du royaume, sont augmentées d'un troisieme lieutenant. Les huit compagnies de canoniers, détachées sur les côtes, restent sur le même pied. Celles de fusiliers détachées dans les villes & châteaux de l'intérieur du royaume, doivent être composées de deux sergens deux caporaux, deux appointés, quarante-trois fusiliers & un tambour, commandés par un capitaine & trois lieutenans. S. M. accorde au capitaine, 1,000 livres par an : au lieutenant, 406 livres 10 sols ; au sergent, 11 sols, 2 deniers par jour ; au caporal 8 sols 2 deniers ; à l'appointé 7 sols 2 deniers ; au fusilier & au tambour, 6 sols 2 deniers.

a En date du 27 Juin.

troupes du corps royal de l'artillerie, à la visite des arsénaux & des fortifications, aux encheres & adjudications des ouvrages à faire, aux bâtimens militaires & aux fournitures des troupes. S. M., considérant qu'aucune partie du service ne doit être étrangere à ceux qui sont appellés au commandement de ses armées, entend que les lieutenans généraux commandans dans les provinces, & ceux commandans les divisions, se fassent rendre compte de ces objets. Le motif en est louable; il tend d'une part à arrêter davantage les fripponneries & les abus, de l'autre à fournir aux chefs, quoique tard, des connoissances dont ils manquent souvent.

La seconde est une preuve bien sensible de l'inconséquence de M. de Saint Germain, & du peu de stabilité de ses décisions. Vous avez ouï parler de son projet de réforme des Suisses, comme trop onéreux à l'état. Les cantons ne vouloient pas consentir à une réduction d'appointemens de leurs troupes, plus cheres infiniment que les autres; il n'a pu y parvenir, & la politique s'est opposé à cet arrangement. Aujourd'hui il a tellement dégénéré en moins d'un an de cette vigueur qu'il avoit manifesté dans le commencement de son ministere, qu'il a des complaisances qu'aucun de ses prédécesseurs n'avoit eues. Par l'ordonnance en question (*a*), il accorde aux

---

a En date du 2 Juillet 1776.

Cent-Suiſſes une faveur dont ils n'ont jamais joui : il les met ſur le pied le plus reſpectable, ce qui fait crier les autres corps de la maiſon du roi, tous maltraités par ce miniſtre, & ne regardant point celui-là comme un corps vraiment militaire, leurs ſervices n'étant guere de cette nature.

L' E s p i o n.

Vous entendez par Cent Suiſſes, ces hommes qui tirent leur nom de leur nombre (*a*), tous d'une taille extraordinaire, qui figurent à Verſailles, & y font décoration, comme autant de belles machines..... Eh bien ?

L e M i l i t a i r e.

Par une innovation révoltante il leur donne un rang dans les troupes (*b*) ; ils auront la croix de Saint-

---

a La compagnie des cent gardes-ſuiſſes ordinaires du corps du roi a été créée en 1481.

b Le capitaine-colonel aura rang de colonel d'infanterie du jour de la nomination à ſa charge, pourvu qu'il ait alors huit ans de ſervice au moins, dont trois comme officier ſubalterne, & cinq comme capitaine. Les lieutenans ont rang de colonels d'infanterie, pourvu qu'ils ayent alors au moins dix ans de ſervice comme officiers dans les troupes, dont ſept en qualité de capitaine, ou comme officiers dans la compagnie. Les enſeignes ont rang de lieutenant-colonel, du jour qu'ils ſont pourvus de leur charges, s'ils ont alors au moins huit ans de ſervice comme officiers dans la compagnie ou dans les troupes, auſſi comme officiers, en qualité de capitaine, & après quatre ans de ſervice dans leurs charges, à compter de la date de leurs commiſſions de lieutenant-colonel, ils ont rang de co-

Louis de droit au terme prescrit, & jouiront en un mot des honneurs & prérogatives communs aux autres corps. Et cependant on observe qu'ils ne sont point destinés à aller en campagne ; qu'ils ne marchent jamais qu'avec le roi ; qu'alors ils escortent en route les bagages, & gardent les cuisines à l'armée ; où ils ne remplissent aucune fonction militaire ; qu'en 1744 ils obtinrent pour la premiere fois que deux cent suisses monteroient à la tranchée avec les gardes-suisses, mais sans officier. On peut regarder cette

---

lonel. Les aides-majors, qui, par leurs charges, ont le rang d'exempt, ont, du jour qu'ils sont pourvus, le rang attribué à la charge d'exempt, & successivement celui de lieutenant-colonel ou de colonel, quand S. M. jugera à propos de leur accorder le rang d'enseigne ou de lieutenant dans la compagnie, après toutefois avoir acquis l'ancienneté de service réglée pour rendre les officiers de chaque classe susceptibles de ces graces. Les exempts ont rang de capitaine, s'ils ont servi trois ans en qualité d'officiers dans les troupes ou dans la compagnie, & après sept ans de service dans leurs charges, ou trois dans leur charge & sept dans les troupes, dont quatre en qualité de capitaine, ils ont le rang de lieutenant-colonel, sans qu'ils puissent prétendre à d'autres grades, à moins qu'ils ne passent dans des charges d'enseigne ou de lieutenant. Les fouriers ont rang de lieutenant d'infanterie, s'ils ont servi trois ans dans les troupes ou six dans la compagnie, & après douze ans de service dans leurs charges, ils ont le rang de capitaine d'infanterie ; mais ils ne peuvent, dans l'état de fourier, prétendre à d'autres grades militaires. Les trois premiers caporaux, ayant servi vingt-quatre ans au moins dans la compagnie, ont rang de lieutenant d'infanterie, & les trois autres celui de sous-lieutenant, après vingt ans de service aussi dans la compagnie.

ordonnance comme accordée au crédit du commandant de ce corps (*a*) ; ainsi que celle de la gendarmerie a été extorquée par M. de Castries.

L' Espion.

Je ne vois plus qu'une ordonnance importante à parcourir, sur laquelle j'ai encore besoin de vos lumieres : c'est celle concernant les soldats pionniers (*b*).

Le Militaire.

L'invention de celle-là n'est pas due au comte de Saint-Germain ; c'est une idée de l'intendant de Paris (*c*), qui lui même l'a volée à un militaire (*d*) qui en avoit fait part au maréchal du Muy. L'origine en est due au nouveau projet de détruire la mendicité. On avoit, en conséquence, créé des dépôts publics pour renfermer tous les vagabonds ; mais le nombre de ceux-ci étant considérable, & les fonds pour leur entretien ne pouvant y suffire, M. de Sartine, alors lieutenant-général de police, imagina d'employer ces gens à des travaux publics aux environs de Paris, où il étoit question de couper des terres (*e*) ; & comme il étoit à craindre qu'ils ne

---

a M le duc de Cossé, en survivance du marquis de Courtenvaux, qui ne fait plus de fonctions.

b En date du 2 Juillet 1776.

c Le fils de M. M Berthier.

d M. le baron d'Houdan.

e Comme à l'endroit appellé *l'étoile*, où il y avoit beaucoup de terres à enlever pour niveller le terrein d'un chemin nouveau.

désertassent, il leur donna des chefs. Il se trouva des militaires oisifs, qui ne demanderent pas mieux que de les discipliner. On appelle ce nouveau corps, par dérision, *le régiment de la pioche*. Depuis, le projet de supprimer les corvées étant agité, différens faiseurs de spéculations fermenterent, & le ministre a enfin donné une consistance à ces plans particuliers, en faisant adopter celui-là par le roi.

L'ESPION.

Ainsi l'objet de ces compagnies, récemment instituées, est d'être employées pendant la paix à des travaux publics, & de servir, en tems de guerre, à la suite de l'armée, pour recevoir leur destination de l'état-major. Quant au nombre, il n'est pas déterminé, mais chacun de ces corps a le sien arrêté (a). Et la solde ?

LE MILITAIRE.

Elle ne doit pas être onéreuse au roi, actuelle-

---

a Chaque corps doit être composé de 2 bataillons ; chaque bataillon de sept compagnies, commandées chacune par un capitaine, un capitaine en second, un lieutenant, un sous-lieutenant, & composée de quatre sergens, de huit caporaux d'un frater, de cent quarante-quatre pionniers, dont dix-neuf ouvriers & deux tambours, formant un total de cent soixante-trois hommes, y compris les officiers.

L'état-major de chaque corps est composé d'un commandant, ayant rang de lieutenant-colonel, d'un major, d'un ingénieur ayant rang de lieutenant, d'un quartier-maître, trésorier, d'un adjudant, d'un chirurgien-major, d'un aumônier & d'un prévôt.

ment elle sera prélevée sur le produit des travaux auxquels ils seront employés (*a*), ainsi que tous les autres frais de leur formation, établissement, entretien, gratifications &c.

L' ESPION.

On ne peut qu'approuver une si sage institution, dont il me semble qu'on pourroit faire un usage bien naturel pour vos corvées, qui causent tant de plain-

---

a Les appointemens & solde réglés pour les officiers, bas-officiers & soldats seront payés en tems de paix, sur le produit des travaux auxquels ils seront employés ; S. M. y pourvoira en tems de guerre, quand elle jugera à propos de les employer dans ses armées.

Les sommes provenantes du prix des travaux de chaque compagnie, & qui excéderont celles nécessaires à leur solde, formeront une masse générale, dont la moitié sera spécialement affectée à l'entretien du linge, chaussure, habillement, équipement, armement, outils, meubles, logement & aux frais d'hôpitaux. Cette masse sera administrée par le capitaine, qui en rendra compte à l'état-major & au commissaire des guerres chargé de la police desdites compagnies.

L'autre moitié, avec la retenue faite en tems de paix, d'un cinquieme des appointemens de tous les officiers des compagnies, formeront une seconde masse, administrée par l'état-major, & employée au remboursement des frais d'établissement & de formation des compagnies, au renouvellement des effets & aux dépenses des recrues.

Il sera prélevé sur la premiere masse une somme affectée pour les gratifications des sergens, caporaux & soldats qui en seront susceptibles, proportionnément à leur travail ; une autre gratification pour chacun des hommes qui en seront susceptibles, à l'époque de l'expiration de leur congé.

tes ; & qu'il eſt queſtion de remettre, depuis la diſgrace de M. Turgot.

LE MILITAIRE.

Vous avez raiſon ; mais cela ne ſera point ; du moins je le crains, parce que c'eſt une idée trop ſimple. Je doute même que ces pionniers ayent jamais une certaine conſiſtance, & que le corps s'en étende plus loin que dans la généralité de Paris. D'ailleurs nous avons aujourd'hui les galériens de terre, qui peuvent remplir la même deſtination à bien des égards, & qu'il faut commencer par employer. Et puis encore un coup, il faudroit un miniſtere durable & uniforme pour conſolider de pareils établiſſemens, & nous ne voyons rien qui puiſſe nous le faire eſpérer.

L'ESPION.

Vous ne croyez donc pas davantage aux réformes des bureaux de la guerre (*a*), qu'on exalte tant ?

---

a Par ordonnance du 11 Juillet 1776, concernant la réforme & nouvelle conſtitution des bureaux de la guerre, non imprimée, & qui doit reſter manuſcrite en ces lieux. M. Charlot a pour adjoint M. de Saint-Paul : le 1er. a 15,000 livres, le 2e. 10,000 livres.

M. Saintrei ſe réunit à ſon bureau celui des maréchauſſées, des déſerteurs & du contrôle des troupes. Il a pour adjoint M. Serin.

Le bureau de M. de Fumeron réuni à celui de M. Marie, auquel il eſt adjoint.

Le bureau de M. Piet, pour le génie, eſt réuni à celui de

LE MILITAIRE.

Assurément non. Si les appointemens des premiers commis diminuent d'un côté, ils auront de l'autre des gratifications qui y suppléeront, ou ils sauront bien s'en dédommager autrement. Croyez-vous d'ailleurs que les bureaux des divers départemens voient de bon œil une réduction qui feroit une censure conti-

---

l'artillerie. M. Saugnier reste premier commis des deux: M. Piet se retire.

Le bureau des subsistances, qu'avoit M. de l'Isle, est réuni à celui des hôpitaux, qu'avoit M. Pacault. Mrs. de l'Isle & Pacault ont leur retraite. M. Fabre, secrétaire de M. Sénac de Meilhan, a ce bureau.

Le bureau de M. Bannière, pour la partie des fonds, lui reste.

Tous les premiers commis sont tenus de se pourvoir d'une charge de commissaire des guerres. En attendant, ils porteront l'uniforme & en prendront le titre. Leurs appointemens seront fixés à 15,000 livres. Leurs retraites seront fixées, pour les chefs de bureau, au quart de leurs appointemens après dix ans de service, au tiers après vingt ans, & à la moitié après plus de vingt ans.

Le nombre des commis de chaque bureau est fixé à quinze. Il y aura dans chaque bureau cinq éleves. Après cinq ans de services ils auront la préférence pour acheter une charge de commissaire des guerres. Les commis qui ont des charges au château sont tenus d'opter.

Un commis ne pourra avoir deux années de suite une gratification extraordinaire.

Il y a quatre-vingt-quatorze commis de réformés. Ces nouveaux arrangemens font une économie actuelle de 300,000 livres par an.

Chaque bureau coûtera en appointemens & frais de bureau 46,000 livres.

nuelle de leur bien-être ? Enfin que penser d'un arrangement par lequel on commence à procurer à ceux qui se retirent un sort plus cher que n'est celui des sujets en activité ? Aussi le bruit se répand que S.M. a dit à M. le comte de St Germain qu'elle ne pouvoit résister à toutes les importunités dont elle étoit accablée à cet égard ; qu'elle aimoit mieux qu'il lui en coûtât deux ou trois cens mille franc de plus, & ne plus entendre parler de tout cela ; qu'il suffiroit de faire les réformes lorsque les places viendroient à vaqueur.

On sent ce que cela signifie, car les sollications auprès du monarque recommenceront à mesure, & il sera sans doute aussi embarrassé de refuser.

Tel est, Milord le résultat de ma derniere conférence, propre à fixer vos idées sur les nouvelles ordonnances de M. le comté de St. Germain.

J'ai l'honneur d'être, &c.

Paris, ce 26 Juillet 1776.

LETTRE XLV.

Sur la mort du Prince de Conti.

L'ÉVENEMENT qui cause le plus de sensation en ce moment, Milord, c'est la mort du prince de Conti. Il languissoit depuis plus d'un an, & par cette opiniâtreté qu'il a toujours eue sur tout, il a lui-même accéléré son terme fatal, en voulant se traiter à sa maniere. L'objet de ses conférences avec ses médecins, étoit moins de s'éclairer sur son état, de profiter de leurs conseils pour y remédier, que de disputer avec eux. Ensorte que l'instant le plus redouté par les gens attachés à ce prince, étoit celui où arrivoient les docteurs. Il sortoit toujours plus malade de leur consultation. Comme un sang enflammé par les veilles, par les débauches de toute espece, par les diverses passions dont il étoit agité, par la vie active & turbulente qu'il avoit menée sans cesse & qu'il menoit encore, étoit le principe des divers accidens qui l'ont conduit au tombeau, les contradictions qu'il éprouvoit de leur part, ne faisoient que l'aigrir davantage ; & le résultat étoit ordinairement de ne rien faire de ce qu'ils ordonnoient. C'est ainsi qu'il a trouvé le secret de miner insensiblement le tempérament le mieux constitué, & de périr encore dans la force de de l'âge (*a*).

Du reste, il a fini là avec même fermeté qu'il avoit montrée dans toutes les circonstances critiques de sa vie ; quoique sûr de ne pouvoir guérir du mal qui le consumoit, il n'a point perdu sa gaieté & sa présence d'esprit. Dans son dernier voyaye à l'Isle-Adam (*b*), il s'est fait apporter son cercueil de plomb, qu'il

---

a Le prince de Conti étoit de 1717.

b Terre appartenante à ce prince.

avoit commandé; il s'y est couché, & a plaisanté sur la gêne qu'il y éprouvoit. Une autre fois, voyant se promener ensemble son trésorier & son aumônier; „ voilà, dit-il en riant, les deux hommes les plus „ inutiles de ma maison." Dans l'état des dépenses secrettes de son intérieur, on trouve encore passé en compte, au mois de Juin dernier, des soupers de filles, qu'il faisoit habituellement plusieurs fois par semaine.

Malgré ces écarts, qui n'étoient que ceux de son tempérament, il étoit resté constamment attaché de cœur à la marquise de Bouflers, pour laquelle il avoit les sentimens les plus sinceres, les plus tendres & les plus inviolables. Il est passé, pour ainsi dire, entre ses bras, & la chronique scandaleuse pourroit dire encore mieux de lui que du régent (a), *qu'il est mort assisté de son confesseur ordinaire.*

Cette circonstance est d'autant plus frappante, elle afflige d'autant plus le clergé, que M. le prince de Conti est le premier de la maison de Bourbon, toujours très édifiante au lit de la mort, se voyant dessécher lentement, conservant sa tête jusqu'au dernier instant, persistant dans son impénitence finale, & refusant constamment de recevoir les secours de l'église.

---

a A la mort de ce prince, une gazette étrangere affecta de dire qu'il étoit mort assisté de son confesseur ordinaire, parce que Madame de Phalaris, sa maîtresse, se trouvant avec lui au moment où il fut frappé d'apoplexie, lui avoit rendu les soins ordinaires en pareil cas.

En conséquence les incrédules ont voulu tirer parfaitement au clair la certitude & les détails de ce triomphe.

Voici ce qui résulte de leurs informations & du rapport des personnes attachées à son altesse. Dans ses derniers instans, l'archevêque de Paris, allarmé sur le sort de cette ouaille auguste, s'est transporté à son palais, a été brusquement introduit auprès du moribond. Celui-ci l'a reçu très-honnêtement, lui a témoigné une sorte d'estime, relativement à ses mœurs, quoique différent de lui dans sa façon de penser, soit en matiere politique, soit en matiere religieuse. A l'égard de ce dernier objet, il a prié le prélat de ne point lui en parler, parce qu'il avoit murement examiné la chose & savoit à quoi s'en tenir. Depuis, le prince se doutant que M. de Beaumont, suivant le devoir de son état, se représenteroit pour le prêcher de nouveau, avoit défendu de le laisser pénétrer; ensorte qu'il a été refusé deux fois par le suisse à la porte de la rue, sans être descendu de son carosse & en présence d'un peuple immense, attentif aux démarches de l'archevêque. Les gens du métier reprochent à M. de Beaumont de n'avoir pas sauvé le scandale, en y mettant un peu d'astuce, en descendant, en entrant dans la cour, & se tenant en quelque endroit, pour en imposer au moins aux spectateurs, & qu'on crût qu'il avoit été admis auprès de S. A. Les subalternes se sont conduits avec plus d'adresse. Piqués de voir ce prince leur échapper & té-

moigner ouvertement une façon de penser qui pouvoit faire exemple, ils ont cherché à sauver l'extérieur
du mieux qu'ils ont pu. En conséquence, de concert
avec des serviteurs de la maison dont ils ont intéressé
le zele, ils ont supposé qu'on étoit venu chercher
les saintes huiles : ils les ont portées au temple, sont
entrés par une porte & ressortis par l'autre, ou peut-
être ils ont oint le malade, déja mort.

Si la marquise de Bouflers a été un scandale pour les prêtres, furieux de ne pouvoir déterminer le moribond à se séparer de cet objet le plus cher à son cœur, sa conduite n'en a pas moins été approuvée des honnêtes gens. Elle avoit déterminé depuis quelque tems ce pere irrité contre le comte de la Marche, à le recevoir, à se réconcilier avec lui, & à souffrir que ce prince lui rendît tous les soins d'une piété filiale. Il l'institue par son testament son légataire universel, & ce qui prouve la pureté de la façon de penser de la marquise, c'est qu'elle n'y est pour rien (a). Cette piece ne contient, au surplus, que des dispositions particulieres à l'égard de sa maison. Il laisse à chacun, en pension viagere, les appointe-

mens

(a) On a prétendu que Madame la marquise de Bouflers ayant la délicatesse de ne vouloir pas recevoir des bienfaits publics du prince de Conti, n'en avoit pas refusé 30,000 livres de rentes qu'il lui avoit placées, & que le comte de la Marche en a depuis acquis la preuve.

mens ou gages qu'il avoit. Mais les bienfaits immenses dont il avoit comblé une multitude de créatures, sont une charge considérable pour ses héritiers. Il n'est presqu'aucune fille d'opéra qui n'ait un contrat de lui, sans compter les autres. C'est cette générosité immense qui fait qu'en ce moment la recette dans les biens de sa succession égale à peine la dépense. Il confesse par ce dernier acte deux enfans naturels, qu'il a chargé son fils de recommander au roi, & auxquels il procure un sort distingué. On voit par ces détails qu'entre les princes galans de la maison de Bourbon, le défunt méritoit la premiere place.

Mais s'il se plongeoit dans les voluptés & même dans la débanche avec une luxure effrénée, ce vice ne faisoit point tort à ses grandes qualités. Il avoit donné dans sa jeunesse des preuves de sa valeur & de sa capacité pour le commandement des armées (*a*). Son aversion pour les gênes de la cour, son peu d'égards pour les maîtresses de Louis XV, l'en avoient éloigné & l'avoient empéché d'être employé depuis. Et, en général, la franchise de son caractere ne sympathisoit point avec celui du monarque, qui sentoit la supériorité de cette ame forte & énergique sur la sienne. Comme il falloit un aliment continuel à son activité, & que d'ailleurs, il avoit le génie naturellement fier & factieux, il avoit saisi l'occasion des troubles du par-

a Dans la guerre de 1744, il avoit commandé en Italie, forcé le passage des Alpes en 1741 & gagné la bataille de Coni.

lement avec le ministere pour se signaler & se former un parti dans la magistrature. Il se jugeoit le seul entre les princes en état d'y figurer, par une grande connoissance des affaires, & par la facilité à parler & à rendre ses idées. Vous avez vu, Milord, dans l'*Observateur Hollandois* (a), le beau rôle qu'il a joué durant la révolution. Il ne s'est démenti en aucune circonstance. Quelques gens l'ont blâmé de n'avoir fait pendant la maladie du feu roi aucune démarche pour rentrer en grace auprès de S. M. & lui témoigner sa douleur de lui avoir déplu ; mais le patriotisme devoit-il céder à son affection particuliere envers le monarque ? Il n'a manqué en rien aux actes extérieurs de bienséance. On rapporte même à cette occasion un trait original & vraiment dans son caractere franc & pétulant. Il étoit aux prieres de quarante heures à la paroisse du Temple, lorsqu'on vint lui annoncer la mort de Louis XV. Oubliant à l'instant le lieu où il étoit & la décence qu'il exigeoit, il donna ordre de renfermer le saint sacrement dans le tabernacle, comme pour reprocher à Dieu l'inutilité des prieres qu'on lui adressoit, au grand scandale du peuple, obligé de se retirer sans bénédiction.

Quelque desir qu'il eût de voir le jeune monarque & de s'y réunir, il n'a point voulu se prêter à la dé-

---

(a) Voyez la lettre IV de l'*Observateur Hollandois* sur les princes du sang & la noblesse.

marche préalable qu'on exigeoit de lui (a), c'est-à-dire à une lettre de soumission trop contraire à ses principes & à sa façon de penser : il ne reparut à la cour qu'après le lit de justice du 13 Novembre 1774. Il y étoit en quelque sorte inconnu, & le roi le présenta à *Madame* & à Madame la comtesse d'Artois qu'il n'avoit pas encore vues du tout.

Le rétablissement du parlement dans la forme qu'il s'est effectué, & avec toutes les modifications apposées par l'autorité royale, n'étoit pas trop du goût du prince de Conti. Il prévoyoit que cet acte de justice apparent pourroit bien ne tendre qu'à consolider le despotisme de fait. En conséquence il avoit fait parlementer avec différens membres de la compagnie pour réveiller ou exciter leur zele, leur promettant de les seconder de tous ses efforts. C'est ce qui avoit donné lieu aux assemblées consécutives, dont le résultat fut de présenter au roi des remontrances, qui

---

a Madame la princesse de Conti, sa mere, ayant fort à cœur de voir son fils rentrer en grace avant sa mort, fut trouver le roi à Choisi, & lui porter une lettre, où ce prince témoignoit son desir de rendre ses devoirs au monarque. Celui-ci reçut très bien la respectable douairiere, la fit asseoir & resta debout. Il voulut avoir le tems de la réflexion & se consulter vraisemblablement avant de répondre. Le résultat fut de prescrire au prince de Conti une lettre de rétractation, dans le goût de celles écrites à Louis XV. par le prince de Condé & par le duc d'Orléans. On voit tous ces détails dans le *Journal historique du rétablissement de la Magistrature*, &c. volume premier.

n'ont servi à rien qu'à mettre plus au jour l'impuissance ou la foiblesse de la cour, fatiguée de ses longues calamités.

Le fameux procès du maréchal duc de Richelieu contre Madame la présidente de St. Vincent, avoit fourni au prince de Conti une autre occasion de se signaler & de pérorer. On l'avoit admiré dans cette séance où, s'élevant avec force contre les coups d'autorité frappés au mépris des loix dans cette affaire monstrueuse, il se réserva de mettre en délibération par quels moyens on pourroit s'opposer à ces lettres de cachet, avec lesquelles on violoit si impunément la liberté des citoyens de tous les ordres. On se flattoit qu'il travailleroit avec l'impartialité qu'exigeoit son ministere à défendre l'innocence, & c'est avec peine qu'on a vu l'intrigue d'un vieux courtisan blanchi dans l'art de la flatterie & des séductions, pénétrer jusqu'à lui, l'obséder & le subjuguer absolument par l'entremise d'une femme (a), dont les charmes envers S. A. Sérénissime étoient d'autant plus indestructibles, qu'ils ne venoient point de sa figure, mais de son esprit. Dans le même tems, son acharnement contre M. Turgot & contre ses opérations les plus favorables au peuple, n'ont point fait plus d'honneur à cette altesse, d'autant qu'on pouvoit soupçonner que des vues d'intérêt la portoient à contrarier le

(a) Madame la marquise de Boufflers.

ministre, par les pertes qu'elle en pouvoit souffrir dans ses revenus (*a*).

Enfin ses bontés envers le Sr. de Beaumarchais, motivées sur l'utilité dont étoit ce Proxenete aux plaisirs du prince, auroient dû rester plus secretes: on lui a reproché d'avoir trop montré sa bienveillance pour lui, de l'avoir couvert d'une protection trop éclatante au moment de sa flétrissure (*b*); affectation vraiment louable, s'il se fût agi en effet de protéger l'innocence opprimée; mais indécente à l'égard d'un homme diffamé depuis long-tems par la voix publique, dont ceux-mêmes qui rioient le plus de ses sarcasmes (*c*) détestoient la méchanceté, l'impudence & la scélératesse. On a prétendu qu'il l'avoit mis en œuvre pendant la révolution; qu'il avoit employé sa plume pour ces ouvrages (*d*) qui ont si fort désolé le chancelier & ses suppôts. Quoi qu'il en soit de cette anecdote mal éclaircie, rien ne peut justifier la familiarité que S. A. lui donna chez elle jusqu'au dernier instant, que le besoin qu'elle en avoit sur la fin pour s'égayer dans sa langueur & dans ses souffrances. Ce qui prouve cependant que le prince de Conti savoit l'apprécier, & rougissoit intérieurement de sa foi-

---

a Voyez *la Lettre sur le lit de justice.*

b Par jugement de la commission, du 28 Février 1774, par lequel il a été blâmé, amendé, &c.

c Dans ses mémoires si connus.

d Les *Corespondances.*

blesse, c'est qu'il a évité d'en laisser subsister en quelque sorte aucune trace, & que le récompensant manullement, il n'a point voulu qu'on lût son nom sur son testament, sur ce dernier acte devant mettre le sceau à sa mémoire.

M. le prince de Conti est actuellement exposé sur son lit de parade, suivant le privilege de ces augustes personnages, & le Public est admis à le voir. J'ai voulu jouir de ce spectacle affligeant, mais philosophique; je ne lui ai point trouvé la figure hideuse; elle m'a paru avoir encore de la noblesse, & une sorte de vie. J'y ai rencontré un peintre (*a*) occupé à l'esquisser; je lui ai observé que ce moment n'étoit pas le plus favorable pour le rendre: il m'a répondu que c'étoit le dernier à saisir, attendu que S. A. n'avoit jamais voulu être peinte de son vivant, bien différente en cela de ses semblables, dont la flatterie multiplie si souvent l'effigie, presque toujours à la satisfaction de leur amour propre; on avoit, me dit-il, déterminé une seule fois le prince de Conti à figurer dans un tableau qu'il avoit commandé & où il ne pouvoit se dispenser d'être: il s'agissoit d'un déjeûner donné à tous les princes, mais il avoit exigé de l'artiste [*b*] de ne le montrer que par le dos. Le lieu de la scene étoit l'*Isle-Adam*. On y voit encore ce morceau, où il fait les honneurs de toutes les manieres

---

a Le chevalier de Lorge.

b M. Olivier, de l'académie.

C'est le parlement qui a mis les scellés chez le prince de Conti, & c'est lui qui en fera la levée. Le greffier de cette compagnie, assisté d'un substitut de M. le procureur-général, servirent de notaires. Tel est un autre privilege de sa naissance. Cependant le parlement & les autres cours n'ont été ni iront lui porter l'eau-benite pendant son exposition, parce que cet honneur n'appartient point aux princes de *la seconde ligne*, c'est-à-dire, à ceux qui ne composent pas ce qu'on appelle *la famille royale*.

Les dépouilles de S. A. sont déja divisées. Le comte de la Marche prend son nom, & s'appellera désormais prince de Conti, d'après la désignation du roi, qui l'a qualifié ainsi, lorsqu'il est venu faire part à S M. de la mort de son pere. Le gouvernement de Poitou, dont il étoit pourvu, est donné au duc de Chartres, qui est à la mer ; mais le roi en a fait porter la nouvelle à Madame la duchesse, & il est décidé qu'il en jouira sur le même pied que le prédécesseur & dans toute son intégrité ; quoique par le nouveau réglement il fût réduit aux appointemens de 30,000 livres, on y a déja fait déroger S. M. en ce moment-ci. Jugez, en passant, Milord, quelle vigueur ont les opérations économique de M. de St. Germain !

Quant au grand prieuré de France, le meilleur morceau que laisse le prince défunt, il occasionne une grande fermentation à la cour, par le nombre & l'avidité des concurrens ; mais il y a grande apparence qu'il sera conféré à M. le duc d'Angoulême.

Le comte d'Artois sollicite fortement ce bénéfice auprès du roi son frere, & il passe pour constant que S. M. le proposera au grand-maître de Malthe. Le Pere compte en jouir sous le nom du fils, & quand celui-ci sera grand & en âge de se marier, on verra de plus loin; peut-être trouvera-t-on alors quelque moyen auprès du saint pere, se mitigeant de jour en jour, d'obtenir une dispense & de le conserver dans cette branche. Cependant l'ordre murmure beaucoup de se voir frustré d'un pareil bien, devenu depuis près d'un siecle l'appanage des princes légitimés, & qui va l'être bientôt des chefs les plus augustes du royaume. Pour l'appaiser, on parle de lui réunir les biens supprimés des Antonins, évalués à 500, 000 livres de rentes. Autre objet de réclamation de la part du clergé, qui, n'ayant consenti à cette extinction que dans l'espoir de jouir d'un tel accroissement, est furieux d'avoir été pris pour dupe & jette les hauts cris.

Après les filles, les brocanteurs sont ceux qui perdent le plus à la mort du prince de Conti. Il s'est livré depuis quelques années à la manie des curiosités & des tableaux. J'ai visité la collection de ces derniers : elle est très nombreuse, & il y a beaucoup de morceaux du grand genre & des plus habiles maîtres. Son inventaire sera fort singulier; on parle de 800 tabatieres & de 4000 bagues, mais celles-ci ne seront pas surement montrées toutes au public. Voici ce qu'on raconte sur l'origine de leur multitude. On prétend que le défunt avoit la fantaisie puérile de constater chacune de ses conquêtes amoureuses par cette légere dépouille. Il falloit que la femme honorée de sa couche lui donnât sa tabatiere ou son anneau, qu'il payoit bien sans doute, & sur le champ il étiquettoit cette acquisition du nom de l'ancienne propriétaire.

Voilà, Milord, les particularités les plus remarquables que j'aie pu ramasser sur un personnage illustre, dont les défauts, les vices même particuliers se perdront avec sa dépouille fragile, mais dont les sentimens & les vertus patriotiques subsisteront à jamais dans l'histoire. Il vivoit peu avec ses parens, pour lesquels il n'avoit pas une grande vénération, surtout depuis leur défection & leur tergiversation dans l'affaire du parlement. Aussi n'en a-t-il pas été regretté infiniment. Cependant M. le duc d'Orléans a satisfait à l'extérieur. Quoiqu'il n'habite plus le palais-royal, comme il est toujours censé y résider, il a fait cesser les petits concerts qui se donnoient la nuit dans le jardin. Madame la duchesse de Chartres, d'une sensibilité extrême, est peut être la seule qui ait vraiment pleuré le prince de Conti. A son retour du voyage qu'elle vient de faire en Italie, elle avoit fait demander au défunt la permission de le voir; mais S. A. s'y est toujours refusée, disant qu'elle connoissoit sa tendresse pour elle & qu'elle la prioit de s'épargner un spectacle qui les affligeroit réciproquement sans aucune utilité réelle.

On parle déja d'un *Dialogue aux Champs Elysées*

entre Louis XV & le Prince de Conti; on assure que c'est un ouvrage piquant, & vous concevez aisément qu'il le peut être. Je vais tâcher de me le procurer, Milord: au recevoir.

Paris, ce 7 Août 1776.

LETTRE XLVI.

Dialogue entre Louis XV & le Prince de Conti.

PAR les informations que j'ai prises, Milord, j'ai su que la *conversation entre Louis XV & le Prince de Conti* n'étoit point imprimée, que vaisemblablement même elle ne le feroit pas. C'est un pur jeu d'esprit imaginé dans une société où, en parlant du prince mort & des événemens précédens, on fit la réflexion que le contraste du caractere & de la façon de penser du feu roi avec le caractere & la façon de penser de S. A. pouvoit fournir matiere à un diologue entre eux, cadre heureux pour qui y sauroit enchâsser une foule de portraits & d'anecdotes qui le rendroient historique, curieux & amusant. Dans le souper où ce plan fut proposé, les convives s'échaufferent, on l'ébaucha, chacun dit son mot, on rédigea le tout, & il se trouva que cette plaisanterie ingénieuse n'étoit point du tout mauvaise; mais la hardiesse de l'écrit a empêché de le faire imprimer en France. L'amour-propre des auteurs ne leur a pas permis non plus de le réceler entre eux; ils en ont laissé prendre copie. J'ai profité de l'occasion & je vous en envoye une. Il ne faut pas vous attendre à lire un ouvrage aussi correct, aussi lié, aussi parfait que s'il sortoit d'une seule tête, & surtout d'une main exercée à écrire. Les différens coopérateurs sont gens du monde, remplis de gaieté, féconds en sarcasmes & nullement hommes de lettres. D'abord ils n'ont pas pris la chose au sérieux, comme le patriote fougueux qui a fait paroître *l'ombre de Louis XV devant Minos.* (*a*) Ils supposent que ce roi foible, mais incapable de faire le mal par goût, est traité aux enfers avec plus d'indulgence; qu'on y impute, ainsi que nous en *Angleterre*, toutes les fautes d'un monarque à ses ministres; que ceux-ci sont seuls réputés criminels. En conséquence Louis XV n'est point exclus des champs élysées, mais il n'y est pas placé sans doute avec Louis XII, Henri IV, & même Louis XIV; il est relégué dans un bosquet, où il végete & s'ennuie, de même que sur la terre. Quelques ombres viennent par pitié causer avec lui, surtout celles de ses anciens serviteurs, encore reconnoissantes des bontés & de la familiarité dont il les honoroit de son vivant. Comme son unique occupation aujourd'hui est de savoir les nouvelles de ce qui se passe dans son royaume, dont

---

a Voyez la derniere *Lettre* de 1775 sur ce livre.

il ne se soucioit guere autrefois, on lui amene successivement tous les François descendans au Tartare. Le prince de Conti étant arrivé, on l'introduit auprès de Louis XV, & la conversation commence.

LOUIS XV.

Approchez, mon cousin : venez m'embrasser. Je suis sans rancune ici, & si vous éprouvez les mêmes sentimens que moi, je crois que nous allons être réunis pour toujours.

LE PRINCE DE CONTI.

De tout mon cœur, Sire. Je n'ai jamais eu d'éloignement pour votre personne sacrée.

LOUIS XV.

Voilà un mot qui sent encore les remontrances. Ah! de grace, ne m'en faites pas ressouvenir. Une de mes consolations en ce lieu c'est de ne plus en entendre parler.

LE PRINCE DE CONTI.

En ce cas vous avez bien fait d'y descendre ; car il en sera encore longtems question là-haut.

LOUIS XV.

Comment! est-ce que tout n'est pas à présent au mieux possible ?

LE PRINCE DE CONTI.

Pas tout-à-fait.

LOUIS XV.

Que faut il donc aux François ? Ils ont un jeune roi sans passions, ne voulant que le bien & ne s'occupant que de cet objet ; une reine adorable, divine, enchantereſſe, faiſant naître partout la joie & les plaiſirs; des miniſtres, au choix deſquels a applaudi toute la nation; un parlement ſi deſiré, qu'elle idolâtroit dans ſa captivité: que leur manque-t-il?

LE PRINCE DE CONTI.

Quant au monarque, on l'aime, mais on le plaint de n'avoir ni aſſez d'expérience pour gouverner par lui-même, ni aſſez de *fermeté* pour exécuter les plans qu'il a adoptés, ni aſſez d'amour-propre pour ne pas permettre qu'on le faſſe revenir ſur ce qu'il a fait.

LOUIS XV.

Ce dernier point étoit ſurtout le vice radical de la fin de mon regne.

LE PRINCE DE CONTI.

Je ne ſais, mais la reine n'eſt plus auſſi adorée qu'au moment où elle eſt montée ſur le trône. On lui a ſu mauvais gré de ſon obſtination à vouloir ramener le duc de Choiſeul ſur la ſcene; on lui reproche un goût exceſſif pour les frivolités, le luxe, la parure; goût dont elle n'a pas beſoin pour ſe diſtinguer, mais bien pardonnable à ſon âge. On voudroit que ſon ardeur extrême pour les ſpectacles & les fêtes, que tant d'autres femmes auroient à ſa place, ne l'engageât pas à ſe mêler trop de ces détails indignes de ſa majeſté, à avoir trop de bonté pour les hiſtrions, à les admettre trop familierement chez elle.

LOUIS XV.

J'ai jugé qu'effectivement cette princeſſe ne plaiſuit plus autant aux Pariſiens, quand on m'a chanté les couplets qui ont paru à la fin de 1775.

LE PRINCE DE CONTI.

Oui ! quoique tout le monde déteſte ces exécrables couplets, qu'on maudiſſe l'inventeur ſacrilege de tant de calomnies, on les a lus, chantés, recueillis; ce qu'on n'auroit pas fait il y a deux ans : il ne ſe ſeroit pas même trouvé de plume aſſez infernale pour les compoſer.

LOUIS XV.

Malgré cela, je connois l'attachement exceſſif du François pour mon ſang. C'eſt un chien fidele, qui revient toujours à ſon maître, ſans rancune des mauvais traitemens dont il l'accable. Que la reine donne un prince au royaume & l'on oobliera tous ces petits mécontentemens.

LE PRINCE DE CONTI.

Vous avez raiſon, Sire. Cependant la reine a fait à la nation un mal conſidérable dont elle ne ſe doute pas; à raiſon de ce même dévouement, du deſir immodéré de ſe modeler ſur elle & de lui plaire, la toilette des femmes eſt devenue un objet de dépenſe ſi prodigieuſe, que la plupart des maris ne pouvant y ſatisfaire, beaucoup d'elles ſe ſont fait des amans, afin d'y ſubvenir. Malgré l'exemple édifiant que S. M donne d'union & d'amour conjugal, elle a perdu les mœurs, autant que Medicis l'à fait dans ſon tems.

LOUIS XV.

J'aurois cru que les conſeils de l'impératrice-reine, sa mere, auroient corrigé ma petite-bru de cette passion des colifichets & des futilités.

LE PRINCE DE CONTI.

Cette souveraine auguste a fait une leçon à sa fille, qui sans doute auroit eu son effet, sans l'adulation perverse qui obsede toujours le trône. Elle lui a renvoyé un portrait qu'elle lui avoit adressé. Dans ce portrait, l'aimable Antoinette, croyant mieux plaire à Marie-Thérese, s'étoit fait représenter avec tous les détails de la galanterie dans lesquels nos faiseuses de modes sont si exercées & si ingénieuses. *Vos ordres ont été mal exécutés*, lui marquoit l'impératrice, en lui renvoyant la caisse : *au lieu de la reine de France, que je m'attendois à admirer dans votre envoi, je n'ai trouvé que la ressemblance & les entours d'une actrice d'opéra. Il faut qu'on se soit trompé.*

LOUIS XV.

On aura fait entendre, sans doute, à la reine que c'étoit mauvaise humeur de sa mere, scrupule de dévote, défaut de goût de la cour de Vienne.

LE PRINCE DE CONTI.

Je vois que votre majesté se souvient encore de l'adresse perfide avec laquelle les courtisans détruisent ainsi le fruit des meilleures réflexions.

LOUIS XV.

Au reste, toute cela ne seroit rien ; quand la reine mangeroit quelques millions, & feroit faire quelques milliers de cocus de plus, l'état n'en iroit pas moins bien avec de bons ministres. Ceux-ci, par leur adminiſtration, peuvent réparer beaucoup de maux particuliers. Où en ſont les vôtres ?

LE PRINCE DE CONTI.

Ma foi, les choſes ſont à peu près comme vous les avez laiſſées.

LOUIS XV.

Quoi ! eſt-ce que Louis XVI n'a plus Maurepas, ce Mentor qu'il a choiſi, tant célébré, tant exalté? J'avois conſervé toujours un foible pour lui ; & quoique j'euſſe été forcé de l'exiler par complaiſance pour Madame de Pompadour, je n'ai pas été fâché d'apprendre qu'il fût revenu au timon des affaires.

LE PRINCE DE CONTI.

Il a manqué ſon coup. Il falloit qu'après avoir rétabli le parlement, lorſque la nation étoit encore dans l'enthouſiaſme de ſon opération, il ſe retirât ; il auroit joui d'une gloire qu'on n'auroit pu flétrir.

LOUIS XV.

L'exemple du cardinal de Fleuri l'a ſéduit. Il a eu l'amour-propre de croire que, moins vieux que cette éminence, il ſauroit auſſi bien guider ſon pupille.

LE PRINCE DE CONTI.

Il auroit dû remarquer une différence ſenſible entre eux : 1°. en ce que votre premier miniſtre en ayant véritablement le caractere, par ſon titre même opéroit déja entre les parties cette union, fruit ſi précieux d'une ſeule & unique adminiſtration. 2°. En ce qu'il n'avoit jamais été éloigné des affaires ; qu'il les avoit toujours suivies depuis qu'il avoit commencé à en tenir le fil, ensorte qu'il en connoissoit parfaitement la marche & les détails. 3°. En ce que les circonstances n'étoient pas, à beaucoup près, aussi difficiles; qu'il ne falloit pas développer au dehors autant de vigilance & d'énergie, autant de fermeté & de constance au dedans. 4°. Enfin, en ce que le cardinal, moins livré à ses plaisirs, plus appliqué au travail, étoit soutenu dans sa vieillesse même, par le feu & l'activité de l'ambition, par cette ardeur de dominer, qu'il a conservé jusques au tombeau.

LOUIS XV.

Il est vrai que Maurepas ne se tiroit d'affaire auprès de moi que parce que son ministere ne lui coûtoit aucune peine. La marine étoit absolument délabrée, & on la laissoit dans son anéantissement. Quant au département de Paris, de la maison du roi, c'est un jeu pour quiconque a de l'esprit & de la facilité comme lui. Enfin on ne l'immortalise donc plus, ainsi qu'on le faisoit il y a deux ans?

LE PRINCE DE CONTI.

Au contraire, on se plaint qu'ils vivent trop longtems, lui & sa femme; car si celle-ci mouroit du moins, on compte que le premier rentreroit bientôt dans le repos qu'il aime.

LOUIS XV.

Sans doute, il n'a pas perdu le goût des bons mots, des saillies, des quolibets, des calembours?

LE PRINCE DE CONTI.

Ni de leurs auteurs. Il s'en engoue autant qu'i peut. C'est un titre auprès de lui pour parvenir, même pour être ministre.

LOUIS XV.

Mais Vergennes, Turgot, Saint-Germain ne sont rien moins que plaisans.

LE PRINCE DE CONTI.

Oh! il ne les choisit pas tous de cette espece. C'est surtout à la tête de la justice qu'il les met: par exemple, vous ne savez peut-être pas ce qui a valu les sceaux à M. de Miromesnil?

LOUIS XV.

Je vous avouerai que lorsque j'appris qu'il les avoit, je fus fort embarrassé de conjecturer pourquoi & comment.

LE PRINCE DE CONTI.

Eh bien! apprenez-le, Sire; c'est qu'il exécute parfaitement bien les rôles de *Crispin*; qu'il y a. fort réjoui M. & Madame de Maurepas à Pontchartrain.

LOUIS XV.

C'est, à coup sûr, quelque membre du parlement *Maupeou* qui est allé déterrer cette anecdote. Au surplus, comment joue-t-il son rôle aujourd'hui? est-ce qu'il feroit regretter le chancelier?

LE PRINCE DE CONTI.

Ce qu'il y a de certain, c'est qu'il n'est aimé ni des tribunaux renvoyés, ni des tribunaux rétablis: qu'ils lui reprochent, les uns, d'en avoir trop fait.

les autres, de n'en avoir pas assez fait, & tous de les avoir trompés successivement. C'est qu'il n'y a pas plus de principes qu'auparavant; que les cassations, attributions, évocations sont aussi fréquentes, aussi légerement, aussi arbitrairement, aussi aveuglément décernées: c'est qu'en un mot, les loix sont sans vigueur, sont éludées, transgressées, violées presqu'avec autant d'audace & d'impunité.

LOUIS XV.

Il seroit plaisant qu'on regrettât le Maupeou?

LE PRINCE DE CONTI.

Vous ririez bien davantage si je vous disois qu'on redemande l'abbé Terrai! il est vrai que ce ne sont pas les plus honnêtes gens, ni les plus éclairés, ni les meilleurs patriotes. Cependant il en est de bonne foi, qui voyant que tout va de mal en pire, s'imaginent que celui là ayant affaire à un maître vertueux & économe (le lieu me permet, Sire, ces vérités, dont vous conviendrez) auroit eu assez de politique pour se modeler sur lui, & assez de génie pour exécuter les réformes que Louis XVI ne demandoit pas mieux que de faire, pour les maintenir, & en tirer parti, en les appliquant à l'amélioration de nos finances.

LOUIS XV.

A propos de cela, j'ai, mon cousin, un compliment à vous faire. Avant de mourir, vous avez du moins eu la consolation d'être débarrassé de ce Turgot qui vous déplaisoit si fort.

LE PRINCE DE CONTI.

Il est certain que j'ai cabalé comme un financier pour son expulsion : mais mes yeux se sont dessillés ici. Je suis obligé de convenir que l'intérêt personnel, le ressentiment & la vengeance entroient pour beaucoup dans mes fureurs contre lui.

LOUIS XV.

Vous pensez donc aujourd'hui que c'étoit un bon ministre, qu'on a eu tort de renvoyer ?

LE PRINCE DE CONTI.

Je crois d'abord que c'étoit un très honnête homme, qu'il vouloit le bien, & que c'est la premiere qualité essentielle dans la place de contrôleur général. Je vois ensuite qu'il avoit à cœur surtout de soulager le paysan & la classe indigente du peuple ; qu'il cherchoit à faire fleurir l'agriculture, les arts & le commerce : point de vue trop précieux pour n'être pas respecté. Quant à la discussion des moyens qu'il a employés, dès qu'on les avoit adoptés, il falloit laisser au tems à en confirmer la bonté ou le vice.

LOUIS XV.

Eh bien : est ce qu'on ne suit pas son plan ?

LE PRINCE DE CONTI.

Vous savez mieux que moi, Sire, que jamais le successeur d'un ministre n'a marché sur les mêmes traces. Celui de M Turgot est d'un systême trop différent pour s'y être asservi. C'est un petit abbé Terray dans son genre, un génie fiscal, si jamais il en fût, un personnage des plus débordés. Il a amené avec ui de son intendance trois ou quatre sœurs, dont il a infecté son hôtel. On assure qu'il couche tout-à-tour avec elles.

LOUIS XV.

Oh! c'est trop fort. Ce sont des plaisirs de roi, & qui ne sont pas réservés pour un particulier! Quoi qu'il en soit, comment ce ministre-ci s'y prend-il pour travailler au grand œuvre de la libération des dettes de l'état?

LE PRINCE DE CONTI.

Je vous certifie que c'est ce qui l'embarasse le moins. Il cherche seulement à se maintenir en place, jusqu'à ce qu'il trouve occasion de se pousser ailleurs. Par exemple, parce que ne sachant rien de rien, il est devenu tout-à-coup intendant de la colonie de St. Domingue, & ensuite de la marine à Brest, il s'imagine être très au fait de ce dernier département.

LOUIS XV.

Mais il en sait bien autant que Sartine.

LE PRINCE DE CONTI.

Je ne suis pas de votre avis, Sire; je n'ai, jamais vu de meilleur marin que celui-ci. Il louvoye depuis plusieurs années avec une dextérité admirable. Il fait prestement, durant l'orage, caler ses voiles & rester à la cape aussi longtems qu'il le faut. Le beau tems revient-il, il déploie de nouveau ses voiles au vent de la prospérité, & cingle sans relâche vers le port.

LOUIS XV.

Je le goûtois assez à raison de sa souplesse. Mais

malgré tout son talent, je doute qu'il puisse ten[ir] longtems en sa place, surtout si la guerre vient. J'e[n] ai eu de plus habiles auprès de moi qui ont succomb[é]. Pourquoi n'a-t-il pas passé au département de Pa[ris] quand de Malesberbes à pris congé?

LE PRINCE DE CONTI.

Tout le monde s'imaginoit que c'étoit son lot. I[l] n'a pas voulu: il a eu la sottise de croire qu'il éto[it] déja parvenu à connoître sa partie, & il s'est lais[sé] aller aux insinuations perfides des officiers de la ma[-]rine, qui, le gouvernant, le préferent à un aut[re] pourvu de plus de lumieres & de génie.

LOUIS XV.

Gare! s'il est présomptueux, il sera culebuté. Ma[is] pour revenir au département de Paris, on a dû vo[ir] avec peine Malesherbes se retirer.

LE PRINCE DE CONTI.

Non; il étoit trop vertueux: c'étoit un hom[me] inutile.

LOUIS XV.

Je crois que par la même raison son successeur l[e] sera bien autant.

LE PRINCE DE CONTI.

Ce ministere là n'exige par un merveilleux talen[t]. Vous avez vu longtems le duc de la Vrilliere, qui n'étoit pas une aigle, s'en acquitter assez bien, & sans cette abominable femme qui l'avoit subjugué, il auroit continué de même. M. Amelot, élevé-là pa[r] le comte de Maurepas, s'y conduira d'après les avis paternels du Mentor du Monarque & le sien.

LOUIS XV.

Paternels! est bien dit : mais il ne les aura pas toujours.

LE PRINCE DE CONTI.

Il aura du moins son Robinet, & puis il fera comme les autres. C'est ce que lui disoit ce confident au moment où son maître apprit son élévation au ministere. M. Amelot est fort timide : il parut embarrassé du rôle qu'on alloit lui faire jouer ; „ Bon, bon ! „ s'écria Robinet, acceptez toujours. Nous n'aurons „ pas été-là quinze jours, que nous en saurons au- „ tant que nos prédécesseurs. ”

LOUIS XV.

Puisque nous en sommes sur les ministres bornés, dites-moi, que faites-vous de Bertin ?

LE PRINCE DE CONTI.

Son petit ministere est encore raccourci depuis votre mort, car Louis XVI ne croit pas avoir besoin, comme vous, de caisse particuliere. M. Bertin a été longtems sans savoir quelle contenance faire au milieu de tous ces nouveaux visages. On a imaginé que c'est un espion que les Jésuites se sont conservé dans le conseil.

LOUIS XV.

Actuellement qu'il est consolidé, il pourroit voir sauter encore bien des ministres. On dit que celui de la guerre est déja aussi détesté qu'il a été prôn[é] en arrivant,

LE PRINCE DE CONTI.

C'est sa faute. S'il se fût retiré au bout d'un mois, on l'auroit mis au dessus des plus grands hommes.

LOUIS XV.

Mais il n'auroit pas eu le tems de rien faire!

LE PRINCE DE CONTI.

C'est précisément pour cela. On auroit conser[vé] la plus grande opinion du bien qu'il annonçoit, & i[l] n'auroit causé de mal à personne.

LOUIS XV.

Ainsi, par l'énumération successive de tous ces per[-]sonnages, je vois que Vergennes est le seul qui en[-]tende bien sa partie, le seul en état de se maintenir, & de mériter les suffrages de la nation.

LE PRINCE DE CONTI.

Il n'a pas ceux de tout le monde, non quant au[x] talens de sa place, personne ne le lui conteste; ma[is] on lui reproche de la pusillanimité, de la foible[s-]se..... on voudroit qu'il profitât de la position cri[-]tique où se trouvent les Anglois, pour nous déba[r-]rasser de leur joug humiliant.

LOUIS XV.

Et moi je trouve qu'il fait très-sagement de n[e] point nous comprometre, & de recueillir, sans rie[n] risquer, le fruits des divisions de nos rivaux. No[us] parlerons de cela dans un moment. Suivons not[re] objet. Vous venez de m'apprendre, mon cousin, que

que les François aiment toujours mon petit-fils, mais qu'ils commencent à ne plus le trouver si ressemblant à Henri IV: qu'ils craignent que son desir sincere de suivre les traces de ce bon roi ne se perde en efforts stériles, par les variations continuelles d'une administration sans principes solides, & que, contre l'usage (a), il ne soit le seul à prêcher d'exemple dans son royaume. Vous m'ajoutez qu'ils adorent la reine, en prenant la liberté de critiquer jusques à ses goûts, ses dépenses, ses amitiés, son attachement à un ministre auteur de son hymen & à qui elle croit devoir une forte [ec reconnoissance. Je vois que vos nouveaux administrateurs, presque tous éprouvés par l'adversité, dont le rappel avoit enchanté la nation, ne reçoivent à la fin que ses quolibets & ses sarcasmes. Encore un coup, que faut-il donc aux François? Sont ils au moins contens du parlement, dont le retour étoit demandé avec tant d'instances?

LE PRINCE DE CONTI.

A vous dire vrai, pas davantage. Ces magistrats, si grands dans leur exil, où ils se sont trouvés conduits plutôt par amour-propre, par opiniâtreté, par animosité, que par attachement aux loix & par patriotisme, n'ont plus envie d'être pris pour dupes. En vain, à leur retour, ai-je tâché de leur rendre quelque énergie, ils sont absolument sans aucun ressort;

---

a On connoît ce fameux vers:

Regis ad exemplum totus componitur orbis.

ils n'ont de vigueur que contre leurs subalternes. Ils n'ont pas seulement le courage de réformer les abus (*a*) qui avoient servi de prétexte aux accusations du Maupeou. Ils ont déja subi deux lits de justice [*b*], & se sont vus frustrés de leurs fonctions les plus précieuses [*c*]. Ils tolerent continuellement sous leurs yeux des perceptions d'impôts illégales, établies sous la commission dont ils appellent les arrêts des *jugemens*; & ils n'osent réclamer dans un cas où ils savent qu'on leur conteste, à eux-mêmes justement, le pouvoir d'accorder les subsides, où on leur a prouvé qu'ils n'avoient autre chose à faire qu'à supplier le roi d'assembler les états généraux.

LOUIS XV.

Le bon tems! mon cousin, le bon tems! Vous me faites doublement regretter la vie; ô! Louis XVI, que vous êtes heureux d'avoir un parlement & point de remontrances!

LE PRINCE DE CONTI.

Il y en a bien eu, mais qui n'ont rien empêché.

---

a Comme les épices énormes & arbitraires; en vain les Enquêtes ont demandé un réglement, la Grand'Chambre a refusé constamment d'en faire; comme les secretaires qui se sont établis des droits sur les plaideurs, & tant d'autres vexations criantes.

b En Mai 1775, & en Mars 1776. On pourroit en ajouter un troisieme, qui est celui de leur rétablissement en Novembre 1774.

c Comme de la connoissance du monopole des bleds, & des délits commis à cette occasion.

LOUIS XV.

C'eſt ce que je veux dire ; c'eſt la même choſe. On en eſt quitte pour ne les pas lire : ainſi les impôts vont leur train ?

LE PRINCE DE CONTI.

Sans la moindre difficulté. Par exemple, on étoit embarraſſé d'avoir des fonds pour rétablir la partie incendiée du palais. Eh bien ! par un arrêt du conſeil on doit mettre une légere augmentation ſur la capitation, & comme cela ſe fait ſans difficulté, ſans enrégiſtrement, on l'accroîtra, on la prolongera, ſuivant les circonſtances.

LOUIS XV.

O le bon tems !

LE PRINCE DE CONTI.

Dans ſes rêves, M. Turgot avoit imaginé d'abolir les jurandes & le maîtriſes. En conſéquence il s'étoit emparé des effets & rentes des communautés, en ſe chargeant de leurs dettes. Il eſt queſtion de les rétablir ; on leur rendra les charges dont elles étoient grévées : quant à leurs fonds, comme ils ſont mangés, elles ne les auront point.

LOUIS XV.

O le bon tems ! Mais cela ne ſe paſſoit pas autrement ſous mon regne. Pourquoi donc mes ſujets me déteſtoient-ils ſi fort à mon trépas & ne ſe plaignent-ils point de mon ſucceſſeur ?

LE PRINCE DE CONTI.

C'eſt qu'on ne peut pas pardonner de mal gouverner à un prince plus que sexagénaire, qui regne depuis 59 ans. C'est que votre insouciance révoltoit vos peuples. C'est que vous seul, pour votre propre compte, pour assouvir vos passions, auriez mangé l'état entier. Au lieu que Louis XVI n'a que 22 ans; que les défauts de son regne ne doivent être attribués qu'à ses ministres; qu'ils ne font pas même sciemment le mal comme les vôtres, & que s'ils trompent le monarque, ce n'est jamais qu'en lui montrant le bien pour objet. C'est qu'enfin le roi actuel est peut-être l'homme de son royaume, proportion gardée, qui dépense le moins pour son compte. C'est qu'il n'a ni maîtresse, ni favori, ni prêtre autour de lui, ni plaisirs, ni mauvaises qualités, ni préjugés apparens. C'est que, s'il vise au despotisme, c'est parce qu'on lui a fait entendre que c'étoit la meilleure maniere de gouverner, façon la plus sûre de rendre son état heureux.

LOUIS XV.

Et les lettres de cachet, dont j'ai fait tant d'usage?

LE PRINCE DE CONTI.

Comme il n'y a plus ni Jésuites, ni Jansénistes, ni refus de sacremens, il faut avouer que le cours en est rallenti; mais on n'en a point perdu la ressource trop utile; on en a même fait des abus crians, contre lesquels je me suis élevé au parlement dans l'affaire du maréchal de Richelieu, & je me proposois de traiter cette matiere à la fin du procès.

LOUIS XV.

Où en est-il ? Je m'intéresse toujours à ce confident de mes plaisirs, qui m'en a bien procuré dans ma vie.

LE PRINCE DE CONTI.

C'est encore un point sur lequel j'ai des idées plus rassises depuis que je suis ici. Je vois qu'il m'avoit circonvenu par ses séductions : j'étois devenu, à ma honte, son partisan & son défenseur dans la cour des pairs. Ce qui prouve au surplus que j'étois de bonne foi, c'est que j'avois toujours désapprouvé les coups d'autorité qu'il avoit mis en œuvre, & que je comptois sérieusement présenter quelque arrêté à la compagnie, pour obvier aux ordres du roi, si indécemment & si cruellement employés contre divers particuliers, ses adversaires, & même contre une femme de qualité, que sa naissance & ses entours auroient dû garantir de pareilles vexations.

LOUIS XV.

C'est à-dire, tout considéré, que c'est toujours, comme ci-devant, le plus fort qui opprime le plus foible. Vous me consolez, & me confirmez dans mon idée, qu'un roi, quelque chose qu'il fasse, est trompé. Je suis parti de ce principe, & j'ai cru inutile de me donner tant de peines pour en venir-là. Je me suis trouvé roi par le hasard ; j'ai gouverné de même. Il servira peut-être mieux mon successeur. Tant mieux pour nos neveux ! Je le félicite, entr'autres circonstances heureuses, de l'événement de la guerre d'Angleterre avec ses colonies; c'est une de ces combinaisons nouvelles, formées par ce maître de l'univers, qui peut être très-avantageuse à la France.

LE PRINCE DE CONTI.

Elle l'est aussi pour le moment. La balance du commerce commence à incliner en notre faveur, & nos ports marchands sont dans une grande activité, ainsi que nos colonies. Nous nous enrichissons des pertes de nos voisin.

LOUIS XV.

Vous venez de justifier par-là le ministre des affaires étrangeres, que vous blâmiez plus haut.

LE PRINCE DE CONTI.

C'est qu'on craint que le bénéfice ne soit que momentané, que nous ne le payions bien cher par la suite : que ne donnant point aux colonies-unies de l'*Amérique Angloise* les secours dont elles ont besoin elles ne succombent, qu'elles ne soient forcées de se réunir à la métropole, & ne redeviennent notre ennemi commun sous un même chef. Les unes voudront se venger de ne les avoir pas assez secondées dans une révolte que nous fomentons, & l'autre nous punir d'avoir ri de son malheur. En un mot, on trouve que nous en faisons trop, ou point assez: on s'indigne surtout de voir ce commissaire de S. M. Britannique résidant toujours à Dunkerque, & nous donnant la loi chez nous.

LOUIS XV.

Oh ! il faut être exact à tenir les traités ; ç'a toujours été mon avis.

LE PRINCE DE CONTI.

Oui, les traités conclus avec vos ennemis ; car pour ceux faits avec vos sujets, combien de fois n'y avez-vous pas manqué ?

LOUIS XV.

C'est bien différent. On ne contracte point avec ses sujets : on leur impose des devoirs, qu'on change modifie ou éteint, comme l'on veut.

LE PRINCE DE CONTI.

Actuellement que je puis dire ma pensée en liberté, si j'avois été roi, ç'auroit été assez mon avis ; mais j'étois sujet moi-même, je voulois faire parler de moi & jouer un rôle, j'ai paru républicain.

(*Ici le roi bâille.*)

. . . . Mais vous bâillez, Sire ! voilà en effet bien de la politique.

LOUIS XV.

Oui, je ne puis m'y faire. Ce que c'est que la mauvaise habitude ! Cela me rend malheureux, car c'est la seule chose qu'on permette ici, où l'on n'a plus que la jouissance de la langue & le plaisir d'entendre raconter ce qui se passe sur la terre.

LE PRINCE DE CONTI.

S'il y avoit encore un *Parc aux cerfs* à Versailles, je pourrois vous réjouir par le récit de quelque historiette.

LOUIS XV.

Mais vous qui parlez, je crois que quand vous aurez été quelques jours ici, vous ne serez pas si plaisant. Vous n'étiez pas mal paillard, ainsi que moi.

LE PRINCE DE CONTI.

Vraiment, je n'ai pas besoin d'une plus longue privation pour détester un lieu où l'on ne mange ni ne boit, où l'on ne f.... où le mot même est interdit. Foin de votre chienne de vie des bienheureux!

LOUIS XV.

Ce n'est, parbleu! pas la mienne.... Ah! charmante Dubarri, où est votre paradis? Je troquerois tout l'élysée contre un petit coin de chez vous.

LE PRINCE DE CONTI.

Ah! Beaumarchais! Beaumarchais! où sont ces charmantes houris dont tu m'égayois sur le bord de mon tombeau!

LOUIS XV.

Vous mâcherez à vuide, ainsi que moi, mon cousin. Nous nous sommes trop pressés de vivre.

LE PRINCE DE CONTI.

Après tout, Sire, nous ferons comme les autres. Demandons à ce bon Henri, dont j'entrevois le bosquet dans le lointain, comment il se sauve de l'ennui de ce pays-ci. Il a bien aimé le sexe, autant que nous, &, à ce que je puis découvrir avec ma lorgnette, il me semble que je vois bien du mouvement, de la joie dans son canton.

LOUIS XV.

Hélas! faute d'avoir beaucoup songé à lui durant ma vie, & de ne m'être nullement occupé à l'imiter, il m'est interdit d'en approcher à présent.

LE PRINCE DE CONTI.

La même défense ne m'est pas faite. Je cours l'aborder, & s'il me donne quelque bonne recette, je vous l'apporterai.

LOUIS XV.

Au plaisir de vous revoir, mon cousin; mais je crains fort qu'elle ne me convienne pas, ou plutôt je redoute que vous ne vous trouviez si bien auprès de lui que vous ne soyez tenté d'y rester.

LE PRINCE DE CONTI.

Comptez sur moi. D'ailleurs, l'on débarque chez vous, & j'y viendrai chercher les nouvelles."

ICI finit le manuscrit, Milord. Je serai fort aise d'en avoir votre avis, d'apprendre si vous pensez comme moi. D'ailleurs, il y a des vues politiques qui devroient faire ouvrir les yeux à nos ministres, s'ils n'étoient pas comme les dieux d'Egypte: *oculos habent & non vident*. Puissé-je ne leur pas ressembler pour vous plaire de plus en plus!

Paris, ce 18 Août 1776.

LETTRE XLVII.

Des troubles du Parlement de Grenoble. Remontrances de cette Cour. Lettre au roi &c.

DEPUIS le rétablissement des parlemens, Milord, il n'en est peut être aucun qui n'ait eu des tracasseries avec le ministere ; ce qui semble d'abord d'autant plus suprenant qu'on regardoit leur retour comme un hommage que rendoit le monarque aux loix, & en même tems comme un acte de soumission des magistrats aux ordres du souverain, & sous ce point de vue, sans doute on ne devoit pas s'attendre que l'harmonie entre la cour & ces grands corps dût être troublée de sitôt. Mais pour ceux qui ne s'arrêtent point aux apparences, qui démêlent le jeu des gouvernemens & dévoilent les ressorts secrets des révolutions, ils avoient prévu ces suites inévitables ; ils avoient vu que les agens d'une négociation aussi importante n'étoient point du tout enflammés de l'enthousiasme patriotique „ que dans le travail on n'étoit parti d'aucun principe fixe & invariable, & que ce bien momentané étant le résultat des passions particulieres, ainsi que le mal l'avoit été, il devoit rester dans la restauration de l'édifice un vice radical, cause prochaine de secousses nouvelles & d'ébranlemens funestes tôt ou tard. En effet, les ministres n'avoient jamais songé sérieusement à déterminer le monarque à rentrer dans les bornes de cette autorité dont la modération fait la sûreté. Au contraire, regardant le despotisme comme de plus en plus nécessaire dans un empire où toute regle de bien gouverner étoit anéantie, ils avoient songé seulement à le rendre moins odieux, plus honnête & légal en quelque sorte par le concours de ceux qui l'avoient si vigoureusement combattu & qu'on considéroit comme ses victimes. Et les magistrats fatigués d'un long exil, heureux de saisir l'occasion de recouvrer un état qu'ils croyoient avoir perdu, de reprendre une considération plus attachée, pour bien des gens, aux fonctions extérieures qu'à une inaction vertueuse, avoient sacrifié sans peine la chose publique, le prétexte plutôt que le sujet véritable de leur résistance & de leur opiniâtreté ; ils sentoient que pour leur intérêt personnel il valoit encore mieux exister, même dans un état de mutilation, que de persister à périr avec les loix. De-là leur régénération bizarre & monstrueuse, mélangée, variée & modifiée en autant de composés différens qu'il y a eu de corps rétablis. De-là, les divisions intestines, les plaintes, les réclamations. C'est surtout au parlement de Grenoble que la fermentation s'est fait sentir : elle s'y est accrue au point qu'il paroît aujourd'hui difficile de l'éteindre, sans que l'autorité recule, ou sans la transgression la plus manifeste des réglemens, des ordonnances, des devoirs les plus sacrés de la magistrature. Voici le fait.

Le parlement de Dauphiné reprenoit à peine son

assiette, après la réintégration du mois de Mai 1775, lorsque son procureur-général (*a*) fut fait conseiller d'état. M. de Moydieu qui, docile aux impulsions du chancelier, & prenant toutes les formes qu'il lui avoit plu lui donner, avoit exercé les fonctions du ministère public depuis la révolution de 1771 jusqu'au rétablissement de cette cour, rentré dans sa place de conseiller de grand' chambre, fut à Paris pour obtenir l'agrément de succéder au magistrat qui se retiroit. La compagnie ne vit pas sans peine qu'un membre qu'elle ne toléroit qu'à regret, ainsi que ceux qui avoient suivi sa défection, se proposoit d'en obtenir la récompense en quelque sorte, dans une place distinguée & de confiance, qui ne pouvoit appartenir qu'à un personnage éminent par son patriotisme & par ses vertus. Cependant il s'élevoit beaucoup de murmures contre l'administration précédente de M. de Moydieu, & l'on articuloit des griefs, des abus d'autorité caractérisés (*b*). Il n'en obtint pas moins la grace

---

a M. Vidaud.

b Voici ce qu'on lit dans les *remontrances* de ce parlement: ...., „ Après le départ du Sieur de Moydieu, les premiers murmures contre son administration précédente commencerent à se faire entendre sourdement : on vit paroître un mémoire imprimé, relatif à l'affaire criminelle de Charles Bert, maire & notaire de Viriville, poursuivi à la requête du Sieur de Moydieu, où le défenseur de cet accusé s'exprimoit ainsi."

„ Si l'on demande sur quels ordres, sur quelle information, „ sur quel decret on se permit de ravir la liberté à cet officier

qu'il sollicitoit. Il revint à Grenoble au commencement de cette année (a), & présenta ses provisions. Cet événement répandit dans la compagnie un trouble inexprimable par la scission des sentimens & la diversité des avis. Ceux qui avoient suivi son parti, étoient trop intéressés à le voir triompher pour ne pas le soutenir de leurs suffrages & de leurs intrigues. Les exilés, au contraire, se faisoient un point d'honneur de l'exclure. Ils en avoient un moyen bien certain & bien légal d'après les bruits répandus & accrédités contre le postulant. Cependant une opinion plus mo-

„ de justice, à ce citoyen domicilé, qui accouroit pour se „ plaindre, se justifier & demander vengeance; nous répondons que les ordres sont inconnus, mais qu'il n'existoit encore ni plainte, ni information, ni décret: qu'en France „ on exige ces préliminaires, du moins que l'accusé soit pris „ en flagrant délit, & déféré par la clameur du public, qui le „ surprend tenant un fer ensanglanté dans ses mains; que nous, „ citoyens, nous reposons, il est vrai, sur la foi de ce code „ sacré, qui garantit notre honneur & notre liberté, mais „ qu'en Turquie on n'exige rien de tout cela.... On ne dit „ point qu'il a essuyé tantôt des traitemens durs qui l'ont mis „ aux portes du tombeau, tantôt une liberté mitigée, en lui „ assignant la ville pour prison, & des gardes qui épuisoient „ sa fortune en surveillant ses pas; tantôt qu'il a joué d'une „ liberté pléniere: on ne dit point avec quel art on lui a opposé des obstacles, résisté aux plus justes demandes, retardé la marche des procédures, affecté de calquer des accusations sur une multitude de pieces, après avoir épuisé la „ ressource des preuves testimoniales".

(a) En Janvier 1776.

dérée prévalut, & l'on voulut tenter toutes les voies pour ne pas l'admettre, avant d'en venir à celle de l'inculpation. C'est dans cet esprit que le parlement écrivit au roi une lettre (*a*), où, après avoir exposé la division & la discorde que la réception de cet officier pouvoit occasionner dans son sein, il le supplia de *retirer les provisions qu'il lui avoit accordées & de le nommer à quelqu'autre emploi où ses talens seroient plus utiles au service de S. M* Sur quoi intervinrent des lettres de jussion [*b*], où le roi persistant dans son choix, se prévaloit de la phrase citée ci dessus, où cette cour *faisoit l'éloge des talens du Sr. Moydieu, & n'articuloit aucun fait qui pût jetter le moindre „ nuage sur sa conduite.*"

Le parlement comprit par cette tournure artificieuse qu'il avoit fait une faute en ménageant trop ce traitre. Dès le lendemain [*c*] du jour de la présentation des lettres du jussion, il y eut des dénonciations contre lui par plusieurs de ses confreres, dans lesquelles ils s'autoriserent adroitement sur l'obligation d'enquête des vie & mœurs du postulant, portée dans ses provisions. Les gens du roi requirent une audition de témoins (*d*). Elle fut ordonnée après bien des débats, & l'on commença une procédure en regle. Tous les membres de la compagnie étoient

---

a En date du 19 Janvier 1776.

b Arrivées au parlement le 10 Février.

c Le 11 Février. *d* Le 23 Février.

convoqués pour délibérer à cet effet (*a*), lorsque chaque officier de la cour reçut les ordres de rester dans la ville jusqu'au 7 Septembre suivant, & le même jour (*b*) on en eut de nouveaux de se rendre à la grand'chambre pour entendre les volontés de S. M.

Là, le comte de Tonnerre, commandant dans la province, fit enrégistrer d'autorité des lettres patentes du 8 Mars. En conséquence le Sr. de Moydieu fut reçu procureur général & installé par le commissaire départi (*c*).

Le surlendemain (*d*), le parlement protesta, contre l'illégalité, tant de l'enrégistrement que de l'installation, & déclara par un arrêté que les actes qu'il feroit sur les signatures du Sr. de Moydieu, en qualité de procureur-général, pour ne pas interrompre le cours de la justice, ne pourroient être regardés comme une approbation de cette qualité. Il s'occupa ensuite de remontrances (*e*) inévitables dans une infraction aussi grave de tous les principes, sur la forme & le fond de ces lettres patentes, & il posa dans un des articles (*f*), comme regle générale „ que tout „ magistrat accusé étoit obligé de se justifier par les „ voies de droit, à peine de rester *entaché* en son

a Le 18 Mars. *b* 18 Mars.
c L'intendant de Grenoble, M. Pajot de Marcheval.
d Le 20 Mars.
e Les objets, au nombre de 12, en furent fixés le 23 Mars.
f Dans l'article IX.

„ honneur." Ce vieux mot *entaché*, consacré p[ar] le parlement de Paris, dans son arrêt rendu contre l[e] duc d'Aiguillon, rappelloit au ministere un fait tro[p] contraire à son despotisme pour ne le pas piquer. L[a] maxime fut improuvée par S. M. & l'article où ell[e] étoit établie fut cassé [a], ainsi que l'arrêté, si mo[-]déré dans la partie qui concernoit la signature. L[a] proscription fut consignée dans un enrégistremen[t] auquel on procéda par la même voie de l'autorité ab[-]solue. Et pour effrayer, sans doute, les magistra[ts] trop sensibles à cette subversion des loix & les dispo[-]ser à l'obéissance passive & aveugle, on voulut fair[e] un exemple sur deux (b) renommés pour leur patrio[-]tisme & leur intrépidité, en vertu d'un mandé à l[a] suite de la cour. Ils furent emportés d'un bout d[u] royaume à l'autre pour essuyer des paroles accablante[s] de la part de S. M., puis ramenés avec la même vé[-]locité, rendus à l'attente de leur compagnie, à leur[s] fonctions : interrogés par leurs confreres assemblés, ils n'ont pu rendre compte en quoi leur conduite

---

a Par des lettres patentes du 15 Avril.

b M. d'Ornacieux, président, & M. de Meyrieu, conseil[-]ler. Ce qui prouve d'autant mieux l'intention du ministere, c'est que l'un d'eux n'avoit pris aucune part à l'affaire du Sr de Moydieu. Voyez, au surplus, la protestation éloquente de ces deux magistrats du 4 Septembre 1771, insérée à la fin du sixieme voulume du *Journal historique du rétablissement de la magistrature*, &c.

avoit déplu au roi, parce que S. M. ni ses ministres n'avoient pas daigné les en instruire.

Si tous ces faits étranges & incroyables, Milord, n'étoient tracés dans les remontrances de cette compagnie, on ne pourroit les regarder que comme des calomnies contre le gouvernement actuel, comme une interversion d'événemens passés à la fin du regne précédent & mal à propos rapportés à celui-ci. Malheureusement ils sont littéralement consignés dans cet écrit (a), dont l'objet est la justification du parlement, & d'établir l'obreption & la subreption des lettres patentes en question, par le peu de fidélité de l'exposé qui en est la base.

Je ne suivrai point l'historique des faits portés par les dénonciations contre l'accusé, tous divers à la vérité, mais tous tendant à l'établissement d'un point unique, qui étoit l'abus d'autorité de la part du Sr. de Moydieu. Je n'entrerai pas dans le détail des récriminations adroites du Sr. de Moydieu pour atténuer les reproches qu'on pourroit lui adresser pour faire regarder son procès commencé comme l'ouvrage de la passion, comme un moyen de l'expulser d'une place où son élévation devenoit non-seulement la justification, mais la récompense, de sa conduite passée, pour mettre sa compagnie en contradiction avec elle-même, en lui opposant ses propres paro-

---

a En date du 11 Mars 1776.

les (*a*); mais j'obſerverai d'une part l'inconſéquen
du garde des ſceaux de faire choiſir par le roi, p

a ,, *Vous convenez de mes talens*, dit le Sr. de Moydi *pourquoi voulez-vous que le roi retire les proviſions qu'il m'a f la grace de m'accorder?* Mais ici le Sieur de Moydieu, con nuent les remontrances, ne nous inculpe que parce que n nous ſommes livrés peut-être à un excès d'honnêteté pour l Nous ne nous repentirons jamais, Sire, d'avoir donné d preuves de la modération qui caractériſe votre parlement, ſaiſiſſant auprès de votre Majeſté un parti, qui, ſans at quer l'honneur du Sieur de Moydieu, tendoit à ne pas l'a mettre, s'il eût plu à votre Majeſté d'accueillir notre dem de, mais avec l'aveu prétendu que nous avons fait de ſes lens, nous avons annoncé en même tems la répugnance q la compagnie ſe faiſoit de le recevoir; c'étoit en dire a pour donner à entendre, que ſes talens ne nous paroiſſoie pas être ceux qu'on peut deſirer dans un procureur géné Comment ſeroit-il poſſible que, par cet aveu, votre parleme ſe fût fermé la porte à l'inculpation contre le Sieur de M dieu : une pareille fin de non-recevoir eſt-elle propoſable? N ſait-on pas que les talents ne marchent pas toujours avec l'e prit de regle & de modération qui doit caractériſer celui q exerce le miniſtere public, que ſouvent même ces deux c ſes ſe trouvent ſéparées? Vainement le Sieur de Moydieu di t-il qu'un ſujet qui ne peut être magiſtrat, eſt incapable d toute place; mais peut-il ignorer, ayant été élevé dans n tre ſein, combien les ordonnances exigent de pureté, de co duite & d'intention de la part des magiſtrats; & que ce q eſt intolérable dans les maximes toujours exactes & ſéveres d leur état, peut être enviſagé ſous un point de vue moins d favorable dans tel autre emploi, étranger à la juſtice diſtrib tive que votre majeſté peut confier à quelqu'un de ſes ſuje Votre parlement, Sire, n'eſt donc tombé dans aucune contr diction par la lettre qu'il a eu l'honneur d'écrire à votre m

ſon procureur général, un conſeiller, taré aux yeux de ſes confreres, pour raiſon de ſa défection, lorſqu'au moment même il expulſoit honteuſement du parlement de Pau, des membres dans un cas beaucoup plus favorable que celui-ci, & les puniſſoit pour avoir réclamé contre une telle injuſtice (*a*); De l'autre, la foibleſſe du parlement, d'avoir conſervé dans ſon ſein un magiſtrat dont il ne pouvoit ignorer l'adminiſtration repréhenſible, & qui dès lors étoit indigne de ſa qualité & d'exercer les fonctions de juge; d'avoir acquieſcé, ſous des proteſtations ſeulement, à lui laiſſer remplir celles plus importantes encore de cenſeur de tous les ordres de l'état, & de s'être ainſi mis dans le cas de ſe voir inculper lui-même de mauvaiſe foi, de partialité, d'un eſprit d'animoſité & de vengeance.

Une autre ſingularité que préſente ce procès important, c'eſt que le Sr. de Moydieu, que le roi, par ſes proviſions de l'office de procureur-général & ſes premieres lettres de juſſion (*b*), avoit ſoumis,

---

jeſté le 19 Janvier dernier : ſi l'on examine ce qui s'eſt paſſé antérieurement, & ce qui eſt venu depuis, l'intention ſage & circonſpecte du parlement eſt manifeſtée avec la derniere évidence ; & il étoit du Sieur de Moydieu de rejetter contre la compagnie les marques de ménagement qu'il a reçues d'elle en cette occaſion."

a Voyez la lettre précédente à l'accaſion de la requête de ces magiſtrats.

b Du 2 Février.

ſuivant la regle, à des *informations préalables*, en, diſpenſé par les lettres de juſſion ſubſéquentes, d qu'on voit que ces informations peuvent tourner co tre lui ; c'eſt-à-dire, dans un cas où, au moyen d'u procédure commencée, il devenoit plus indiſpenſ ble que jamais de laiſſer un libre cours à la juſtic & d'attendre, avant de lui ouvrir le recours au ſo verain, que ſes pairs euſſent ſtatué ſur les accuſatio intentées contre ce magiſtrat.

Cependant, bien loin que la cour ſe ſoit rend aux remontrances du parlement de Grenoble, nob ment écrites & d'une logique impoſſible à réfute elles ſont reſtées ſans réponſe ; c'eſt ce qui a déte miné la compagnie d'adreſſer une nouvelle lettre roi (*a*) pour ſe plaindre du ſilence de S. M. & lui fai obſerver de plus en plus l'étrange & odieux rôle membre d'un corps qui inculpe avant qu'il ait été j gé, récrimine, attaque & reſte ſeul contre tou Comme ce dernier ouvrage, établi ſur tous ces fai particuliers, détaillés & diſcutés dans le premie traite les ſujets plus en grand & d'une maniere pl intéreſſante pour le public, je vais, Milord, vous c citer quelques paragraphes propres à vous donner u idée de l'éloquence de l'orateur qui l'a compoſé rédigé.

Il expoſe d'abord la douleur du parlement, & ſ ſituation cruelle.

---

a En date du 24 Juillet.

„ Si du ſein de l'amertume & de la douleur, nous dreſſons à votre majeſté de nouvelles ſupplications, e ne ſera pas pour préſenter le tableau de nos diſ-graces perſonnelles : dédommagés par le ſentiment ntérieur de nos conſciences, & par le ſuffrage de oute ame honnête & vertueuſe, qui s'empreſſe à par-ager la rigueur de notre ſituation, nous attendrions n ſilence, de votre juſtice & de votre ſageſſe, le etour de la regle & la révocation des lettres-paten-es des 8 Mars & 15 Avril derniers.

„ Mais, pénétrés de reſpect pour l'autorité qui nous rappe, & d'amour pour le nom auguſte dont ſe cou-rent les auteurs de nos calamités, nous ne perdons oint de vue les obligations que nous impoſent le mi-iſtere confié à notre fidélité, & qui nous fait un de-oir de réclamer ſans ceſſe, avec les inſtances les lus reſpectueuſes, contre des actes qui forment un ontraſte auſſi étonnant avec les loix & les ordonnan-es du royaume, & dont les annales de la monarchie e fourniſſent aucun exemple.

Les très-humbles & très-reſpectueuſes remontran-es que nous avons eu l'honneur d'adreſſer à votre najeſté le 11 Mai dernier, ſont l'image exacte & idelle des maux qu'éprouve votre parlement, & de la ontrainte accablante où il eſt réduit. Nous n'avons onſulté, en les rédigeant, que cette vérité précieu-e dont nous ſommes comptables à votre majeſté; & que nous avons fait ſerment de vous préſenter.

Cependant, Sire, nous gémiſſons ſous le poids de

l'inculpation ; les loix sont sans force & sans vigueur ; notre ministere est enchaîné par le respect & l'obéissance, & nous ignorons l'heureux instant où le plus juste des rois daignera rétablir la loi dans toute sa intégrité & rendre à son parlement cette liberté essentielle à l'exercice de ses fonctions, pour le bien de son service & le bien de ses sujets. Puissent nos prieres les plus instantes trouver grace auprès de votre majesté, & fixer ses augustes regards sur les réclamations de votre parlement, contre les lettres patentes des 8 Mars & 15 Avril ! Votre justice & votre sagesse seront édifiées de la pureté des motifs qui ont dirigé notre conduite, & vous reconnoîtrez, Sire, que ces actes du pouvoir le plus absolu, en interceptant le cours de l'ordre judiciaire, anéantissent les droits les plus précieux, brisent les loix les plus sacrées, les plus respectables, & répandent dans tous les cœurs l'amertume & la désolation. "

Cette cour résume encore briévement les raisons de son refus d'enrégistrement des provisions du Sr. Moydieu ; elle prouve l'impossibilité où elle étoit de la faire d'après toutes les ordonnances. Les tournures insidieuses, imaginées pour les éluder, ne servent qu'à lui imposer des obligations plus étroites, puisqu'en remplissant même l'énoncé des lettres patentes dont il s'agit, qui ne sont que de vraies lettres d'abolition, il résiste à la transcription forcée qui en a été faite sur les registres de la cour, n'étant pas conforme aux charges & informations, & étant

tradiction avec la vérité & les faits les plus notoires. Elle met dans le jour le plus lumineux ce contraste révoltant, par lequel le même acte qui détruit toutes les loix en faveur d'un magistrat accusé légalement, & inculpé dans l'opinion publique, le charge de veiller à leur exécution.

Après une addition de faits & de réflexions qui aggravent encore la cause du Sr. de Moydieu, le parlement dit :

„ La crainte d'importuner votre Majesté ne nous permet pas de rappeller tous les faits déja discutés dans nos très humbles remontrances; mais si elle a la bonté de s'en faire rendre compte, elle y trouvera la preuve la plus complette qu'il n'est aucun détail de l'énoncé des lettres patentes, qui en soit ne contradiction avec la vérité : cependant, c'est sur cet exposé infidele, c'est dans ces circonstances où le Sieur de Moydieu est accusé & non justifié que les lettres-patentes *cassent* des procédures commencées & non achevées, dont votre Majesté & son conseil ne pouvoient avoir aucune connoissance, qu'il est *ordonné de procéder sur le champ à sa réception en l'état & office de procureur-général en votre parlement, sans qu'il soit besoin d'aucune information préalable, dont il est dispensé, dérogeant, en tant que de besoin, à toutes choses à ce contraires, même aux lettres de jussion du 2 Février dernier.*"

L'orateur termine en faisant voir comment le magiſtrat perfide a mis le comble à ſes indignités, e accuſant ſon propre corps.

„ Mais après avoir offenſé la vérité & les loix, Sieur de Moydieu n'auroit pas été conſéquent à l même, s'il n'eût calomnié votre parlement, dont redoutoit la juſtice; il étoit digne de lui, pour m ter ſur le tribunal, de fouler aux pides les regles, les formes ſur leſquelles repoſe la ſûreté publique; ſa compagnie ne devoit pas s'attendre à plus de mé gemens de ſa part. Si les inculpations qu'il no prodiguées ne regardoient que nous perſonnelleme nous croirions nous avilir en marquant la moin ſenſibilité: mais le reſpect dû aux miniſtres de vo juſtice ſouveraine, dont *la dignité fait une partie eſſe tielle de celle de votre Majeſté*, l'honneur d'être officiers, l'obligation de faire reſpecter l'autorité q vous avez daigné nous confier, nous ordonnent vous ſupplier très humblement, Sire, d'examiner av la plus grande rigueur ſi votre parlement *a méconnu regle, la juſtice & la raiſon, pour ſe diriger par esprit de parti & de diſcorde, & ſe livrer à une inq ſition repréhenſible.*

Votre gloire, le corps entier de la magiſtrature ſo licitent auprès de votre ſageſſe, que ces imputatio odieuſes ſubiſſent les épreuves les plus ſéveres, & q votre juſtice prononce s'il eſt permis au Sieur Moydieu de calomnier des magiſtrats fideles, rem plis d'honneur, pour effacer la flétriſſure que lui im priment les loix.

Nos très-humbles remontrances ont dissipé jusqu'au moindre usage dont le Sieur de Moydieu avoit obscurci la vérité, dans un exposé qui la blessoit si essentiellement dans toutes ses parties; cependant nous ignorons le sort que votre Majesté nous destine, & combien de temps elle nous laissera livrés aux sensations douloureuses & terribles que nous éprouvons comme magistrats, comme citoyens, enfin comme sujets fideles.

Au milieu des épreuves les plus dures, inconnues jusqu'à nos jours; accablés du poids de la disgrace de votre Majesté, & de l'amertume des dégoûts, des désagrémens qui en sont inséparables, & qui portent au fond de nos ames la langueur & le découragement, quel usage pourrions nous faire désormais pour l'administration de la justice, pour le service de notre Majesté, d'un caractere avili, d'une autorité impuissante & devenue inutile en nos mains?

Les provisions du Sieur de Moydieu, les lettres de jussion du 2 Février ordonnoient d'informer sur ses vie & mœurs; les loix, les ordonnances, qui sont vos vrais commandemens, nous ordonnoient de protester contre sa réception, contre la transcription illégale des lettres patentes des 8 Mars & 15 Avril; nous avons obéi. Juge de notre conduite, prononcez, Sire, entre votre parlement & le Sieur de Moydieu, auteur de nos calamités; entre l'esprit d'innovation & de désordres qui dirige ses démarches, &

l'esprit de regle & de justice qui a présidé à nos délibérations.

Il n'est point de milieu, Sire, si votre parlement a eu le malheur de paroître à vos yeux, coupable d'avoir *méconnu la regle, la justice & la raison : de s'être dirigé par un esprit de parti & de discorde, & de s'être livré à une inquisition repréhensible*, il n'est plus digne d'exercer l'autorité qu'il vous a plu lui confier, il la respecte trop pour demander qu'elle reste entre ses mains; & désormais notre unique consolation sera le sentiment intérieur de nos consciences, & le précieux avantage d'avoir été fideles à votre Majesté, jusqu'à devenir victimes de notre fidélité.

Mais si notre conduite est réguliere à vos yeux, daignez, Sire, effacer tous les traits que la *calomnie* s'est permis pour justifier la *prévarication* ; daignez retirer les lettres patentes des 1 Mars & 15 Avril; daignez rendre à votre parlement vos bontés & votre confiance ; & l'ordre & la tranquillité rétablis parmi nous, l'activité renaissante & absolument nécessaire pour l'administration de la justice & le service de votre Majesté, éleveront des trophées au plus auguste des souverains, & combleront les vœux de vos plus fideles sujets."

On ne peut nier, Milord, que cette lettre & les remontrances qui l'on précédée, ne soient très-lumineuses; mais on y voudroit plus de force & d'énergie & vous serez sans doute du même avis.

On voit aujourd'hui dans les démarches & dans les discours des parlemens combien ils sont encore atterrés du coup que leur a porté M. de Maupeou. Et le gouvernement actuel, en détestant, en réprouvant à l'extérieur les actes de son despotisme, en recueille ainsi le fruit. On ne doute point qu'après beaucoup de chicanes & de débats, le procureur-général, si digne de réprobation à tant d'égards, ne reste.

„ C'est le seul exemple d'un magistrat enlevé à la „ correction de son corps, & justifié par les voies „ de l'autorité absolue & hors des regles prescrites „ par les loix. Mais qu'il est à craindre que cette „ porte, une fois ouverte, ne se referme de long-„ tems ; que la rebellion des membres contre le „ corps ne s'érige en principes, & qu'un pareil dé-„ sordre ne vienne renverser enfin l'édifice de l'or-„ dre public !

C'est par cette prédiction que le parlement de Grenoble termine ses remontrances, & c'est ce qui le rendra plus coupable aux yeux de la postérité, d'avoir prévu ces conséquences aussi effrayantes de sa pusillanimité, & de n'y avoir pas opposé toute la résistance dont il étoit capable, de n'avoir pas préféré son anéantissement à rester spectateur & complice du triomphe de son procureur général. Mais un sentiment de fierté & de patriotisme, Milord, m'entraîne, comme si tout cela étoit mon affaire & devoit toucher beaucoup un Anglois! C'est que tout ce qui est injustice, abus d'autorité, despotisme, tyrannie, attaquant les droits sacrés de l'humanité, m'indigne & me révolte.

Paris, ce 26 Août 1776.

LETTRE XLVIII.

Sur un procès intenté à l'abbé Beaudeau, par les ci-devant fermiers de la caisse de Poissy. Triomphe & exil de cet abbé. Dénonciation de sa lettre de cachet au parlement, &c.

AU début du ministere de M. Turgot, comme ce ministre commençoit à annoncer son esprit de réforme & surtout de liberté dans le commerce des denrées; que la caisse de Poissy excitoit de vives réclamations de la part des marchands forains, des bouchers & des citoyens de la capitale, cette compagnie crut devoir gagner les devants & faire revenir le ministere & le public déja prévenus contre elle. Un de ses *faiseurs* fut chargé de son apologie, présentée au contrôleur général sous le titre de *réflexions sur l'établissement de la caisse de Poissy*. On s'y plaignoit que les gens qui vouloient exciter l'administration à supprimer cette caisse, n'ont pas bien connu la nature de son établissement, le but qu'on s'étoit proposé en l:

formant & les effets qu'il peut avoir. L'auteur leur reproche la futilité, ou plutôt la négligence, dit-il, qui leur a fait ignorer ou méconnoître les faits constatés, indubitables.

Un *économiste*, un de gens de la secte qui s'élevoit le plus contre ladite caisse, partit des faits établis dans ce mémoire pour le réfuter par une brochure, ayant pour titre : *bilan de la caisse de Poissy*, avec cette épigraphe : *habemus confitentem reum*, où ; d'après les propres calculs du défenseur de la caisse & ses exposés, il résulte que les habitans de Paris payent 2,760,000 livres pour une imposition qui n'en rapporte de fait que 1,750,000 ; ou autrement, que les fermiers retirent un intérêt de 92 & un peu plus d'un tiers pour cent de leurs fonds ; usure excessive & ruineuse, que les plus fameux *Gribelins* ne désavoueroient pas.

Ce *bilan de la caisse de Poissy* étoit anonyme, & ne laissoit par-là aucune prise à partie contre l'auteur, de la part des accusés ; mais l'abbé *Beaudeau*, dont on soupçonnoit être l'ouvrage, n'étoit pas homme à le désavouer : seulement, soit qu'il n'en fût pas assez content, ou que l'écrit ne fût pas de lui réellement, il reprit cette matiere dans un autre *mémoire*, qu'il inséra tout au long dans son *journal* (*a*) : il s'en déclara ainsi du moins l'apologiste & le défenseur : il ne

(*a*) Au tome II des *Ephémérides* de 1776.

croyoit pas courir de grands risques, couvert de l'égide du ministre des finances, & d'ailleurs autorisé en quelque sorte dans ses inculpations par le gouvernement, qui venoit de supprimer une caisse usuraire qu'il décrioit.

Le *mémoire* tourné différemment que le bilan, présentoit toujours le même résultat; c'est à dire, un bénéfice pour les fermiers de près de 100 pour 100 sur une vente d'environ 90,000 bœufs ou vaches par an, aux marchés de Sceaux & de Poissy. On y articuloit en outre des griefs plus directs & plus capables de rendre les fermiers encore plus odieux : on leur supposoit une cupidité qui marchoit de prévarications en prévarications, qui saisissoit tous les moyens de dévorer la subsistance des peuples.

Les accusés, plus sensibles à ces injures que ne le sont d'ordinaire des financiers, ou plutôt excités sous main par le parlement [a], oserent, même avant la disgrace du ministre protecteur de l'abbé Baudeau, faire paroître un *mémoire à consulter* contre lui, sur la question de savoir s'ils n'étoient pas en droit d'attaquer en réparation d'honneur le coryphée *économiste*! „ Un sage, comme ce philosophe, disoient-ils dans

---

a Ce qui démontre la collusion du parlement avec les fermiers, c'est que les remontrances de cette compagnie contre les édits derniers sont en grande partie de M. d'Outremont fils, conseiller au parlement, & que le mémoire est de M. d'Outremont pere, avocat.

leurs doléances, devoit-il, pouvoit il enflammer la fureur naturelle des sujets contre les impositions & ceux qui les perçoivent, en peignant les fermiers, plaignans comme des acteurs qui ajoutoient encore aux rigueurs d'une taxe forcée, tout ce que l'avarice a de plus bas & l'oppression de plus cruel? »

La consultation (*a*) ne pouvoit manquer de leur être favorable : on les croyoit autorisés à prendre même la voie criminelle contre leur calomniateur. On estimoit pourtant qu'ils devoient préférer la voie civile, comme plus modérée & conduisant au même but.

En conséquence l'abbé Beaudeau fut assigné au Châtelet (*b*), & se trouva tourmenté d'un procès auquel il ne s'attendoit pas. Dans sa douleur de la disgrace de M. Turgot, & ne pouvant donner un libre cours à sa plume, dans les matieres *économiques* auxquelles il se sentoit entraîné par un enthousiasme dont il ne pouvoit se défendre, il se disposoit à aller prêcher la *science* en pays étranger. Il fut arrêté par cette attaque, & se disposa à la réfuter en plaidant lui-même sa cause.

J'ai été désespéré, Milord, de ne pouvoir suivre cette affaire & entendre les plaidoyers. Tout le monde convient que malgré le brillant de l'avocat adverse, l'orateur le plus éloquent du barreau (*c*), le

---

a En date du 24 Avril. *b* Le 10 Mai 1779.
c Me. Gerbier.

fougueux économiste l'a écrasé absolument. Il est vrai que celui-ci jouoit le beau rôle : il échauffoit sans cesse les spectateurs par des explosions terribles contre les financiers. Le moyen de ne pas réussir en intéressant ainsi la malignité du public, en plaidant dans une cause particuliere la cause de toute la France, celle de toute l'humanité ! Dès que son rival au contraire, commençoit d'ouvrir la bouche, il étoit hué, on étoit disposé à trouver mauvais d'avance tout ce qu'il diroit, & sa plus grande adresse ne pouvoit tendre qu'à atténuer les inculpations avancées contre ses cliens, dont le personnage étoit nécessairement désagréable par essence. On admiroit d'ailleurs le courage de l'abbé Beaudeau, qui ne dissimulant rien des fautes du gouvernement, critiquoit sans ménagement les administrations précédentes, surtout celle de Colbert, & par une intrépidité plus rare encore, osoit louer M. Turgot, exalter un ministre disgracié, & regretter l'apparition trop courte d'un philosophe à la cour, d'un honnête homme à la tête des finances; prodige, observoit-il, qu'un royaume est trop heureux de voir se renouveller dans un siecle !

Ces déclamations trop vraies ne pouvoient que déplaire à ce ministere-ci, qui n'aime pas plus l'éclat que le précédent. Il s'est repenti plus d'une fois d'avoir laissé porter en justice une pareille contestation, de ne l'avoir pas étouffée dès sa naissance par une évocation ou par quelqu'autre coup d'autorité. Ne pouvant revenir sur le passé, il a cherché du moins à éviter les suites de la fermentation, en faisant des défenses aux imprimeurs de rien imprimer pour l'abbé Beaudeau : acte de despotisme contre toutes les regles & les droits du barreau, mais injustice encore plus manifeste dans ce cas-ci, où les adversaires avoient répandu leur diatrible véhémente contre lui, & publique depuis trois mois [a]. En outre, M. le garde des sceaux, pour prévenir même les scenes qui attiroient une affluence prodigieuse de spectateurs au Châtelet, écrivit une lettre au lieutenant civil, pour qu'il fît terminer promptement ce procès qui fatiguoit le roi.

Les audiences dernieres n'en furent que plus suivies, & l'abbé Beaudeau se prévalant de la bienveillance des auditeurs, & tournant à son avantage les circonstances pour mettre plus de nerf & plus de *pathos* dans sa derniere replique, déclara, les larmes aux yeux, que pour ne pas succomber au crédit de ses ennemis qui le noircissoient dans l'esprit du gouvernement, & mettoient continuellement sa liberté en péril, il alloit

---

a M. l'abbé Beaudeau ne pouvant répandre ses plaidoyers imprimés, fut obligé de se contenter d'un bout de consultation. Elle étoit datée du 16 Juillet & signée de la Croix, appuyée par Elie de Beaumont, Target, Charpentier de Beaumont, Ader, Jabineau, tous avocats, hommes de lettres, qui décidoient les adversaires de l'économiste non recevables à former la demande intentée contre lui.

s'expatrier & se retirer en Pologne. Cette ressource oratoire lui réussit singulierement, & l'auditoire qui avoit été fort tumultueux durant tout les discours de son adversaire & ne lui avoit pas donné le loisir de se faire entendre, après avoir écouté dans un silence d'admiration l'abbé Beaudeau, se mit à fondre en larmes avec lui ; cet attendrissement gagna même les juges & le fit triompher.

Cependant les fermiers de la caisse de Poissy, malgré la défaveur qu'ils avoient éprouvée au Châtelet, ne vouloient point en rester-là. Ils prétendoient qu'en matiere intéressant l'honneur, il falloit épuiser toutes les ressources; il comptoient d'ailleurs réussir davantage au parlement ulcéré contre M. Turgot & ses partisans (*a*). Ainsi le triomphe de M. l'abbé Beaudeau n'étoit pas complet & il se disposoit à de nouveaux combats.

D'ailleurs, une autre horde de financiers le menaçoit d'un second procès, non moins étrange que le premier. La défense de leur réputation en étoit encore le principe. Les deux compagnies de munitionaires des vivres des troupes du roi se plaignoient que ce journaliste les avoit diffamés dans un écrit im-

---

a Le prononcé de la sentence porte qu'il sera donné acte à l'abbé Beaudeau de la déclaration par lui faite qu'il n'avoit point entendu attaquer les fermiers de la caisse de Poissy, & qu'il les reconnoissoit pour gens d'honneur : sur le reste, les parties ont été mises hors de cour & dépens compensés.

primé & avoué de lui (*a*), que pour rendre plus répandu, il avoit ensuite transporté en entier dans ses *Ephémérides*; qu'il les travestissoit en monopoleurs de grains qui se procuroient à prix d'argent des permissions d'acheter en tel endroit & de revendre dans tel autre; qui portoient le désordre & la misere partout, en augmentant la cherté où elle existoit déja & faisant baisser la denrée où elle se trouvoit à vil prix (*b*), & que non content de ses propres imputations,

---

a *Eclaircissemens demandés à M. N.....* (NECKER) *sur ses principes économiques & sur ses projets de législation, au nom des propriétaires fonciers & des cultivateurs françois.* Tel étoit le titre du livre de M. l'abbé Beaudeau.

b C'est ce qu'on voit N. 3. du troisieme objet d'éclaircissement, p. 267 & suivantes. Le passage est curieux, & quoiqu'un peu long, mérite d'être extrait ici.

„ La police des marchés est donc, selon vous-même, le „ moyen le plus certain d'éloigner le commerce; c'est une de „ ces vérités que le roi s'est donné la peine d'expliquer à son „ peuple dans le préambule de l'arrêt du 13 Septembre 1774.

„ Ce principe de spéculation est confirmé par la pratique „ de tous les entrepreneurs, vivriers, étapiers & permissionnaires quelconques. Il n'en fut jamais un seul qui n'eût mis „ très clairement pour premiere condition dans son marché, „ qu'il pourroit acheter sans formalités & sans droits dans les „ granges & greniers.

„ Cette vérité capitale étant une fois connue, cherchons, „ Monsieur, à découvrir les deux especes de monopoleurs qui „ s'engraissoient de la substance publique. Je nommerai les „ uns permissionnaires, & les autres commissionnaires: ces „ deux mots sont commodes & faciles à retenir.

„ Voici donc le secret des permissions. Les réglemens em-

il n'avoit en outre adopé celles de son collegue (a), en enrichissant son ouvrage (b) d'un mémoire de

---

„ pêchoient de transporter des bleds hors du royaume, & „ même de les voiturer d'une province a une autre : aucun „ marchand, aucun fermier, aucun propriétaire ne pouvant „ les déplacer de l'arondissement de son marché auquel il „ étoit assujetti.

„ Cependant il arrivoit toujours par la variété des saisons „ & des climats que certaines provinces étoient dans une „ très grande abondance, & d'autres dans une trop grande „ disette.

„ Il y avoit, Monsieur, de petits moyens innocens, d'au- „ gmenter encore l'abondance ou du moins le bas prix dans „ les uns, & la disette ou du moins la cherté dans les au- „ tres. Il faut que je vous les dise.

„ Soit que les vivriers de terre & de mer fussent ou non „ d'intelligence, ainsi que les approvisionneurs des hôpitaux „ de la capitale ou des grandes villes, on pouvoit exécuter, „ même feindre, des achats dans les endroits où étoit le bas „ prix.

„ La police des marchés étoit excellente pour cette ma- „ nœuvre Quatre hommes à vous se présentent dans une „ halle ; deux sont vendeurs & deux autres acheteurs. Com- „ bien le bled ? Tant, Fermez le sac. Combien le bled ? Tant. „ Je n'en veux donner que tant. Il est à vous. Voilà le prix „ baissé. Quelques petits bruits semés, quelques mots à de- „ mi-lâchés dans les places & dans les cabarets secondent „ l'artifice : & voilà d'une part le bas prix assuré dans un „ pays, la cherte confirmée dans l autre.

„ Bien entendu que nous avons en poche la bienheureuse „ permission d'acheter dans cette province où est le bas prix, „ & de vendre dans celle ou est la cherté.

„ Bien entendu que ces permissions nous ont été données „ comme de telles permissions se donnent, par d'honnêtes „ gens qui sont incapables d'en donner de semblables à d'au- „ tres.

celui-ci, où on lisoit ce passage calomnieux & atroce: „ déja l'ame du soldat s'éleve, son noble état „ cessera d'être avili par l'affreuse misere; *& la moitié de son pain, eh! quel pain avoit-il! ne sera „ plus dévorée par des harpies sacrileges.*

Ces griefs étoient développés dans un Factum qu'ils finissoient en disant: „ si leur façon de penser, & leur exactitude à remplir leurs obligations,

---

„ Nous achetons seuls dans les granges & greniers; nous „ transportons avec privilege dans la province disetteuse; „ nous faisons un bon coup; nos protecteurs & protectrices ne „ sont pas fâchés de nous avoir procuré cette petite fortune. „ Telle est, Monsieur, l'histoire des permissions; je puis „ y joindre un petit supplément. Il y avoit une maniere de „ commercer ces permi ons -là-même. L'invention étoit „ jolie, quoique fort simple. Vous obteniez (comme cela s'ob„ tenoit) une bonne permission en gros, & vous revendiez en „ détail plusieurs petites permissions argent comptant à tant „ par septier; vous n'aviez pas d'embarras, point de risques „ à courir; tout cela étoit clair dans une pareille affaire, &c".

„ Et plus loin les permissionnaires avoient le monopole des „ bleds; ils en profitoient comme tous les monopoleurs, pour „ acheter à bas prix, vendre très-cher, & faire promptement de grandes fortunes".

a M. de Saint-Maurice de Saint Leu, colonel au service de Pologne.

b Il a pour titre: *réflexions historiques sur les écoles militaires, si étrangement multipliées* dans toute l'Europe, & sur l'édit du roi portant, réglement, non-seulement sur l'éducation que recevront à l'avenir les éleves de son école royale, mais encore touchant l'administration des biens de cet établissement. Ce mémoire est inséré au 4e. volume des *Ephémérides du citoyen*, de 1776.

„ devoient les mettre à l'abri de l'effervescence dan„ gereuse qui depuis quelque tems aiguise tant de „ plumes, ou plutôt tant de poignards, & que cependant leur fureur aveugle de heurter tout également „ leur ait porté des atteintes aussi peu attendues „ que méritées, n'est-ce pas à la justice à fermer „ leurs plaies & à mettre un frein à ces diffamations „ qu'elle a toujours si équitablement proscrites?"

M. l'abbé Beaudeau avoit également été mis en instance par ces parties, qui commençoient à publier leur plan d'attaque (*a*), lorsque le Ministere, pour arrêter cette affaire, bien propre à renouveller les scenes scandaleuses du Châtelet, jugea à propos de défendre aux munitionnaires des vivres de publier leur mémoire, & de soustraire l'abbé Beaudeau à leurs poursuites par l'exil.

Voilà sans doute, Milord, une singuliere façon de terminer les affaires, en punissant celui qui gagne, de la privation de sa liberté, & en ôtant aux perdans la faculté de faire retentir de leur plaintes les tribunaux supérieurs; en empêchant même d'autres plaignans, réduits à l'impuissance de recourir à la vindicte des loix, de se justifier du moins par une apologie aux yeux du public. Cela ne se pratique pas autrement en France, quand ce qu'on appelle des

---

a Dans un *mémoire à consulter & consultation*, du 19 Juillet, signé de six fameux jurisconsultes, & l'assignation avoit été donnée en conséquence le 24.

raisons d'état, c'est-à-dire, la foiblesse ou le despotisme du gouvernement, l'exigent. Cet usage, si favorable au ministere, ne s'est pas perdu sous Louis XVI. Mais vous allez être bien plus étonné en apprenant ce qui a suivi & s'est passé au parlement à cet égard ; c'est un magistrat outré contre sa compagnie qui m'en a donné la communication : & pour ne rien omettre de ce détail intéressant, voici le récit qu'il m'en a fourni lui-même.

Dans l'assemblée des chambres, tenue le lundi 19 Août, après la délibération sur quelques autres objets, le président de la troisieme des enquêtes a dit qu'il étoit chargé de sa chambre de rendre compte de plusieurs dénonciations qui y avoient été faites, sur lesquelles le vœu général avoit été d'en faire le rapport à la compagnie. L'une concernoit une lettre de cachet décernée contre un curé du diocese de Blois, âgé de 85 ans, lequel, à la signification de cet ordre obtenu par l'évêque diocésain, avoit été frappé d'une terreur telle qu'il en étoit mort. L'autre regardoit les deux lettres de cachet, décernées respectivement contre les abbés Beaudeau & Roubaud (*a*).

Il a observé qu'à l'égard du premier fait, comme le curé, victime de la vexation, étoit mort ; que l'évêque, auteur de la vexation, étoit mort aussi, &

---

a Autre économiste, ami de l'abbé Beaudeau, qui rédigeoit la *gazette d'agriculture*, qu'on venoit de lui ôter. Il paroît que son grand grief étoit sa liaison avec celui-ci.

que, quelqu'important qu'il fût d'empêcher que semblable malheur n'arrivât, la difficulté, l'impossibilité d'acquérir sur ce point toutes les connoissances légales nécessaires, réduiroient peut-être la cour à ne pouvoir s'en occuper aussi sérieusement qu'il le mériteroit, il n'en faisoit mention que pour mémoire; mais que l'autre étoit trop certain, trop notoire, trop scandaleux pour ne pas exiger toute l'attention de la cour & provoquer tout son zele; que ses réclamations continuelles contre cette atteinte portée à la liberté des sujets, avoit sans doute arrêté le cours de ces vexations durant le ministere d'un magistrat (M. de Malesherbes) qui lui même s'étoit élevé plusieurs fois à la tête de sa compagnie si fortement contre; que si l'on ne pouvoit assurer qu'il n'eût pas eu la foiblesse de se prêter à cet abus du despotisme, il l'avoit fait du moins avec tant de réserve, de circonspection & de justice, dans cette illégalité même que personne ne s'étoit plaint, & que le parlement n'avoit pu renouveller ses instances pour l'abolition d'ordres aussi pernicieux : mais que depuis la retraite de ce ministre patriote le cours des lettres de cachet paroissoit reprendre avec plus de fureur, & qu'il étoit important que la compagnie fît connoître au jeune roi, ami des formes & des loix, combien ces actes violens leur étoient contraires. En conséquence il a demandé que le premier président mît la chose en délibération. Mais l'orateur n'ayant pas mis dans son discours toute la chaleur, la véhémence néceſſaires pour exalter les têtes de la compagnie, très-froides ſur cet objet; & malheureuſement les abbés Baudeau & Roubaud lui étant fort odieux même, & par leurs écrits, & par leur attachement au Miniſtre novateur, à la proſcription duquel le parlement s'eſt acharné, les premiers opinans non-ſeulement n'ont pas été d'avis de rien faire à cet égard, de s'en occuper, d'en délibérér, mais ont déclaré que ces deux abbés étoient trop heureux d'en être quittes à pareil prix; que c'étoient deux perturbateurs du repos public, des eſprits inquiets, dangereux, ſéditieux; dont il falloit réprimer les écrits. Tout le grand banc s'étant ainſi écarté des principes, les partiſans de la cour ont profité de la circonſtance, non-ſeulement pour déclarer qu'il n'y avoit pas lieu à délibérer, mais pour canoniſer les lettres de cachet en plein parlement. Ils ont oſé dire que c'étoit une reſſource néceſſaire en bien des cas, une bienfaiſance du monarque, un châtiment paternel, dont il ne falloit pas ſe priver. Quelques uns ont démandé ironiquement s'il ne faudroit pas auſſi requérir qu'on révoquât les lettres de cachet décernées contre le chancelier, contre le duc d'Aiguillon! On a prétendu que les abbés Baudeau & Roubaud, honorés de la confiance du contrôleur général précédent, avoient le ſecret de l'état, & que tous deux ayant annoncé leur départ pour le pays étranger, il étoit d'une ſaine politique de les empêcher de partir. M Heron ſeul, conſeiller-honoraire de grand'cham-

bre, a voulu ramener la cour aux principes, fai-
fentir qu'en pareille délibération on ne devoit fai-
exception ni acception de perfonne; que c'étoit co-
tre l'acte du defpotifme qu'il falloit s'élever qu'il feroit autrement de la plus grande conféquence, &
plus dangereux exemple de garder le filence, & q-
Meffieurs, qui venoient de gémir fi longtems da-
l'exil par de pareils ordres, devroient être plus fe-
fibles aux malheurs de leurs concitoyens; qu'en u-
mot, l'oppreffion étoit une injuftice, même envers l-
plus coupables, & que dans aucun cas on ne dev-
arrêter le cours & le glaive de la loi. Cet avis n'
pu ramener les efprits égarés au vrai point de la délibération."

„ Les meilleurs patriotes, les hommes les plus élo-
quens, tels que le préfident de Lamoignon, M. Fre-
tot, M. d'Eprémefnil étant abfens, il n'y a prefqu-
pas eu de voix pour M. Héron, & l'on a renvoyé
la délibération au premier jour; ce qui eft une tournure ufitée quand on ne veut pas s'occuper d'une
chofe."

Au furplus, Milord, ce qui vient de fe paffer
dans notre parlement eft peut-être plus éloigné encore de nos principes & de notre conftitution. Je
vois que le génie du defpotifme s'empare de toutes
les affemblés, & fi, comme Anglois, je defire fince-
rement la réunion de nos colonies avec nous, comme homme je fouhaite qu'elles maintiennent leur indépendance, puifqu'elles deviendront ainfi déformais

le seul asyle de la liberté. Voilà une étrange alternative dans laquelle se trouve placé nécessairement aujourd'hui quiconque de nos compatriotes réunit cette double qualité. Je crois que si vous voulez fouiller au fond de votre cœur, vous y découvrirez la même contradiction. Je ne trouve dans le mien qu'un seul sentiment qui ne soit pas combattu par un autre, c'est celui de mon attachement pour vous.

Paris, ce 4 Septembre 1776.

LETTRE XLIX.

Anecdote historique & usage barbare.

JE suis à la campagne, Milord, depuis quelques jours, & je vous écris de ce lieu. On m'a débauché pour venir à Lagny, petite ville de Brie, chez M. l'évêque, qui en est seigneur, à raison de l'abbaye qu'il possede en commende. Il vient de s'y passer une aventure dont je ne puis vous omettre le récit, quoique le souvenir m'en fasse frémir encore.

J'étois ce matin dans ma chambre, lorsque tout-à-coup j'entends un grand bruit : je regarde, & je vois une populace effrénée; des hommes, des femmes, des enfans accourant en foule, la fureur dans les yeux & les imprécations à la bouche. Je ne pouvois comprendre ce qu'ils disoient, ou plutôt ce qu'ils crioient. Je jugeai cependant qu'ils se plaignoient de leur curé, parce que celui-ci, seul de son côté, sembloit se défendre & plaider sa cause contre eux. Le prélat s'étoit montré sur son balcon: il faisoit l'office de juge, il écoutoit, il gesticuloit, lorsque la maréchaussée survint dans cette scene Je crus que c'étoit pour s'emparer de quelques-uns des mutins, & je fus bien surpris quand je la vis entourer le pasteur, & le ramener à la ville, tandis que toute cette canaille les suivoit avec le même tumulte, mais avec un air de triomphe & des cris de joie. Dans l'impossibilité d'asseoir aucune conjecture vraisemblable & de découvrir le sujet d'une incursion aussi extraordinaire, je m'habille en diligence & passe chez le maître du château, je le trouve riant & fort tranquille: „ Monseigneur, lui dis-je, je m'apperçois que j'ai „ eu plus de peur que vous; vous avez la figure „ bien serene! J'ai craint un instant qu'on ne voulût mettre le feu chez vous! Vraiment, me répondit-il, cela auroit bien pu arriver, si je m'étois „ obstiné, comme ce benêt de curé, à vouloir refuser à mes vassaux ce qu'ils exigeoient & qu'ils regardent comme un droit sacré."

„ Il faut que vous sachiez que sous Henri IV, du „ tems des guerres civiles, un comte de Lorge, tenant pour le parti du roi, assiégea & prit d'assaut „ la petite ville de Lagny; que, d'après les ordres „ de son maître, il n'osa point user du droit de la „ victoire, passer la garnison au fil de l'épée & faire éprouver aux rebelles les suites funestes d'une semblable résistance ; qu'il convertît, au contraire, en fête galante les jeux sanglans de Bellone, en indiquant un bal pour le soir même, où il invita toutes les dames de la ville ; mais que par une perfidie plus criante peut-être que les premieres horreurs auxquelles se livre dans sa fureur un vainqueur irrité, quand l'assemblée fut bien en train, il fit éteindre les lustres & permit de renouveller ce trait si connu dans l'histoire Romaine, sous le titre de *l'enlevement des Sabines.* Il faut avouer, d'après la tradition même des habitans, que les „ nouvelles Sabines ne furent pas sans doute plus „ farouches que les autres, puisque les habitans prétendent qu'elles sortirent presque toutes grosses de „ cette *Lupercale*, & qu'ils descendent en grande partie des accouplemens auxquels elle fournit occa„ sion. Quoi qu'il en soit, ils n'aiment pas qu'on „ leur en rappelle le souvenir, & comme leur ville „ est en même tems un des marchés de grains de la „ province, des plaisans, par une équivoque misé„ rable, ont cherché depuis à les piquer, en leur „ demandant combien vaut l'orge ? Pour prévenir „ cette mauvaise raillerie, ils sont convenus de se „ venger de quiconque leur feroit une pareille ques„ tion, à moins qu'il ne fût en place marchande & „ n'eût véritablement la main dans un sac d'orge. Il „ y a dans la ville une belle & vaste fontaine, où „ l'on plonge à l'instant le passant indiscret qui ose

„ renouveller le quolibet. C'est passé en usage & „ une espece de droit : il seroit très dangereux de s'y „ opposer. Par bonheur, comme l'anecdote est fort „ connue, le châtiment ne s'exerce pas souvent. Ce- „ la n'arrive guere qu'à quelque voyageur étranger, „ qu'on excite par méchanceté, & qui par ingénui- „ té ou par fanfaronade, ose braver une populace „ impitoyable. C'est d'autant plus fol dans ce der- „ nier cas qu'on ne peut se flatter de résister ou d'é- „ chapper à ses poursuites, & qu'il est arrivé que „ l'immersion dans la piscine dont il s'agit, a quel- „ quefois été funeste & mortelle pour les victimes „ qui y ont été dévouées.

„ Maintenant il s'agit d'un cas semblable. Une da- „ me assez jolie, passant dans la voiture publique, ne „ sachant rien de rien, & soufflée par une autre, „ jalouse des préférences accordées à la premiere par „ leurs compagnons de voyage, a fait la question in- „ nocemment. On s'est ameuté, on a suivi le carrosse „ à l'auberge & l'on a demandé cette femme à grands „ cris. Les hommes ne pouvant résister aux clameurs „ & aux menaces du peuple, ont adroitement ména- „ gé l'évasion de la coupable, qui s'est retirée dans „ l'église. Ils n'ont osé violer cet asyle, mais une „ partie s'est détachée vers le curé & a exigé qu'il „ leur livrât l'insolente. Ce curé, bon homme, „ ayant en vain voulu défendre l'étrangere, a pris le „ parti d'aller la trouver & de l'exhorter à ne pas ré- „ sister plus longtems à la satisfaction qu'on exigeoit

Elle a répondu qu'elle étoit dans un tems critique, & qu'elle mourroit, si l'on ne lui épargnoit un châtiment qu'elle n'avoit pas mérité au surplus, ignorant que sa question fût une insulte. Le pasteur, craignant que la fureur de la populace ne s'accrût jusques à ne plus rien respecter, a fait fermer ses portes de l'église, a retiré chez lui cette malheureuse, & a représenté aux mutins sa bonne foi & le cas où elle étoit, bien propre à les toucher & à lui mériter son pardon. Ils n'ont rien écouté; & c'est alors qu'ils sont venus à moi comme à leur seigneur, pour avoir justice. Le curé a cru devoir m'instruire de son côté; mais j'ai jugé que la fermentation étoit trop grande, & il a fallu les satisfaire, en ordonnant à la maréchaussée de leur livrer la femme. Au surplus, ajouta-t-il, nous en allons savoir des nouvelles; j'apperçois un cabriolet; c'est quelqu'un qui vient de la ville & va nous raconter la suite de l'aventure. " C'étoit en effet un habitant de Lagny, qui, les larmes aux yeux, nous apprit que la pauvre femme, déja plus morte que vive, avoit, malgré ses pleurs & ses gémissemens, été plongée dans la fontaine; qu'elle en étoit sortie avec des convulsions affreuses & morte en peu de minutes.

J'étois resté jusques-là, Milord, muet de surprise, d'indignation & d'effroi à cette fatale nouvelle. Je rompis enfin le silence, & démandai ce qui arriveroit de ce meurtre? ,, Rien, me répondit-on, on enter-

,, tera l'étrangere, & la cataſtrophe n'aura pas d'au-
,, d'autres ſuites. Mais, repliquai-je, voilà un délit, il
,, faut bien que la juſtice informe, que le procureur
,, général en prenne connoiſſance ---- Non, me dit-
,, on, cela ne s'eſt jamais pratiqué, le miniſtere pu-
,, blic l'ignorera ou fermera les yeux."

Je ne pouſſai pas plus loin mes demandes, & me con-tentai d'obſerver comment au centre du deſpotiſme le plus abſolu, il ſe conſervoit des eſpeces de droits abuſifs, dignes de toute la licence de la barbarie & de l'anarchie; comment on violoit tous les jours en France les propriétés les plus ſaintes, & l'on n'oſoit extirper une pratique puérile dans ſon inſtitution & affreuſe dans ſes conſéquences; comment enfin on avoit ébranlé ſans aucun ſoulévement la conſtitution fondamentale de l'état, & l'on craignoit de faire ré-volter une poignée de villageois, que diſperſeroit ab-ſolument une brigade de maréchauſſée.

Quoi qu'il en ſoit, les juges du lieu étant ſurvenus encore & ayant confirmé le triſte récit de l'habitant, on ſe mit à table, on ne tarit point ſur cet événement; chacun chercha & donna le moyens d'empêcher qu'il ne ſe renouvellât, mais en ſimple diſſertateur: per-ſonne ne me parut diſpoſé à agir pour arrêter un tel déſordre, pour ouvrir au moins les yeux de ce peu-ple imbécille, en lui faiſant comprendre qu'un parti-culier ne peut offenſer une ville entiere; que s'il y avoit quelqu'un à punir, ce ſeroit celui qui auroit ex-cité à tenir le propos, & qu'un quolibet enfin ne mé-

rite

rite pas la mort. O philosophie, que tu as des choses à faire encore dans ce pays-ci!

Lagny, ce 12 Septembre 1776.

LETTRE L.

Nouvelle guerre entre le Grand Conseil & les Parlemens.

LA haine des parlemens, Milord, contre le grand conseil, dont *l'Observateur Hollandois* vous a fait connoître l'origine, la nature, & les suites funestes (*a*), n'a pu que s'accroître par la conduite de cette cour, & surtout depuis que le gouvernement l'a placé pour épouvantail aux premiers, en le désignant comme un corps en réserve toujours prêt à marcher & à remplacer ceux d'entre eux qui se suspendroient ou interromproient leurs fonctions (*b*). Le parlement de P...

a Voyez lettre IV de *l'Observateur Hollandois.*

b L'article XIII de *l'édit du roi, portant rétablissement du grand conseil*, dit : ,, S'il arrivoit, ce que nous voulons bien ne pas présumer, que les officiers d'aucuns de nos parlemens entreprissent, à l'avenir, de suspendre ou interrompre leurs fonctions, ou de donner leurs démissions par délibération générale, nous ordonnons & enjoignons aux officiers de notre grand-conseil de suppléer les officiers de notredit parlement, au premier ordre qu'ils recevront de nos

ris cependant s'en est tenu à des représentations des protestations (*a*) & a paru se renfermer ensui dans une parfaite indifférence & dans un mépris so verain ; & il faut avouer que le grand conseil a fa tout ce qu'il falloit pour mériter de plus en plus ce dernier. Non-seulement après avoir tenté de va nes démarches (*b*) pour réclamer contre le rôle au odieux qu'inutile auquel on le destinoit pour l'aveni il l'a accepté honteusement, mais dédaigné de ses propres membres (*c*) préférant de passer dans une cour inférieure, plutôt que de siéger avec des schi matiques déshonorés, & qu'ils répudioient pour co freres, il n'a pas rougi de recevoir dans une pl distinguée un membre expulsé du parlement com

---

„ & de rendre la justice à nos sujets dans les causes & ma „ res du ressort de notre-dit parlement : voulons qu'ils ne pu „ sent, sous aucuns prétextes, refuser d'y obéir : à laque „ fin enjoignons aux officiers du châtelet de Paris, & à to „ baillifs, sénéchaux & autres juges du ressort de notre „ parlement de leur obéir & de recevoir les ordres de no „ procureur-général en notre dit grand-conseil "

a Voyez le *Journal du rétablissement de la Magistrature*, volumes VI & VII.

b Voyez le même *journal*.

c Tous les membres qui n'avoient pas voulu siéger au pa lement, n'ont pas voulu rentrer au grand-conseil. Plusie ont passé à d'autres places ; & six ont mieux aimé être cons lers à la cour des aides, en conséquence des lettres-pate qu'ils ont obtenues le 3 Septembre 1775.

magistrat taré & indigne de résider dans son sein (*a*) : & il est à la veille de se voir donner pour chef un autre personnage, un *intrus*, celui de tous les présidens le plus décrié pour ses mœurs, sa bassesse & son ignorance (*b*).

Au moyen de l'acceptation décidée de ce tribunal, & de la tranquillité que lui a laissée son rival, il a commencé ses audiences, & est sorti de son inaction & de son obscurité par une cause d'éclat. J'ai été l'entendre, pour voir de près ces magistrats si bafoués & qu'on ne rencontre guere dans le monde. J'y ai trouvé un auditoire nombreux. Un bénédictin (*c*), plaidant lui-même sa cause, attiroit la foule. On ne pouvoit que s'intéresser à ce malheureux, homme de lettres, victime de la jalousie de ses confreres & du despotisme de son général : malade depuis plusieurs années, accablé d'infirmités, il avoit obtenu

---

a M. le Maistre de Semperavi, qui a acheté la charge de greffier en chef du grand-conseil. Voyez, quant à son expulsion, le *Journal* cité déja.

b M. de Nicolaï. Voyez le *Journal* ci-dessus, *ubique passim* & les fameux mémoires du Sr. de Beaumarchais. On assure qu'il a l'agrément de la cour pour la place de premier président du grand conseil, & qu'il passe sur le corps des présidens de Châteaugiron & de la Brisse, ses anciens. D'ailleurs il n'avoit pas été membre de la compagnie avant son installation du 13 Avril 1771, & n'avoit même servi dans aucune cour de magistrature.

c Dom Martin, qui avoit entrepris l'histoire des provinces de Saintonge, Aunis, & Angoumois.

du pape (*a*), non la dissolution de ses vœux, mai faculté de les observer hors du cloître sous la sau garde des loix & sous les yeux & l'obéissance d premiers ministres de la religion. Et bien loin qu voulût reconnoître l'acte de grace du souverain p tife, sa démarche avoit été le prétexte de nouve rigueurs exercées contre lui. On étoit soulevé d' dignation en entendant le détail de toutes les pe cutions qu'il avoit éprouvées. Il s'agissoit princip ment d'une lettre de cachet, dont s'autorisoient supérieurs pour le vexer, & l'on étoit frappé de contradiction de ceux-ci, invoquant le bras sécul & se servant même des voies extrajudiciaires co un religieux, dans une affaire où ils révoquoient doute à cet égard le pouvoir du chef suprême de l' glise.

Cependant, après s'être défendu avec une vigu une éloquence qu'inspire toujours l'amour de la berté aux ames fieres, dignes d'en jouir, le relig a succombé (*b*). Comment une cour, vouée par sence à l'arbitraire, auroit-elle eu plus de nerf q le parlement, contre un acte de la puissance absol.

A cette cause près, & quelques autres du m genre, le grand conseil est sans aucune activité. C sont les parlemens de province qui le tourmentent

a Par un *Indult*. C'est le nom de ces especes de lettres rémission ou de grace, que délivre le chef de l'église.
b Le 28 juin dernier.

jourd'hui ; ils n'ont point encore souffert l'exécution de ses arrêts en matiere de présidialité. C'est ce que je me suis fait expliquer, & dont je vais vous instruire à mon tour.

Chacune des cours de justice a un ressort considérable, & il est souvent très-onéreux à ceux des sujets qui sont dans le cas d'y recourir, de se déplacer à grands frais pour y plaider sur des contestations dont l'objet, quoiqu'important pour eux, est d'une valeur que ces faux frais peuvent égaler & quelquefois surpasser. C'est pour remédier à cet inconvénient que Henri II créa les présidiaux en 1551. Leur institution étoit de juger en dernier ressort des procès entre les particuliers jusques à une certaine somme; mais ce qui en formoit une considérable lors de l'établissement de ces tribunaux, étoit devenu depuis un objet si modique, que l'intention du législateur se trouvoit presque anéantie, & que les peuples ne pouvoient plus retirer aucun avantage d'une jurisdiction où la justice leur étoit administrée sans sortir de leurs foyers. On a profité de l'occasion du lit de justice de 1774, pour élever à un taux plus fort & proportionné aux variations des monnoies, la compétence des présidiaux; & peut-être même le motif secret de l'ampliation de leur pouvoir (*a*) étoit-il

---

a Par édit enrégistré au lit de justice le 12 Novembre 1774. Il y est dit : les juges des présidiaux établis dans notre royaume, connoîtront & jugeront en dernier ressort &

moins de procurer l'utilité publique & de soulag[illegible] les plaideurs, que d'humilier les parlemens & de l[illegible] rendre plus souples en diminuant leurs affaires.

Quoi qu'il en soit, ces cours, qui n'ont jam[illegible] envisagé favorablement des tribunaux qu'ils reg[illegible] doient comme autant d'usurpations sur eux, les [illegible] vus, depuis ce nouveau démembrement, avec plus [illegible] chagrin, & leur assujettissement immédiat au gra[illegible] conseil les fait encore mieux participer à leur ind[illegible] gnation contre celui-ci.

Dans le principe ces cours décidoient de la co[illegible] pétence des présidiaux, & se trouvoient ainsi juges [illegible] parties, d'où il résultoit sans cesse une lutte inég[illegible] & désavantageuse pour les premiers. Afin de re[illegible] dier à cet abus, le grand-conseil, par une déclara[illegible] tion du 27 Septembre 1754, fut choisi pour conn[illegible] tre exclusivement de toutes les contraventions aux r[illegible] glemens de la présidialité, fut nommé conservat[illegible] de la jurisdiction des présidiaux. Il a été mainte[illegible] dans cette fonction lors de son rétablissement. [illegible] c'est une raison ajoutée à cent autres de vexer [illegible]

„ sans appel, toutes matieres civiles de quelque qualité qu'e[illegible] „ les soient, qui pourront tomber en estimation & qui n'e[illegible] „ céderont pas la somme de deux mille livres de principal [illegible] „ de quatre-vingts livres de rente, ensemble à cause des [illegible] „ jugemens, à quelque somme & valeur qu'ils puissent m[illegible] „ ter : & en outre par provision, à la charge de donner ca[illegible] „ tion, jusqu'à quatre mille livres de principal & cent soix[illegible] „ te livres de rente."

vantage une cour odieuse par son essence, ses attributions & sa constitution moderne.

Je vous ai observé, Milord, que le parlement de Paris, soit qu'il n'ait pas lieu de se commettre avec le grand conseil, soit qu'il n'ose engager une querelle, bien suspecte de partialité, d'animosité & de récrimination, le laissoit tranquille. Il le fait avec d'autant moins de crainte, que les autres sont plus acharnés contre leur ennemi commun.

C'est au mois d'Avril dernier que le grand-conseil a cru devoir enfin assembler ses semestres, & jusqu'à ce qu'il pût obtenir la justice réclamée par ses remontrances, repousser les hostilités de ses adversaires, dont il n'y avoit à espérer ni paix ni trêve, il fut enjoint (*a*) au procureur-général d'apporter les nouveaux arrêts des parlemens de Rouen, de Dijon, de Nanci, & quelques jours après il rendit d'autres arrêts, qui déclaroient nul & attentatoire à l'autorité du roi & du conseil celui du parlement de Rouen (*b*), & les autres (*c*) comme nuls & non avenus. Il reprochoit principalement à ces cours d'entreprendre de limiter de nouveau l'autorité que les loix lui donnent, d'intervertir l'ordre établi dans le royaume pour les

a Par un arrêté du 12 Avril.

b En date du 31 Août 1775.

c Celui de Dijon est du 3 Février 1775, & celui de Nanci du 27 Mars de la même année.

nrégiſtremens, & de s'arroger une ſupériorité ſans partage ſur les ſieges inférieurs.

Il en vouloit ſurtout au parlement de Nanci, qui, récemment créé (*a*), enflé de ſa ſuperbe exiſtence, & ſans doute empreſſé d'eſſayer ſes forces, avoit voulu faire acte de zele pour la cauſe commune & manifeſter ſa profeſſion de foi à des principes que nagueres il avoit combattus avec acharnement, en montrant plus de chaleur & de mépris contre le grand conſeil (*b*).

Celui-ci avoit raiſonné davantage l'arrêt dirigé contre ce nouveau parlement, & s'étoit appuyé ſur des conſidérations [*c*] où il diſcutoit la matiere, & lui

---

a En 1775. Il étoit auparavant conſeil ſouverain.

b *Extrait d'une lettre de Nanci, du 28 Avril* : notre cour „ ſouveraine, érigée depuis peu en parlement, n'a pas plus „ de vénération que les autres pour le grand-conſeil. Elle a „ rendu, les chambres aſſemblées le 27 Mars dernier, un nou- „ vel arrêt, qui ordonne que ſon arrêt du 23 Février précé- „ dent ſera ſuivi & exécuté ſuivant ſa forme & teneur, & ce „ nonobſtant l'arrêt du grand conſeil, du 13 du même mois, „ auquel les officiers de la chancellerie, ceux des bailliages, „ ſieges préſidiaux, les procureurs de la cour, huiſſiers, non „ plus que les autres ſieges du reſſort de la cour, n'auront au- „ cun égard, *comme étant émané d'un tribunal ſans exiſtence, „ ni autorité en Lorraine & Barrois*. Du reſte, pour ſe diſtin- „ guer, ſans doute, par un zele de novice auprès des autres „ claſſes, le procureur-général dans ſon réquiſitoire s'eſt ſer- „ vi de termes aſſez mépriſans." ..

c Au nombre de ſept : 1°. ſur ce que le nouveau (arrêt)

reprochoit ses paralogismes, ses équivoques, sa mauvaise foi & son humeur indécente.

---

n'est pas appuyé sur des motifs plus solides que le premier, & qu'il seroit également dangereux de garder le silence sur les principes que ce tribunal entreprend de combattre & d'établir tour à tour.

2°. Que dans l'impuissance de citer les prétendues loix fondamentales qu'il avoit d'abord invoquées pour justifier son systême sur la sanction qu'il prétend donner aux loix, il emploie la voie du ministere public pour méconnoître la constitution du conseil, se rejetter sur des objections étrangeres & réfutées, & se livrer à une récrimination vague.

3°. Que c'est affecter de contrarier les faits les plus notoires d'avancer que les parlemens *ont toujours défendu de rien régistrer ni publier de l'autorité du conseil*, tandis que ceux-ci ne font remonter eux-mêmes leur réclamation qu'à l'année 1755, réclamation solemnellement condamnée par le législateur.

4°. Que l'article IX de l'ordonnance du mois de Novembre 1774, ne laisse plus de doute sur le droit du conseil de vérifier les loix à lui adressées, & de les faires publier dans les sieges inférieurs, &c. que l'article VIII de l'Edit de Juillet 1775 n'y déroge pas, &c.

5°. Que l'on ne trouve dans le traité de Vienne, ni dans les loix intervenues depuis la mort du roi Stanislas, les exceptions dont voudroit se prévaloir son adversaire, &c.

6°. Qu'il n'est pas digne du parlement de Nanci d'élever une mauvaise équivoque pour prouver que la jurisdiction du conseil fût jadis inconnue en Lorraine : ce dont on prouve le contraire par les faits.

7°. Qu'enfin les expressions peu réfléchies du procureur-général dans son réquisitoire, ne méritent pas d'être relevées ; mais qu'il est important de lui rappeller qu'aucune loi ne donne aux parlemens une supériorité sans partage sur les sieges inférieurs, &c.

Ces premieres hostilités furent suivies de plus graves. Les semestres se rassemblerent le 11 Mai pour s'occuper d'un autre arrêt du parlement de Toulouse, & regardant comme très-important de faire connoître leurs droits à ce parlement & aux autres, qui suivent ou suivroient son exemple, ils les établirent dans un préambule (*a*) très-long & savamment discuté, où ils exposoient historiquement la constitution de leur tribunal, ses titres; sa possession ; le tout fondé sur les principes les plus évidens; l'intérêt du monarque & celui de ses peuples.

Ils déclarerent cependant qu'ils ne se flattoient point de modérer les prétentions & d'arrêter les entreprises de ces cours, quoiqu'il fût facile de démontrer qu'elles étoient dénuées de tout fondement, & que dans leurs débats avec eux elles comptoient plus sur les ressources de leur pouvoir que sur la solidité de leurs raisons, en suscitant des discussions qui ne s'élevent jamais entre les premiers corps de magistrature sans porter quelque atteinte au respect que les peuples doivent aux loix. Ils arrêterent en outre d'abondant, que le roi seroit très-humblement supplié de vouloir bien répondre aux très-humbles & très-respectueuses remontrances du conseil.

Durant cette séance à Paris, & le même jour à Toulouse, l'avocat-général de ce parlement se livroit

---

a Servant d introduction à un arrêt du même jour 11 Mai où e conseil déclare nul l'arrêt de Toulouse du 17 Février, &c.

à une déclamation violente contre le grand conseil; il ne qualifioit ses arrêts que du nom d'actes. Après avoir précédemment tenté par des lettres missives (*a*) d'empêcher leur exécution, ainsi que celle de ses mandemens, il provoquoit un arrêt (*b*), où après avoir mis le comble à ses vexations contre des officiers d'une jurisdiction subalterne (*c*), dociles aux ordres d'une cour supérieure dont elle reconnoissoit l'autorité, la cour ennemie poussoit l'excès de ses entreprises jusqu'à faire rayer sur les registres du présidial en question deux arrêts du grand conseil (*d*)

Cette insulte violente aigrit celui-ci, qui, ne ménageant plus le parlement de Toulouse, eut recours à la plume de ses orateurs & rendit arrêt de son côté, où il s'élevoit avec force contre ces attentats, citoit des édits très-anciens, promulgués en sa faveur; & des faits humilians pour son adversaire, qui prouvoient quelle avoit été autrefois sa puissance (*e*),

---

a En date du 17 Février 1774.

b En date du 11 Mai.

c Le présidial d'Auch.

d En date des 26 Avril & 28 Juin 1775.

e Dans cet arrêt du 28 Juin, le grand-conseil cite un passage d'un édit de 1515, où, en faisant défenses aux cours souveraines & autres juges d'apporter aucun trouble ni empêchement aux arrêts du conseil, S. M. dit, *& seront néanmoins ceux qui auront fait les dits empêchemens, ajournés en notre dit grand-conseil, pour se voir condamner en leur-propre & privé nom, aux dépens, dommages & intérêts, & en l'amende telle que*

mais sentant bien que les tems étoient changés, & qu'il ne lui convenoit plus d'user des voies de rigueur dont il s'étoit autrefois servi pour abaisser l'orgueil des cours ses rivales, le grand conseil colora sa foiblesse, l'appella modération & finit par remettre la chose entre les mains du souverain, en arrêtant de très-humbles & très-respectueuses représentations ; ce qui étoit son refrein ordinaire. C'étoit pour la septieme ou huitieme fois qu'il y avoit recours.

A cela que faisoit le législateur, ou plutôt son représentant, le chef suprême de la justice? Semblable au Dieu des Epicuriens, s'embarrassant peu des affaires de ces bas monde, il sembloit que rien ne pouvoit le tirer de sa gloire ou de son repos, ou mieux de son apathie. Il n'avoit pas assez d'énergie pour remplir les intentions de son maître, en circonscrivant les parlemens dans les bornes de l'autorité qui leur est confié, & en faisant jouir le grand conseil de celle que la politique a voulu qu'on lui accordât ; & il étoit trop fin pour faire triompher entierement ceux-ci, qui pourroient tourner ensuite contre un en-

---

de raison. Il ajoute qu'en 1508, un avocat-général au parlement de Toulouse fut décrété d'ajournement personnel ; que le procureur au même parlement fut décrété de prise de corps, conduit à Paris, condamné à faire amende honorable, & l'arrêt fut exécuté à Toulouse, en présence de deux commissaires du conseil ; qu'il fût enjoint aux officiers du dit parlement d'obéir aux arrêts du conseil, sous peine d'être réputés désobéissans & rebelles au roi.

nemi plus urgent & plus difficile à détruire. Le garde des sceaux se contentoit, lorsqu'il craignoit que les choses ne fussent poussées trop loin & qu'on n'en vint à des voies de fait, de faire évoquer par le roi les contestations à son conseil: c'est ce qu'il fit à l'égard de celle mue par le parlement de Toulouse [a]. Ces contestations ne se jugeoient pas, & les parlemens ayant toujours par devers eux l'autorité coactive, restoient en pleine possession, & rendoient absolument nulle & illusoire toute celle du grand-conseil, qui ne se manifestoit que par des arrêts obscurs & sans vigueur, où il invoquoit en vain la foule des édits & ordonnances en sa faveur (*b*).

---

a Par arrêt du 11 Juin.

b C'est ce qu'on voyoit surtout dans un arrêt du grand-conseil, en date du 24 Mai qui ,, faisant droit sur les requisitions ,, du procureur-général du roi, ordonne que la déclaration ,, du 27 Octobre 1574, l'article XVII de Moulins, l'article ,, IV du titre III de l'ordonnance de 1669, l'article XXVI titre ,, XI de l'ordonnance de 1747, la déclaration du X Avril ,, 1750, l'article XII de l'édit du mois de Juin 1772 seront ,, executés selon leur forme & teneur. En conséquence, sans ,, s'arrêter à l'arrêt rendu au parlement de Metz le 16 Avril, ,, que le conseil casse, révoque & annulle, ordonne que les ,, jugemens en renvoi & ceux de rétention continueront d'ê- ,, tre donnés en dernier ressort par les présidiaux, sauf aux par- ,, ties à se pourvoir au conseil, pour leur être fait droit, ain- ,, si qu'il appartiendra; fait défenses aux parties de se pourvoir ,, ailleurs, à peine de nullité, cassation de procédures & de ,, 1,500 livres d'amende; ordonne que le présent arrêt sera ,, imprimé, publié & affiché partout où besoin sera, & copies

Les plus embarrassés dans cette occasion étoient les juges inférieurs, qui, placés entre deux cours, ne savoient à laquelle ils devoient déférer. Par intérêt particulier ils étoient portés pour le grand-conseil, mais ils redoutoient les parlemens & ils connoissoient l'impuissance de leur supérieur immédiat pour les soutenir. Dans l'espoir que l'indécision de M. de Miromesnil se termineroit peut-être par quelque coup d'éclat en leur faveur, l'un d'eux s'étoit hasardé à présenter requête & réclamer auprès de la cour dont il ressortissoit, le maintien de sa jurisdiction & l'exécution de l'édit de Juin 1772. Ce téméraire étoit le présidial de Dieuze, & avoit été porté à cet acte de défense légitime par les vexations du parlement de Metz, dans le ressort duquel il est. C'est ce qui donna lieu au fameux arrêt du grand conseil pour l'exécution de l'Edit des Présidiaux (*a*), où traitant la matiere plus à fond & l'épuisant, il semble ne laisser rien à desirer en sa faveur.

Le parlement de Metz n'en jugea pas ainsi, soutint son réglement (*b*), & le conseil fut obligé de se livrer à de nouveaux raisonnemens & citations pour dissiper l'illusion des prétextes dont se servoit son adversaire & sur lesquels il fondoit son agression pour

---

„ collationnées d'icelui, envoyées aux Sieges Présidiaux du „ ressort du Parlement de Metz, pour y être lu, publié & „ régistré, l'audience tenante, &c."

a En date du 11 Mai. *b* Par arrêt du 16 Juin.

attaquer & renverser en même tems l'autorité du conseil & la jurisdiction des présidiaux (a). Il avoit été obligé précédemment de revenir contre le parlement de Nanci, qui sappant jusques dans ses fondemens ce tribunal attaqué de toutes parts, prétendoit que sa jurisdiction étoit inconnue en Lorraine, & par des considérations plus fortes développoit la justice de ses prétentions (b).

Il n'étoit pas quitte d'un combattant qu'il lui en survenoit un autre, & le parlement de Toulouse, outré des citations insultantes contre lui, rapportées plus haut, sans égard pour l'évocation pendante au conseil du roi, se livra à des déclamations, où cette fois il affecta de raisonner dans le préambule d'un arrêt plus outrageant (c). L'affectation du parlement de Paris de le laisser vendre sous ses yeux, indiquoit que s'il ne se mettoit pas en cause lui même, il applaudissoit néanmoins à la conduite des autres cours.

Cet arrêt s'est débité en abondance à raison du décri général où est dans cette capitale le corps attaqué. C'est d'ailleurs un résumé de la doctrine des parlemens à cet égard, qui mérite que je m'y arrête un moment.

Dans cette diatribe le parlement de Toulouse reproche aux gens du grand-conseil de développer

---

a C'est ce qu'on voit dans son arrêt du 13 Juillet 1776.

b Dans un arrêt du 21 Juin 1776.

c En date du 26 juin.

toutes leurs vues ambitieuses, en déclarant ouvertement qu'ils sont le vrai conseil du roi, le siege ordinaire de sa justice souveraine, chargé de délibérer, de rédiger les loix & de veiller au plan général de la législation : corps antique, dont les princes & les pairs sont les membres essentiels, dont le territoire & le ressort embrassent tout le royaume, & qui, malgré la révolution des tems & les nouvelles formes introduites par les édits de 1497 & 1498, n'a rien perdu de sa dignité, de ses prérogatives & de son autorité. D'où ils concluent que les attributions qui leur sont faites, ne sont qu'un retour à l'ordre primordial, & qu'on ne peut leur contester le droit de vérifier les loix & de les envoyer aux sieges inférieurs.

C'est contre ces étranges prétentions que s'éleve le parlement en question par une discussion des faits, des ordonnances, des principes, & il renverse, il foudroie un systême si hardi, qui ne tendroit à rien moins qu'à élever le grand-conseil sur les ruines du parlement & à bouleverser la constitution de l'état. Il démontre qu'il n'est fondé que sur de pures équivoques aisées à lever pour des gens instruits & qui savent raisonner. En un mot, il réduit ce corps ou college, comme il l'appelle, à un tribunal de simple attribution, borné à la connoissance des fins & limites des parlemens, à un tribunal arbitraire par essence, dont le pouvoir s'étend ou se resserre à volonté, & qui par cela même n'a point à un assez haut degré la confiance du peuple pour être le dépôt des loix.

Les semestres encore assemblées sur cette attaque renfermant les imputations les plus graves, ils crurent devoir répondre; ce qu'ils firent par un dernier effort, par un arrêt en date du 7 du mois dernier, où le grand-conseil récrimine & reproche à son tour à la cour adverse de lui prêter des vues ambitieuses, des sentimens qu'il n'a jamais eus, de lui donner des qualifications odieuses, de s'appuyer sur des citations fausses ou infidelles. Il reprend par ordre toutes celles de l'arrêt critiqué & veut prouver que tout s'éleve contre les assertions y énoncées; que le corps entier de la législation dépose que le parlement n'a été, ni avant ni après sa fixation dans la capitale, chargé par le monarque de préparer, rédiger, délibérer les loix, & que cette auguste fonction a toujours été confiée au conseil jusqu'à l'époque où il est devenu cour ordinaire & souveraine de justice.

Le grand-conseil donne ensuite une leçon au parlement de Toulouse. En faisant sa profession de foi sur sa propre essence, il déclare ne point porter si haut que lui ses prétentions, qu'il a toujours pensé, & s'est toujours fait gloire de dire que la puissance législative appartient au roi, & au roi seul, sans dépendance & sans partage. Il inculpe cette cour, de se persuader & de publier à la face de la nation qu'il est en partie son législateur, puisqu'il est impossible de s'arroger le droit d'apposer aux loix le sceau de l'autorité souveraine sans partager la souveraineté; de leur imprimer les derniers traits du caractere législati sans avoir une portion de la puissance législative.

Ici le grand conseil découvre combien son amour propre est blessé, en prétendant que son adversaire soutient par sa conduite ces étranges maximes, lorsqu'il appelle *actes*, ce que le souverain appelle *arrêts*, & qualifie de *celui qui exerce le ministere public*, le magistrat que le roi nomme son *procureur-général*, lorsqu'il fait biffer les arrêts d'une cour souveraine, enrégistrer par force dans tous les sieges inférieurs de son ressort les prétentions insoutenables, lorsqu'il défend de reconnoître d'autres loix que celles qu'il a enrégistrées, & ajoutant la terreur des peines aux ordres qu'il donne de se conformer à ses principes, punit ceux qui s'en écartent.

Enfin le grand conseil réfute la derniere partie de l'arrêt du parlement de Toulouse, qui prétend en vain prouver avoir une supériorité sans partage sur les sieges inférieurs : il s'ensuivroit que cette cour pourroit envahir la jurisdiction de toutes les autres cours; que son empire n'auroit d'autres bornes que celles qu'il lui plairoit de se prescrire ; qu'il lui seroit libre de suspendre toute l'administration de la justice ; qu'il arrêteroit, quand il voudroit, tous les effets de la puissance royale & que le gouvernement seroit dénaturé.

En conséquence, en s'abstenant quant à présent de statuer sur l'arrêt rendu par les gens du parlement de Toulouse, le conseil ordonne que sans s'y arrêter, les précédens arrêts des 9 Janvier, 11 Mars & 28 Juin seront exécutés, &c.

Les choses étoient dans cet état lorsque M. le garde des sceaux a jugé à propros de faire enfin s'expliquer le roi par une réponse qui n'en est pas une, qui promet de statuer & ne statue rien, où pour gagner du tems, il demande de nouvelles observations, des mémoires plus amples, & provisoirement ordonne la résignation, la patience, le silence. En voici les termes sacramentaux.

Réponse du Roi, du 1 Septembre 1776.

„ Je me suis fait rendre compte des remontrances „ & représentations de mon grand conseil.

„ Mon intention est de statuer incessamment sur „ les difficultés élevées entre plusieurs de mes parle„ mens & lui.

„ Si mon grand conseil a des observations à ajou„ ter à celles que contiennent ses remontrances & ses „ représentations, je veux qu'il remette incessam„ ment ses mémoires & ses titres à M. le garde des „ sceaux.

„ En attendant ma décision, il doit garder le si„ lence que je lui ai prescrit par les arrêts de mon „ conseil, & s'en rapporter à moi pour régler la compétence des présidiaux & pour maintenir sa juris„ diction."

Au moyen de ce léger réveil, M. de Miromesnil

espere pouvoir se tranquilliser pendant quelque tems, peut-être pendant un an, jusqu'à ce que quelque orage l'oblige de faire gronder la foudre de Jupiter.

Paris, ce 23 Septembre 1776.

LETTRE LI.

Sur le Sieur de Beaumarchais, sur son affaire. Arrêt rendu provisoirement en sa faveur.

Il n'est pas, Milord, que vous n'ayez entendu parler du S. de Beaumarchais, ce fils d'un médiocre artisan (*a*), qui est parvenu à jouer un rôle & à figurer aujourd'hui dans le monde politique. Je n'entrerai point dans le détail des diverses gradations de sa fortune, dont je ne suis au fait que par un journal étranger (*b*), qui en a rendu compte d'une maniere fort impartiale & fort circonstanciée: j'observerai seulement à la honte des mœurs, que ce personnage est devenu plus recherché à mesure qu'il se diffamoit davantage. Suspecté d'avoir fait périr un mari pour épouser sa

---

a Je me suis servi de ce terme plutôt que de celui d'artiste, pour indiquer combien c'étoit un mauvais horloger.

b La *gazette littéraire de l'Europe*. Voyez le mois de Mars 1774.

femme, ensuite celle ci pour avoir son bien (*a*), & une seconde encore (*b*) par le même esprit de cupidité; refusé d'être admis dans un corps d'honnêtes gens (*c*), quoique ne se piquant pas de la plus extrême délicatesse; chassé de la cour pour ses impudences: humilié par un seigneur (*d*), dont il avoit séduit la maîtresse; attaqué en justice, comme ayant, par des manœuvres illicites, escroqué une partie de la succession d'un millionnaire (*e*); il n'en a été que plus recherché des grands corrompus, & un prince illustre (*f*) l'a admis à cette intimité où ne s'initie un particulier obscur que par de viles complaisances & de coupables bassesses. Enfin il a mis le comble à sa gloire, en provoquant gratuitement un arrêt désho-

---

a Qu'il n'a pas eu pour avoir manqué de remplir une formalité de son contrat de mariage, mais dont il jouit depuis environ vingt ans, par les chicanes interminables qu'il fait aux héritiers pour ne pas restituer la dot.

b Elle se nommoit *l'Evêque*. Elle étoit veuve du garde-magasin des menus. Lorsqu'elle vint faire signer son contrat de mariage à M. le duc d'Aumont, premier gentilhomme de la chambre, ce seigneur, ami des mœurs & de l'honnêteté, voulut la dissuader, mais la trouvant trop éprise, il lui dit: *je crains bien que ce ne soit plutôt votre billet d'enterrement.*

c Les contrôleurs de la bouche n'ont jamais voulu le recevoir parmi eux, à raison des bruits injurieux qui couroient sur la mort de leur confrere, & sur la maniere dont il en avoit acquis la charge.

d M. le duc de chaulnes.

e M. de Pâris Duverney.

f M. le prince de Conti.

notant, & répandant des libelles judiciaires flétris par la main du bourreau. Depuis cette époque on l'a regardé comme un patriote ; on lui a fait l'honneur de l'associer à la cause des magistrats persécutés, & de lui attribuer principalement leur retour & la destruction du tribunal fantastique élevé à la place du parlement; bien plus il est devenu l'homme du ministere, l'agent des négociations sourdes (*a*), & c'est aujourd'hui un des principaux correspondans des *Insurgens*. Il s'est introduit à raison de ces relations chez le comte de Maurepas ; il l'amuse par ses saillies & fait les honneurs de sa table.

Tant de faveur n'empêchoit pas que le Sr. de Beaumarchais ne restât toujours flétri sous le glaive de Thémis, d'autant mieux que le roi, en confirmant dans son lit de justice du 12 Novembre tous les arrêts rendus durant la suspension des magistrats, avoit donné en quelque sorte une nouvelle sanction, une authenticité plus éclatante à celui-là. Le tems même pour revenir par les voies de droit étoit plus qu'écoulé (*b*), & la justification du criminel devenoit de plus en plus difficile. Tous les obstacles qui se sont multipliés dans une cause infiniment plus juste & plus

---

a On sait qu'il a été envoyé en Angleterre par le feu roi pour retirer un ouvrage imprimé contre la comtesse Dubarri, & depuis pour négocier à Londres avec le parti des Insurgens.

b On n'a que six mois pour se pourvoir en cassation.

intéressante, (a) se sont applanis pour un homme dont la diffamation juridique n'avoit pu rien ajouter à celle qu'il avoit déja reçue dans l'opinion générale. Il a d'abord obtenu des lettres de relief (b), fondées sur l'exposé de l'impétrant, & l'aveu de S. M., qu'il n'a laissé passer le délai fatal que par son absence hors du royaume, sur des ordres du roi & pour son service.

Cette forme excellente pour le conseil, si le Sr. de Beaumarchais s'y fut pourvu en cassation, mais sujette à trop de lenteur, & ne convenant pas à cet intriguant jaloux de faire de l'éclat absolument, entraînoit de grandes difficultés pour l'autre maniere, qui est de revenir par requête civile. Elle étoit entierement insolite dans le cours ordinaire de la justice, & sans exemple. La loi veut que la requête civile soit présentée au même tribunal qui a jugé. il auroit donc fallu que le blâmé allât au grand-conseil. On a mieux aimé intervertir pour lui toutes les regles, & en attribuer la connoissance à la grand'chambre assemblée (c) Le parlement, ce défenseur des formes sagement établies, qui se rend si difficile quand il s'agit de les passer par les plus puissantes considérations,

---

a Dans l'affaire des Verons contre le comte de Morangiès. Ce jugement, le plus inique de la commission, est peut-être le seul qui subsistera.

b Du 12 Août 1776.

c C'est-à-dire avec la Tournelle.

les a transgressées, sans difficulté, dans cette affaire-ci, & a enrégistré avec empressement les lettres patentes en question (a).

Par un second effet de la bonté de roi, le condamné ayant desiré d'être jugé avant les vacances, il est venu ordre de retarder les autres procès sur cette fin de palais, où les plaideurs l'assiegent en foule pour voir décider leur sort, & s'occuper de lui. Le parlement ne regardant pas ce qu'il devoit faire en cette occasion comme un acte de magistrature bien glorieux, desiroit que cette n'eût pas une grande publicité, & avoit résolu de brusquer l'audience. Ce n'étoit pas là l'intention du Sr. de Beaumarchais, ne doutant pas de son triomphe, en a fait retarder le jour, & a profité de ce délai pour avertir ses amis, qui l'ont redit à d'autres, en sorte que le concours a été immense.

J'ai voulu jouir de ce spectacle, Milord, & n'ai pas manqué de m'y trouver. Il a eu lieu dans une audience extraordinaire, tenue à cet effet. Elle s'est ouverte par l'appel de la cause contre le procureur-général. Me. Target, l'avocat le plus agréable au parlement, par sa conduite durant sa dispersion, s'est levé pour plaider en faveur de son client. Celui-ci étoit debout aussi à côté de lui: c'étoit l'homme le plus curieux pour moi. Il étoit en habit noir, l'air modeste,

---

a Le 17 Août 1776.

deste, les yeux baissés, dans l'attitude de la componction. Ce comédien jouoit son rôle à merveille. Il auroit préféré de le jouer mieux en parlant lui-même : il avoit préparé un discours à cet effet, mais il n'avoit pu obtenir la permission de le débiter, & il étoit réduit à s'en tenir à l'éloquence muette de toute l'habitude de son corps, exprimant l'humilité.

Son défenseur a débuté adroitement par cette circonstance capable de lui concilier l'attention & la faveur des juges.

„ Le Sr. de Beaumarchais eût desiré, a-t-il dit, „ de vous peindre les sentimens dont son cœur est „ rempli. Il se flattoit d'avoir acquis par d'assez „ grands malheurs le droit de jouir lui-même du moment que votre bonté lui accorde ; votre sagesse, „ égale à votre justice, a craint, sans doute, que „ les maux dont il a senti l'amertume ne portassent „ dans l'expression de sa douleur, un ressentiment „ trop naturel, mais dont il auroit eu soin de réprimer les saillies. Il n'y a pas de citoyen qui ait été „ plus cruellement victime des malheurs de la patrie : „ il n'en est aucun dont le sort ait été plus étroitement lié aux destinées publiques. Son courage devint un crime dans un tems où l'on craignoit tout „ ce qui ne ressembloit pas à la foiblesse. Aujourd'hui, en présence des loix & de leurs vrais ministres, il n'a pas besoin de courage, il n'a aucuns „ efforts à faire pour concilier la fermeté & le respect ; tous ses sentimens sont d'accord, il n'est en-

„ fin que paisible & calme dans l'attente de votre
„ justice.

„ Les momens que vous dérobez pour lui à d'im-
„ portantes occupations, sont précieux & courts ; il
„ ne se permettra pas d'en abuser. Sa défense sera
„ simple & sommaire, parce que sa confiance est
„ sans bornes.

„ Vous la savez tous, Messieurs, cette affaire
„ dont le bruit a retenti jusqu'aux provinces les plus
„ éloignées. Le Sieur de Beaumarchais a eu le bon-
„ heur de recueillir une partie de ce grand intérêt
„ que vous inspirez à la France. "

L'avocat fit après, la relation de l'origine de l'affaire & de ses suites, d'une façon si simple, si rapide, si franche, que moi-même convaincu du crime du Sr. de Beaumarchais & de la justice de la peine qu'il avoit encourue, j'en ai été frappé & séduit pour le moment. Ce morceau vous fera sûrement plaisir & je le copie sur le manuscrit, car le plaidoyer n'est pas encore imprimé.

„ Porteur d'un écrit double entre le Sieur Pâris Duverney & lui, qui contenoit arrêté de compte, transaction & promesse, il avoit fait condamner aux requêtes de l'hôtel le légataire universel du Sieur Pâris Duverney à l'exécuter. Celui-ci en appelle à la commission intermédiaire. L'affaire est mise en délibéré au rapport du Sr. de Goezman Les intérêts les plus graves du Sieur de Beaumarchais, sa fortune & son honneur s'agitoient dans cette cause. Lui seul pouvoit effacer par des conférences personnelles les préventions qui avoient été répandues contre sa bonne-foi, & contre le tendre attachement dont l'honoroit le Sieur Duverney. Il n'avoit pu parvenir à son rapporteur: l'affaire alloit être jugée dans quatre jours; détenu par ordre supérieur dans une prison, dont il ne sortoit qu'accompagné d'un garde, il se faisoit conduire trois ou quatre fois par jour à cette porte, qui ne s'ouvroit jamais pour lui, & qui n'étoit pas, dit-on, fermée de même à son adversaire. Dans cette perplexité cruelle, il est averti que la femme du rapporteur peut donner l'entrée de ce cabinet inaccessible, mais qu'elle exige des sacrifices. Le Sieur de Beaumarchais n'a d'autre part à ce qui se fait que de s'abandonner à la nécessité qui l'opprime & au zele de ses amis. Il se croit victime d'une bassesse: il ne se croit coupable d'aucun crime. On négocie, on emprunte l'or qu'il n'avoit pas; sa sœur parle de vingt-cinq louis au négociateur, qui les dédaigne; elle va jusqu'à cinquante, qui sont proposés, refusés, rapportés, & l'on vient en demander cent. Ils sont livrés à la plus vile cupidité, dont les avenues des tribunaux aient été jamais assiégées; le moment est convenu. Le Sieur de Beaumarchais arrive, entre, pénetre à son juge, obtient à l'heure du souper un instant incommode & rapide, se retire sans fruit, se représente le lendemain, & la porte est fermée encore; il avoit démandé des audiences, & non pas *une*, non pas surtout trois minutes qui méritoient à peine le nom d'une audience. Consterné de cette horreur, il apprend que les cent louis sont prétendus acquis par cette grace frivole, & qu'une nouvelle audience est attachée à des nouveaux présens. Une montre à répétition est portée, acceptée; la femme demande & reçoit encore quinze louis pour le secrétaire, à qui ils n'ont jamais été donnés."

„ Le lendemain la cause est jugée & perdue. La femme du Sieur de Goezman est effrayée elle-même de ce qu'elle a fait; trois minutes d'audience à si haut prix, lui paroissent trop cherement achetées; elle avoit promis des audiences, & ne les avoit pas procurées. Elle rend & montre & 100 louis à l'entremetteur, mais garde les 15 louis, malgré toutes les réclamations qu'on lui fait parvenir."

„ Le jugement rendu contre le Sieur de Beaumarchais a été cassé depuis au conseil du roi, & l'affaire renvoyée au parlement d'Aix."

„ La conduite de la femme, son avidité, mais surtout son refus de rendre les 15 louis, se répandent dans le public. Des bruits en courent à la honte du Sieur de Goezman. Alors que fait-il? il compose un certificat, tout entier écrit de sa main; il le fait copier, signer par le négociateur, pour attester des offres faites à sa femme & refusées par elle. Muni de cette piece, il dénonce le Sieur de Beaumarchais aux autres juges, ses confreres, comme coupable de séduction; il l'accuse, ainsi que les médiateurs, d'avoir répandu à ce sujet dans le monde *des propos plus ca-*

furdes, à la vérité, qu'offenſans. Voilà ſes termes : ils ſont doux & modeſtes : on auroit eu peine à croire qu'ils fuſſent les avant-coureurs d'un auſſi violent orage."

„ Sur cette dénonciation, plainte de celui qui dans cette époque rempliſſoit les fonctions du miniſtere public, & dès ce moment commence une inſtruction monſtrueuſe, qui ſe termine par le jugement que je défere à votre juſtice."

„ Je ne puis ni ne dois rappeller les épiſodes dont „ cette procédure s'eſt chargée. Il ſuffit de vous di-„ re, Meſſieurs, qu'un réglement à l'extraordinaire „ eſt prononcé, que les recollemens, les confronta-„ tions s'exécutent, que des récuſations ſont propo-„ ſées, que les récuſés reſtent juges, que la plainte „ contre un d'entre eux eſt rejettée ſans forme & ſans „ jugement, & que le ſoir du 26 Février 1774 une „ déciſion ſort d'une ſéance orageuſe de quinze heu-„ res, & vient ſe répandre parmi la foule immenſe, „ qui durant cette nuit ſiniſtre ſe preſſoit ſous les voû-„ tes de la grande ſalle, en faiſant pour votre re-„ tour & pour l'accuſé des vœux qui ſembloient ſe „ confondre. La femme du Sieur de Goezman eſt „ condamnée au blâme, en trois livres d'amende en-„ vers le roi, à la reſtitution par corps des 300 li-„ vres, mais applicables au pain des priſonniers. Le „ Sieur de Beaumarchais eſt condamné aux mêmes „ peines, ſes mémoires à être lacérés & brûlés; avec „ aumône de douze livres, applicable au pain des

„ prisonniers, & défenses aux avocats d'autoriser de „ leur signature de semblables mémoires."

„ Si la flétrissure n'est que dans la déclaration de l'opinion générale, le coup n'a pas porté. L'opinion publique défend, j'oserois dire, venge le Sieur de Beaumarchais de la honte qu'on voulut en vain lui imprimer. Le prince (a), dont le souvenir respectueux & tendre lui fait verser des larmes, daigne opposer son estime au blâme des juges d'alors & trois mois étoient à peine écoulés depuis ce blâme, que le Sieur de Beaumarchais est honoré de la confiance du roi & employé pour son service. Mémorable objet de l'injustice juridique & de la justice nationale, presqu'également accablé de sa douleur, & de l'excès de sa reconnoissance, il a une grande dette à payer au public; il ne seroit pas digne de tant de consolations & d'honneurs, s'il ne consacroit pas les premiers momens de sa liberté à faire effacer le monument qui, tel qu'il soit enfin, repose encore aujourd'hui parmi les dépôts de la cour."

Je n'ai pas trouvé au surplus que dans la discussion des moyens, Me. Target ait mis une grande force de raisonnemens en fait de requête civile. Ils doivent attaquer non-seulement la forme, mais le fonds; ils doivent en quelque sorte fait préjuger celui-ci. Or il n'a nullement justifié son client & du crime d'avoir

a Le prince de Conti.

voulu corrompre son rapporteur par l'entremise de sa femme, & de celui d'avoir diffamé ses parties adverses dans ses mémoires pour se concilier le public par ses sarcasmes & ses satyres. Au surplus, tout cet appareil n'étoit que pour l'extérieur; il n'étoit pas question de convaincre les magistrats, dont la leçon étoit faite, ni même le public aveuglé; ne se déterminant que par ses préventions & les impulsions étrangeres qu'il reçoit.

Aussi Me. Target a fini par cette phrase singuliere.

„Je me borne à ces réflexions, & j'abandonne à l'œil du magistrat qui va porter la parole, la recherche des autres nullités dont la procédure & le jugement sont infectés."

Or ce magistrat étoit précisément la partie adverse, puisque le Sr. de Beaumarchais plaidoit contre le procureur-général.

„ Remplissez donc enfin, Messieurs, a-t-il continué, remplissez l'attente générale, &, j'ose le dire, le vœu qu'en secret vous formez pour la réparation de l'injustice. Saisissez les moyens que la loi vous présente, ou plutôt embrassez le devoir si doux qu'elle vous impose, d'arracher ce monument illégal des fastes de la justice. Absous par le public, il est tems que le Sieur de Beaumarchais soit délivré par la loi elle est passée cette époque de contradictions & d'orages, où le citoyen ne puisoit pas toujours dans les décisions de ses juges la regle de ses propres jugemens, où un homme a pu être frappé sans être déshonoré. L'union est rétablie; la nation possede enfin ses magistrats; les ministres, les dépositaires des loix sont rentrés dans le droit, plus grand & plus flatteur encore, d'être les arbitres des mœurs & les modérateurs des sentimens. C'est au sein de cette concorde heureuse, que sous l'œil du public & des mains de la loi, le Sieur de Beaumarchais va reprendre comme un droit qui lui est propre, ce premier bien de l'homme en société, l'honneur, qu'en attendant le retour de l'ordre il avoit confié comme en dépôt à l'opinion publique."

L'avocat-général Seguier n'a dit qu'un mot pour annoncer qu'il n'avoit vu dans toute la procédure rien qui mît les gens du roi dans le cas de s'opposer à ce que la cour enterrinât la requête civile & les parties fussent mises en tel & semblable état avant le jugement du 26 Février 1774. Sur quoi arrêt conforme.

Cependant je ne cessois de considérer le Sr. de Beaumarchais : il a levé les yeux, il a fait les gestes les plus affectueux de gratitude envers Messieurs; puis il a repris sa figure avantageuse, ses airs de petit-maître; il a fait jouer une superbe bague qu'il portoit au doigt, qu'il avoit cachée jusques-là & qui jettoit des feux prodigieux. Je témoignai ma surprise à un de ses amis d'un diamant, si merveilleux qu'il sembloit ne devoir convenir qu'à la main d'un souverain.

„ Vous avez raison, me répondit-il; ce diamant est évalué 80,000 livres, & ne va point au fils d'un horloger ; mais il excuse cette insolence sur ce que c'est un don de l'Impératrice-reine ; lors de sa mission vers elle (*a*), il refusa toute récompense pécuniaire, à ce qu'il raconte, & S. M. Impériale le gratifia de ce beau présent. Le moyen qu'il le vende & ne s'en pare pas !"

Pendant que j'apprenois cette anecdote, j'entendis des battemens de mains prodigieux, & les partisans que le Sr. de Beaumarchais avoit amenés avec lui, s'acquitterent de leurs fonctions avec tout le zele qu'il leur avoit recommandé. Cet exemple ne manqua pas d'exciter des sots & des badauds, qui reconduisirent cet impudent à son carrosse comme en triomphe.

On dit qu'il n'attendoit que cet événement pour commencer avec éclat ses opérations de banquier de la cour en ce qui concerne le commerce des piastres. On ajoute qu'il se dispose à lever des bureaux, qu'il va prendre un hôtel superbe & monter sa maison sur le pied d'un gros financier. Il est cependant encore dans un état de décret d'ajournement personnel : ce qui entraine toujours une suspension de ses fonctions de Magistrature (*b*), mais ce sont celles dont il s'embarrasse le moins, si peu même que se regardant com-

(*a*) C'est dans ce tems que lui arriva l'aventure romanesque dont ont parlé diverses gazettes sans le nommer, & sous le terme générique, d'un *étranger*.

(*b*) Il est lieutenant-général des bailliage & capitainerie royal des chasses de la varenne du Louvre, &c.

me lavé par cette arrêt provisoire, on croit qu'il ne fera pas juger le fonds.

Tout a été singulier dans cette affaire, mais la plus grande contradiction, la plus frappante, c'est de voir le roi, dans ses lettres patentes de relief de laps de tems, tenir le langage même du parlement, & après avoir qualifié d'*arrêts* ceux rendus par les gens tenant le parlement depuis 1771, adopter la qualification de *jugement* envers l'arrêt rendu contre le Sr. de Beaumarchais, le 26 Février 1774.

Je suis bien fâché, Milord, de finir cette lettre avant d'y joindre les discours que le Sr. de Beaumarchais se proposoit de prononcer devant les magistrats: il ne lui a pas été permis de le faire imprimer: & je ne puis que vous faire part du plaisir qu'il m'a fait à la lecture. J'ai cependant été révolté du passage concernant le prince de Conti, ou plutôt la protection dont il l'honoroit. Il m'a paru si marqué au coin de l'audace & de l'impudence que je l'ai transcrit.

„ *M. de Beaumarchais*, (écrivoit le prince auguste que nous venons tout récemment de perdre) *M. de Beaumarchais est un grand exemple de la justice du public: ce jugement horrible ne lui a pas apporté la plus petite tache; il a été détruit dès les premiers instans par l'opinion générale qu'il a su conquérir.* En cette lettre, Messieurs, cet éloge des François & le mien, je le tiens de celui qui le reçut de Mgr. le prince de Conti; je le possede & le garderai toujours comme le premier monument de mon innocence reconnue, comme un legs mille fois plus précieux à mon cœur que le legs d'argent que mes ennemis ont prétendu faussement que je tenois de ce prince à sa mort. Il avoit pour moi trop de bonté, trop de fierté, pour m'exposer en mourant, par un don quelconque, à la malignité qui me poursuit sans relâche. En cela sa grande ame a deviné la mienne &c... "

Quelle ame qui symphatiseroit à ce point avec celle du Sr. de Beaumarchais! & loin d'être grande, qu'elle seroit méprisable! On sait, sans doute, qu'il y avoit du rapport, de l'intimité, de la familiarité même entre le prince de Conti & lui; mais on sait aussi sur quoi ils étoient fondés; on sait que le rapprochement d'un plébéien de la classe la plus infime avec un personnage aussi élevé, ne peut s'opérer que par le vice & la débauche. Loin donc de le révéler. Il auroit du le taire, sinon pour son honneur, au moins pour la mémoire de son bienfaiteur auguste. Mais il le publie, il s'en prévaut, il se glorifie; & dans quel lieu? devant qui? à quel occasion? Dans le temple de la chaste Thémis, devant les magistrats vengeurs des mœurs, lorsqu'il s'agit de se laver de l'opprobre qu'à versé sur lui un arrêt solemnel: *Proh pudor!* Non, il n'y a qu'un Beaumarchais capable d'employer un pareil tour oratoire! Je crois que mon ame, Milord, devinera la vôtre aisément, en jugeant qu'elle va se soulever d'indignation à ce récit, en apprenant pour quel homme on a renversé les formes, violé les regles, brisé les loix! Votre ame devine aussi ce qui se passe dans la mienne, & avec quels sentimens pour vous je finis cette lettre ; ce qui me dispense d'en dire davantage.

Paris, ce 1 Octobre 1776.

LETTRE LII.

Sur la maladie du contrôleur général. Anecdote à cette occasion.

LE contrôleur-général, Milord, est très malade ; on en désespere même, en ce qu'il y a complication de maux. Il paroît que son ardeur pour le plaisir & sa complaisance trop grande à se rendre aux caresses d'une de ses maîtresses, lorsqu'il étoit encore en convalescence, lui ont procuré une rechûte dont il sera la victime. Déja les concurrens se débattent à Fontainebleau pour avoir sa place, & tandis qu'ils sont aux prises, je vais vous égayer d'une anecdote répandue ici, comme arrivée à M. de Clugny, lorsqu'il étoit Intendant de Bordeaux. Celui qui me l'a confiée m'a détrompé & prétend qu'il faut la mettre sur le compte d'un autre. Quoi qu'il en soit, elle est plaisante, & comme elle n'est point imprimée, je vous l'adresse telle qu'il me l'a communiquée.

„ M. Ro.... d'Or..... intendant de Ch..... est un robin petit maître, très-élégant, très-ambré, mais laid comme une chenille. Il aime passion nément les femmes ; mais comme il ne peut se flatter de les séduire par les charmes de sa figure, il est obligé de les corrompre à force d'or. Cette façon de faire l'amour, peu satisfaisante pour l'amour-propre, est très-commode pour un homme en place. Elle fatigue sa bourse, mais elle économise son tems, chose infiniment plus précieuse. Enfin s'il ne goûte pas la fine fleur du plaisir, il n'en craint pas les épines ; qui l'accompagnent trop souvent. D'ailleurs, celui-ci avoit une maîtresse en titre, une Madame Paf..., femme comme il faut, ayant de l'esprit, des graces, de la dignité, très capable de faire les honneurs de sa maison, de suppléer à Madame l'intendante, qui restoit presque toujours à Paris, ou de partager avec elle les fatigues de la représentation. Elle étoit d'une ressource encore meilleure pour M. d'Or...., elle satisfaisoit à l'extérieur ; elle lui donnoit l'air d'avoir une inclination de cœur, d'être un homme à sentimens, & dès-lors il se livroit avec moins de scrupule aux besoins physiques vers lesquels il n'étoit entraîné que des instans, & par fougue d'un tempérament qui s'amortissoit, hélas ! de jour en jour. Il avoit pour ces affaires secrettes un valet-de-chambre, excellent Proxenete, tel qu'en ont à peu près tous les gens constitués en dignité. Un pareil agent leur est absolument nécessaire, surtout en province. Un évêque, un gouverneur, un intendant, un magistrat, sont obligés, afin de ne pas se compromettre, d'user de la plus grande circonspection, lorsque malheureusement ils deviennent amoureux de femmes qui ne sont pas de leur sphere, ou qui n'ont aucun rapport de société avec eux. C'étoit le cas où se trouvoit M. d'Or....., Pendant les fêtes qu'il avoit données à l'occasion du passage de Madame la Dauphine par la ville; dans ces jours d'ivresse générale où la joie semble rapprocher & confondre tous les rangs, il avoit été frappé d'une grisette qu'il avoit vu danser. Sa figure n'avoit point touché son cœur, mais émut puissamment ses sens. Mlle Paf.., c'est son nom, avoit alors dix-huit ans. C'étoit une grande fille, bien taillée, bien découplée, encore à cet état d'embonpoint dont la fermeté élastique irrite les desirs. Ses yeux amoureux & animés promettoient à coup sûr du retour, & la gaieté qui respiroit sur sa physionnomie ne s'évaporoit pas en ricanemens innocens & niais, elle se manifestoit par ce sourire malicieux & réfléchi d'une Nymphe qui connoît le plaisir, le goûte & s'en occupe. Elle avoit tellement fait tourner la tête à M. l'intendant, que dès la nuit même il auroit voulu l'avoir dans son lit, s'il eût été possible. Il mit à la poursuite de la Demoiselle son limier. Cependant avant que la négociation fût finie, il fut obligé d'aller à Paris, & dans le tourbillon de la capitale il oublia bientôt une passion satisfaite & reproduite cent fois entre les bras de vingt autres beautés. Il revenoit fort tranquille à son intendance, lorsque dans la foule des provinciaux empressés à le voir, Mlle. Paf... se présente à sa vue & rallume tous ses feux. Sur le champ il ordonne à son entremetteur de renouer l'intrigue & d'arranger si bien les choses que sa conquête soit prête à la fin de la tournée. Il alloit ce qu'on appelle tenir le département. Le valet-de-chambre manœuvre en conséquence des ordres de son maître & réussit. Au vrai il n'eut pas de peine : un commissaire départi est un dieu dans la province. La jeune personne reçut avec respect les ordres de celui-ci & se trouva très-honorée de son choix. Elle demeuroit chez une vieille tante : qui faisoit le métier de dévote, faute de mieux ; & qui en changea bientôt dès que l'accasion s'en présenta. Il leurra l'une & l'autre de l'espoir d'une fortune considérable ; il leur fit entendre que Monseigneur (*c*) les meneroit à Paris, les y établiroit : qu'il feroit entrer la niece à l'opéra, soit comme chanteuse, soit comme danseuse, suivant le talent qu'elle auroit, & qu'une fois sur le trottoir, elle pouvoit aller à tout. Il leur cita vingt exemples de filles du pays qui étoient ainsi devenues de grandes Dames. En exaltant l'imagitation de ces femmes par ces exemples sensibles & bien capables d'exciter leur émulation, le Proxenete travailloit pour son propre compte. Il n'avoit pas vu impunément d'aussi près les charmes de Mlle. Paf... il

---

a Les intendans se font appeller Monseigneur, dans les placets qu'on leur présente. Ils ne les répondent pas autrement. Leurs valets & leurs complaisans leur donnent aussi en société ce titre, qui ne leur est dû en aucune façon.

avoit éprouvé de fortes sensations, & il vouloit satisfaire avant que ce morceau friand lui fût inter[illegible] Il fit entendre que leur bonheur dépendoit de lui ; q[illegible] la perspective brillante qu'il leur faisoit envisager s[illegible] vanouiroit comme un songe, si la Nymphe se refusoit ses desirs ; que d'un mot il pouvoit la rendre heure[illegible] ou malheureuse pour toujours. L'alternative ét[illegible] cruelle & vraie, mais une jeune personne qui écou[illegible] te une premiere proposition sur cet article, devie[illegible] rarement difficile à la seconde. Il fallut en pas[illegible] par la condition préliminaire & recevoir les embras[illegible] mens du rustre. Ce n'eût vraisemblablement pas [illegible] le plus mauvais article du traité, si ce malheureux, li[illegible] bertin comme la plupart de ses semblables, n'avo[illegible] rapporté de Paris une maladie honteuse. Il est à pré[illegible] sumer qu'il ignoroit en être atteint lorsqu'il impos[illegible] la loi à la victime. Quoi qu'il en soit, ce mal ef[illegible] frayant fit bientôt les plus horribles ravages dans c[illegible] corps tout neuf. La Dlle ne sut d'abord ce q[illegible] c'étoit : la dévote, plus expérimentée, l'en instruisit elles en firent les reproches les plus amers au valet d[illegible] chambre. Celui-ci ne trouva d'autre maniere de s'y soustraire qu'en s'abstenant de retourner chez elle[illegible] Ainsi par une de ces bisarreries d'événemens que tou[illegible] te la sagesse humaine ne peut prévoir, ce qui devoit assurer les espérances de la niece & de la tante, fu[illegible] précisément ce qui les détruisit & les rendit plus in[illegible] fortunées qu'auparavant. Le scélérat ne voyant aucune possibilité que la Dlle. fût guérie au retour de Mo[illegible] igneur, les abandonna absolument. Il dit à son maître, quand il lui en demanda des nouvelles, que jeune personne étoit un dragon de vertu inabordable, & que la dévote n'avoit écouté aucune proposition ni pour or ni pour argent. L'amour de l'intendant avoit eu le tems de s'évaporer en route ; il e parût pas fort touché des obstacles que lui présen- à son valet, & celui-ci crut en être quitte.

La vengeance d'une femme ne s'assoupit pas aussi aisément que la passion d'un vieillard de trente ans, miné par la débauche & blasé sur le plaisir. D'ailleurs celle-ci étoit trop légitime pour que tout galant homme se refusât à la seconde. Mlle. Pas... avoit un cousin qui travailloit dans les bureaux de M. d'Or.... La tante lui fait part de la catastrophe de sa niece, lui raconte comment les choses se sont passées, & lui demande conseil. Le commis assure que M. l'intendant est très-équitable, très-humain, très-compatissant ; qu'il faut conter en bref le fait dans un placet, le lui présenter, & qu'il aura certainement égard à une situation horrible dont il est la cause involontaire. Il se charge de rédiger le mémoire, & comme il connoissoit les allures de Monseigneur, il leur ménage une entrevue pour le donner à l'insu du Cerbere en question, dont les fonctions étoient de garder la porte du cabinet, & qui avoit intérêt d'en écarter ces femmes. A l'aspect de la nymphe, toute l'ardeur de M. d'Or .... se ralluma. La nature, par un ménagement pour le sexe, bien funeste aux hommes, empêche souvent que le genre de maladie de étoit attaquée la Dlle., altere la figure; quelquefois même elle n'en est que plus fraîche & plus séduisante. Il en étoit ainsi de celle de Mlle. Paf...... la rougeur dont se colora son visage en présentant l'écrit à M. l'intendant, lui parut annoncer une démarche qu'il interpréta favorablement : le silence, l'embarras de la dévote & même du commis, tout lui fait présumer que la niece & la tante honteuses de leur premier refus, venoient se dévouer aux plaisirs de Monseigneur & briguer son esclavage. Presqu'aussi interdit, mais ayant plus d'usage, & d'ailleurs autorisé par l'assurance que lui donne sa dignité & l'idée où il est sur l'objet de cette requête, il la reçoit de la jeune personne, & sans la lire : *Mademoiselle*, lui-dit-il, *il me semble que vous avez quelque chose de particulier à me confier? vous vous développerez peut-être mieux dans un tête-à-tête. Daignez passer dans cet arriere-cabinet. Rassurez-vous, & vous aurez tout le tems de vous expliquer.* Il la prend en même tems par la main, l'introduit dans un boudoir voluptueux, la fait asseoir sur un lit de repos couvert d'un satin noir & se met auprès d'elle. „ De quoi s'agit-il, „ ma belle enfant? — Monseigneur, daignez lire. — „ Je ne perds point à lire des momens aussi précieux; „ votre requête est certainement très-juste: mais, bel „ ange, j'en ai une autre à vous présenter; puisse-t- „ elle avoir un succès aussi favorable que la vôtre! En même tems ce petit-maître entreprenant embrasse

Dlle. qui se récrie & s'écrie : „ Monseigneur, je ne suis pas digne de cette faveur ; lisez avant, je vous le demande en grace. " M. d'Or..... en feu plus en plus, attribue cette résistance à la modestie une fille novice, & ne répond que par une audace nouvelle. Ce combat dura quelque tems. Mlle. Pas... insistant toujours pour que le magistrat lût son mémoire, & celui-ci s'y refusant, & l'assurant que quelque grace qu'elle demandât, elle seroit exaucée, mais qu'il n'avoit alors d'yeux que pour admirer ses charmes, il termina par lui fermer totalement la bouche en collant ses levres sur les siennes, & ses mains libertines s'égarant fort indiscrettement, font oublier à la Dlle. ses maux, pour ne s'occuper que du plaisir que lui procure cet amant très-exercé dans l'art des voluptés, & plus propre à en donner à une femme qu'à en recevoir. Il étoit en jour pour son malheur : il en eut beaucoup avec Mlle. Pas.... & ne s'en apperçut que trop ensuite. Quand cette conversation éloquente & muette fut finie, la Dlle. ne fut plus si curieuse que Monseigneur lût son placet ; elle n'eut rien de plus pressé que de prendre congé, en déclarant qu'elle s'en remettoit à sa justice ; & celui-ci de la conjurer d'être tranquille & de regarder son affaire comme faite. Il corne le mémoire en effet, indice pour le secrétaire d'y avoir égard & de le remettre sous ses yeux. Quelques jours après, M. d'Or.... étant en humeur de travailler, fait appeler son secrétaire pour qu'il lui rende compte des placets à répondre pendant qu'il s'habille Sa pre-re question est de demander des nouvelles de cel Mlle Paf..... A ce mot l'oreille du valet de cha se redresse, le secrétaire se met à rire. „ Je ne „ Monseigneur, répondit-il, si c'est bien-là le „ ment de vous en parler, car il y est question „ *Bernard* (c'étoit le nom du valet-de-chambre) d' „ maniere peu honnête : mais après tout il se j „ fiera sans doute. ---- Oui reprend avec viv „ l'intendant, vous êtes un habile homme, M. B „ nard : je vous donne quinze jours pour une n „ ciation : vous ne faites que de l'eau claire, „ moi, en une demie-heure, je vais au fait. --- „ fait, Monseigneur ! tant pis, continue le se „ taire. Il auroit mieux valu que vous n'eussiez „ été si vite en besogne. ---- Vous avez raison; „ expéditions brusques ne me vont plus ; j'en „ encore tout roué, j'en ai mal aux reins, aux „ aux cuisses; j'ai des ardeurs du diable en urin „ je ne sais ce que c'est que tout cela ! ---- Li „ Monseigneur, vous allez le savoir, car cel „ peut guere s'articuler devant votre grandeur." d'Or ... lit. . . . . Cependant le valet de-cha étoit tremblant comme une feuille. . . . Son ma rejettant le mémoire, le regarde en fureur, le tr comme un gueux, le menace de l'envoyer à Bic Celui-ci reste interdit, reçoit avec humilité toutes imprécations de son maître. Il se rassure cepen & profitant de la liberté que lui donne sa qualité

oxcncte, quand il voit la fureur de M. d'Or....
minuer, il le gourmanda à son tour...... „ Est-ce que vous prétendez, Monseigneur, que je sois de marbre, dans l'emploi que vous me donnez ? ignorez-vous qu'au contraire c'en sont les revenans bons ? J'ai fait mon métier ; le diable s'en est mêlé ; c'est un malheur. Mais vous, si vous faisiez le vôtre, si vous lisiez les mémoires qu'on vous présente, cela ne vous seroit pas arrivé. " Cette postrophe familiere fut un coup de lumiere qui frapa M. d'Or.... Il est spirituel, gai, judicieux & on...., „ Tu as raison, s'écria-t-il, j'ai eu tort : tu me donnes là une excellente leçon dont je profiterai, & qui te mérite ton pardon. Allons, fais venir mon chirurgien : qu'il me guérisse, moi, toi, la Dlle., & la vieille dévote par dessus le marché, & que cette mésaventure demeure ensevelie dans un éternel oubli. " Un secret su de tant de gens n'en est jamais un. L'anecdote a transpiré & peut servir à l'instruction de tous les intendans & autres gens en place, ou dans le cas de recevoir des placets."

Souvenez vous-en, Milord, si vos dignités vous exposoient à de pareilles suppliques. Ce malheur peut arriver en Angleterre comme en France, & dans ce sens M. de Voltaire a pu dire :

Londres fut de tous tems l'Emule de Paris.

Paris, ce 8 Octobre 1776.

LETTRE LIII.

Sur les Enfans-trouvés, l'Hôtel-Dieu, Notre-Dame. Description d'un nouveau mausolée. Epitaphe restituée.

COMME ma mission, Milord, dans ce pays-ci est plus de vous entretenir des hommes que des choses, & moins des institutions ou monumens anciens que des modernes, je ne vous parle de ceux là qu'à mesure que j'y suis invité par les circonstances, & d'ailleurs qu'autant que j'ai quelque anecdote à joindre aux récits de tant d'auteurs qui ont écrit sur les curiosités de cette capitale, ou bien lorsque j'ai à vous communiquer à cet égard des vues de politique, de philosophie, ou des observations critiques & littéraires.

C'est ainsi qu'ayant été depuis peu avec des amateurs visiter le nouveau mausolée, élevé à *Notre-Dame*, au comte d'Harcourt, j'entrerai, avant de vous en rendre compte, dans certains détails relatifs à cette belle & vaste basilique, & je vous dirai d'abord un mot des *Enfans-trouvés* & de l'*Hôtel-Dieu*, deux hôpitaux voisins où j'ai entré en passant.

Les *Enfans trouvés* sont une maison dont le nom indique assez le genre d'hospitalité qu'on y reçoit. Elles sont deux de ce genre à Paris [a], destinées

[a] L'autre est *Saint-Antoine*.

cueillir ces êtres, qui déja malheureux dès leur en-
ée dans le monde, nés de l'amour, seroient bien-
: victimes de la honte ou du désespoir, sans un
ablissement aussi utile & aussi sacré. La maniere
nt ils sont admis, sans titre, sans vérification,
s information, sans aucun renseignement exigé,
uve sans doute bien des crimes. Il en résulte aussi
ue beaucoup d'enfans légitimes, mais à charge à
e famille indigente, sont confondus parmi ceux
ue la loi a marqués d'avance d'un signe de réproba-
on. Entre les peres & meres forcés d'avoir re-
ours à cette ressource toujours affligeante pour leur
ndresse, il en est qui ne perdant pas l'espoir de
eprendre, dans un tems plus prospere, ces dépôts
récieux, mettent à leurs enfans des signes de re-
onnoissances propres à les retrouver. C'est à conser-
er de pareilles marques qu'on n'apporte pas en ce
eu, ce me semble, assez d'exactitude, de soin &
'ordre. Je voudrois aussi que cet Hôpital, rebâti sous
e dernier regne (a), entrepôt, il est vrai seule-
ent, mais toujours rempli de plus en plus, fût
ans un endroit moins resserré, mieux aéré. Imagi-
ez-vous, Milord, qu'il n'y a pas même de jardin:
l auroit fallu le placer sur le bord de la riviere, se-
ours non moins nécessaire à cette maison qu'à une
utre, & surtout l'éloigner de l'Hôtel-Dieu, dont

(a) Par feu M. de Bois-Franc, l'architecte.

l'air pestilentiel infecte sans cesse le premier, souvent du second, le plus fréquent & le plus propre transmettre les vapeurs malignes (*a*).

Ce qui annonce, Milord, combien la corruption des mœurs s'accroît & s'étend dans cette capitale c'est l'augmentation successive de la quantité d'enfans trouvés, à moins qu'on ne veuille l'attribuer à misere; alors il en naîtra la réflexion non moins affligeante, & qui tend indirectement au même résultat, que les sentimens de la nature diminuent & s'éteignent, & qu'on perd avec moins de peine ces deux noms de pere & de mere, si chers & si précieux autrefois.

On ne croiroit pas que depuis quatre ans (*b*) que l'Hôtel-Dieu est brûlé on n'a point encore travaillé à le placer ailleurs, ou même à le rebâtir au même lieu, car malgré toutes les représentations faites à cet égard il paroît qu'on ne songe plus à débarrasser le centre de la capitale de ce repaire de la maladie, de la putridité & de la mort. J'ai vu par mes yeux qu'on n'avoit pas même remédié à l'abus criant qui souleve l'indignation de tout étranger sensible, à cet assemblage barbare, par lequel sept à huit malades de différentes especes sont couchés dans le même lit, face à

échan-

---

a Le vent de Sud & de Sud-Ouest qui regne fréquemment l'hiver & dans les grandes chaleurs de l'été.

b L'incendie est arrivé à la fin de Décembre 1772.

échange continuel de leurs miasmes empoisonnés & ne peuvent recouvrer la santé qu'après avoir épuisé, pour ainsi dire, tous les genres de maux. Aussi est-il calculé qu'il périt dans cet hôpital le sixieme de tous les morts de Paris, & que la mortalité y surpasse du double celle des autres maisons de ce genre, évaluée à un douzieme de malades De-là la répugnance des citoyens pour s'y rendre; ensorte que sur la paroisse la plus nombreuse de cette grande ville, au rapport des curés, il n'y va peut-être pas 200 personnes par an.

On m'a dit que dans les premiers tems de l'incendie, la fermentation étoit grande, pour profiter de ce fatal événement & en tirer un bien, en changeant cet hôpital de place, en le construisant d'une maniere plus convenable à son institution, & en convertissant en un séjour sain, commode & agréable, ce lieu dont l'aspect seul effraye, dont l'air flétrit la santé la plus robuste, & que les indigens, forcés de s'y retirer, regardent moins comme un asyle, que comme un gouffre du trépas où ils vont s'engloutir.

Les faiseurs de spéculations & les architectes s'étoient exercés à l'envie, & dans la multitude de projets présentés, quatre principaux avoient fixé l'attention du conseil.

Le premier étoit de mettre l'Hôtel-Dieu à *l'isle des cignes*. C'étoit l'avis le plus agréable au feu roi (*a*), mais le plus dispendieux par la nécessité de tout créer.

Le second, de le transférer à *l'Ecole-militaire*, & d'envoyer les éleves au château de Vincennes. Celui-ci dès-lors étoit beaucoup moins frayeux & le deviendroit bien moins aujourd'hui qu'il n'y a plus personne en ce lieu : les bâtimens se trouveroient tout faits & n'exigeroient que des distributions différentes.

Suivant le troisieme ; on l'auroit placé aux *Célestins*, dont la dissolution est décidée, & dont le couvent immense, presque hors de Paris, sans être éloigné, à portée de l'eau ; puisqu'il est sur le bord de la riviere, présentoit à moins de frais, sans les inconvéniens des deux autres, infiniment plus d'avantages.

---

a C'est ce qu'on voit dans les nouvelles du tems, sous date du 7 janvier 1773.

„ On a calculé enfin la perte de l'hôtel dieu ; il paroît qu'un
„ cinquieme de sa superficie a été compris dans la conflagra-
„ tion ; & qu'elle a détruit un quart des bâtimens : ce qui fait
„ une réparation à faire d'environ 1,800,000 livres. Les fai-
„ seurs de projets sont fâchés que ce dommage ne soit pas
„ plus considérable, en ce qu'on sera tenté de s'en tenir à
„ une simple restauration en laissant l'hôpital où il est. Le roi
„ s'en est expliqué d'une façon très-modeste à son ordinaire :
„ *pour moi*, a-t-il dit à ses courtisans, en parlant familière-
„ ment de ce malheur : *je voudrois que l'Hôtel-Dieu fût trans-*
„ *féré* à l'Isle des Cignes (lieu situé au-dessus des invalides)
„ *ce seroit mon avis ; mais je gage qu'ils voudront le rétablir au*
„ *même lieu*. C'est avec ce ton de doute & de déférence que
„ S. M. s'exprime toujours, quand elle met en parallele son
„ opinion & celle de son conseil."

Enfin, par le quatrieme, on l'auroit divisé en quatre, & l'on auroit établi un hôpital dans chacun des différens quartiers de Paris On y trouvoit plus de commodités en apparence: il n'eût pas même été difficile d'acheter des maisons vuides & propres à un pareil usage, mais il auroit été d'une dépense habituelle très-grande, à raison des chefs d'administration à établir dans chacun de ces dépôts; ce qui les quadruploit.

Il est arrivé à l'égard de l'Hôtel-Dieu, ce qui arrive toujours dans les décisions prolongées, lorsque ceux dont elles dépendent ne se laissent pas aller à la premiere impulsion de leur zele, on se refroidit, l'intérêt patriotique se perd & l'intérêt personnel, qui n'acquiert que plus d'activité par la résistance, prévaut à la fin.

On regarde comme décidé aujourd'hui de laisser l'Hôtel Dieu où il est, surtout depuis la derniere idée qu'on avoit eue de le transporter aux Invalides, qui n'a pu avoir lieu par le changement même du projet du ministre. On tirera le meilleur parti possible du local actuel pour rendre l'abord de Notre-Dame moins étranglé, & faire un côté de rue parallele à la façade des enfans-trouvés: mais tout le reste subsistera, & surtout les abus, qui ne se déracinent presque jamais. La grande raison, c'est qu'il en coûteroit trop; du moins c'est celle qu'on a apportée un membre de l'académie des sciences (*a*), auteur

(a) M. Le Roy.

d'un ouvrage sur cette matiere (*a*). Il m'en a donné communication & m'a montré ses plans: la funeste catastrophe de 1772 lui en a fourni l'occasion, & à force de réfléchir il a imaginé les moyens de parer à la foule des inconvéniens. Tout y est si bien démontré qu'on n'a pas trouvé d'autre replique à lui faire; & c'est dans le siecle de la philosophie & de l'humanité en France que le ministere déclare implicitement être plus avare d'argent que d'hommes!

Mon humeur a bien plus augmenté, Milord, lorsque je suis entré dans l'église de Paris, & que j'ai vu tout l'argent qu'on y dépense pour sa décoration depuis dix ans. Je ne sais si cette opinion est fort catholique, mais il me semble qu'il vaudroit mieux bâtir des hôpitaux que des églises, procurer aux premiers les secours & les commodités convenables, & ne plus introduire dans les autres le luxe & la somptuosité des temples profanes. Quoi qu'il en soit, ces réflexions passées, je ne pus m'empêcher d'admirer cette superbe basilique, d'une étendue immense & bâtie sur les débris de deux autres (*b*). Elle date de

a *Traité sur la construction des hôpitaux.*

b Voici ce qu'on lit dans les *Essais historiques sur Paris*, de M. de Saint-Foix.

„ La premiere église qui ait été dans Paris, fut bâtie sous le „ regne de l'empereur Valentinien I, vers l'an 375; elle s'ap„ pelloit *Saint Etienne*, & il n'y avoit encore que celle-là „ dans l'enceinte de cette ville en 522, lorsque Childebert

plus de six siecles, & si nous en croyons les historiens, il fallut 200 ans pour la finir. Son architecture gothique est d'un genre de beauté dont n'approchent pas nos édifices modernes. Elle n'a pas, comme Saint-Eustache, la prétention de la hardiesse; elle a moins de délicatesse dans ses piliers & dans son exhaussement. Son mérite, peut-être plus difficile à rencontrer, est d'être parfaitement réguliere & dans les plus exactes proportions. J'ai vu avec peine que les cintres des arcades de la nef étoient cachés par des tableaux de grands maîtres & précieux, mais qui interrompent l'ordre & le coup d'œil de l'ensemble du bâtiment. On m'a dit que je m'accordois en ce point de critique avec tous les gens de l'art, & surtout avec l'homme célebre qui construit aujourd'hui *Sainte Géneviere* (*a*).

J'ai trouvé à redire encore à un autre chose: c'est au mélange bisarre que le portail offre actuellement d'ornemens gothiques & d'ornemens modernes. J'ai été fâché surtout de la mutilation du *jugement dernier* qu'il représentoit, & dont on ne voit plus qu'une partie. La plus digne d'être conservée a été en

„ fils de Clovis, contribua de ses largesses à la faire réparer, à l'orner, à l'agrandir & à y joindre une autre „ Basilique, dédiée à *Notre-Dame*. Ce fut sur les fondemens „ de ces deux églises, & en leur donnant plus d'étendue, que l'on commença vers l'an 1160, sous le regne de *Louis le jeune*, la cathédrale que nous voyons „ aujourd'hui."

a M. Soufiot.

levée. Elle représentoit le Pere Eternel, une balance devant lui, faisant peser les ames. Un Ange d'un côté, & un Diable de l'autre, stipuloient respectivement les intérêts du Paradis & de l'Enfer. Cependant, ce dernier, plus malin, sans qu'on s'en apperçût, faisoit pencher la balance en sa faveur. Ces monumens déposent non seulement de l'état des arts lors de leur formation, mais du génie du siecle où ils ont été enfantés. Ce sont les morceaux historiques les plus sûrs à cet égard & les plus incontestables. Le chanoine qui nous conduisoit, chargé des embellissemens à faire à la métropole (*a*), haussoit les épaules : il me regardoit comme un étranger sans goût, & n'étoit pas homme à sentir ces vues philosophiques. Mais je me moquai bien de lui à mon tour, lorsqu'en entrant dans l'église, je vis à droite ce *Saint-Christophe*, ce géant qui porte sur ses épaules Dieu & le monde représenté par une petite boule, qui n'est pas si grosse que sa tête. Je lui demandai pourquoi l'on n'avoit pas aussi supprimé cette figure, purement profane & calquée sensiblement sur l'Atlas du paganisme? „ Oh! pour celui là, me dit-„ il, il a existé en effet. C'étoit un personnage de „ la Lybie, d'une stature colossale, qu'a respecté „ même notre grand *dénicheur de Saints* (*b*), & sur

---

a M. l'Abbé de Monjoye.

b M. Baillet, auteur des *vies des saints*, qu'il a purgées de fables, de faux miracles & d'histoires supposées.

„ lequel n'a pu mordre sa critique." Un des confreres du chanoine, moins crédule, m'avoua que le chapitre n'avoit osé purger l'église de cette énorme carricature, à la recommandation de M. l'archevêque, dont Saint-Cristophe est le patron (a)

En avançant dans cette vaste basilique, je remarquai qu'elle étoit pavée de marbre, assez vilain, il est vrai. On m'apprit que c'étoit un marbre d'une carriere de France, trouvée en Bourbonnois dans une terre de M. Bertin; que ce ministre desirant le débiter & ne sachant trop comment, avoit imaginé d'engager Louis XV à consacrer une certaine somme pour l'embelissement de Notre Dame, & que sa clause secrette avec le chapitre avoit été qu'on commanceroit par le débarrasser de sa marchandise. Je louai la piété du bon Roi, & admirai le zele industrieux de M. Bertin pour la maison du seigneur & pour ses intérêts.

Enfin nous arrivâmes à l'objet principal de notre curiosité, à la chapelle où est le mausolée que nous

„ a Le *Saint-Christophe*, suivant M. de Saint-Foix, est un „ vœu d'*Antoine des Essarts*; il avoit été arrêté avec son frere Pierre des Essarts, surintendant des finances, qui eut la „ tête tranchée en 1413; il rêva la nuit que S. Christophe „ rompoit les grilles de la fenêtre de sa prison, & l'emportoit dans ses bras: ayant été déclaré innocent quelques „ jours après, il fit travailler à cette statue colossale, devant „ laquelle il est représenté à genoux."

allions voir. C'eſt une comteſſe d'Harcourt qui l'a fait élever. Nouvelle Artémiſe, ne pouvant ſe conſoler de la perte de ſon mari, elle n'a plus d'autre douceur ſur la terre que de s'en occuper. A force de ſe livrer à la mélancolie que lui a cauſé cette perte, elle en eſt tombée dans des vapeurs fortes qui tiennent de bien près à la folie. Elle a toujours conſervé l'appartement de ſon époux, tel qu'il étoit de ſon vivant. Elle a fait faire ſon effigie en relief; il eſt habillé comme en l'état de maladie, il eſt en robe de chambre, aſſis à côté de ſon lit; & la Comteſſe, par un effort d'imagination, ſuppoſant que c'eſt lui-même, paſſe régulierement quelques heures de la journée auprès du défunt, qu'elle croit encore voir préſent, elle converſe avec lui, &, depuis pluſieurs années qu'il eſt mort, ſe nourrit ſans ceſſe de ces noires illuſions. Elle vient en outre tous les jours à une meſſe qu'elle a fondée pour le Comte dans la chapelle où l'on voit ce nouveau chef-d'œuvre de M. Pigal. Elle harceloit ſans ceſſe cet artiſte, & il a été obligé de le placer, quoique non achevé abſolument.

L'idée de ce mauſolée eſt aſſez reſſemblante à la compoſition de celui du maréchal de Saxe : mais indépendamment du reproche qu'on peut faire à l'auteur de s'être pillé lui-même, c'eſt que, ſublime dans le premier cas à l'égard du héros de la France, elle devient déplacée ou triviale relativement à un gerrier très-ordinaire, qui ne s'est signalé, par aucune action d'éclat dans son métier & envers sa patrie.

La figure du comte, personnage principal frappe la premiere : elle est déja à moitié dans le cercueil, qu'un génie en pleurs, caractérisant l'hymen, s'efforce de laisser encore entr'ouvert. La mort cependant montre le sable, & indique qu'il ne peut plus y avoir de délai : la comtesse, de l'angle opposé à cette inexorable divinité, la retarde ; elle est à genoux, elle a l'air suppliant & en pleurs : elle voudroit en vain retarder le moment fatal. Des trophées & des armures au bas du cercueil ornent le devant de ce monument.

On est d'abord choqué de voir la mort, de face ; ce que M. Pigal avoit évité dans son premier chef-d'œuvre, en ne la présentant que par derriere. Il a voulu varier, & offre ainsi un spectacle trop hideux. Au contraire, on est fâché d'être obligé d'aller chercher, pour ainsi dire, le visage de l'Artémise du jour, dont la douleur, vrai sujet du monument, devroit saisir au premier coup d'œil, & exciter l'intérêt du spectateur. Enfin l'*amour conjugal*, qui s'oppose à ce que le cercueil se referme : les prieres, les instances & les larmes de l'héroïne pour fléchir la Déesse du trépas, ne sont qu'une même action modifiée différemment : une abondance stérile reproduisant allégoriquement ce que l'artiste exprime en même tems au naturel sur la figure de la comtesse. Au reste, s'il n'y a pas une grande invention; une véritable chaleur du génie dans le plan de ce morceau ; il m'a paru que l'exécution en étoit très belle, soit pour l'anatomie, savamment traitée, surtout dans le squelette du moribond, soit pour les airs de tête, soit pour les draperies La figure de l'*hymenée* est d'une beauté pudique & austere, bien analogue à cette déité. Comme celle de la comtesse n'est encore que modelée en plâtre, il faut attendre, pour prononcer définitivement sur ce mausolée, qu'elle soit terminée & en marbre.

En revenant de la chapelle d'Harcourt, on me fit voir une épitaphe nouvellement relevée, & servant de pendant à celle du cardinal de Noailles. C'étoit celle de l'abbé de la Porte, chanoine de la même église, celebre par son zele à la servir & par ses bienfaits L'anecdote est originale. Louis XIII, dans une maladie avoit mis son royaume sous la protection de la vierge (*a*), & avoit fait vœu de rétablir le chœur de *Notre-Dame* ; mais, *passato il pericolo, gabbato il santo*, il n'exécuta point ce qu'il avoit promis, & Louis XIV se portant bien, comblé de gloire durant le cours de ses prospérités, ne s'étoit pas piqué de remplir la parole de son pere & l'avoit à coup sûr oubliée, lorsque sur la fin de son regne, l'abbé de la Porte vint le trouver, représenta à S. M. que le vœu de Louis XIII restoit sans exécution. Il im-

---

a En 1638.

puta adroitement cette négligence aux besoins de l'état, & offrit en conséquence de faire les avances nécessaires pour mettre du moins en train ce projet. Le monarque ne se fâcha pas de la hardiesse du chanoine ; il se rendit à ses sollicitations, & trouva bon qu'il répandît au commencement cent mille écus de fonds, rendus depuis à sa famille. Le chapitre avoit intérêt de ne point laisser dans l'oubli un si bel exemple, de rappeller ces faits intéressans, tous détaillés dans l'inscription, & de revivifier en quelque sorte la gloire d'un confrere, pour réchauffer, s'il est possible, la tiédeur des modernes ; car, hélas ! l'égoïsme a gagné jusques dans la maison du seigneur, & éteint presque tout-à-fait la ferveur des lévites.

Heureusement, Milord, la contagion ne me gagne pas, & mon zele à vous servir est toujours aussi ardent.

Le contrôleur général n'est pas mort, mais est de plus en plus sans ressource.

Paris, ce 15 Octobre 1776.

LETTRE LIV.

Procès en séparation entre la Marquise & le Marquis de Mirabeau. Intervention du fils demandant à être relevé de son interdiction.

ENCORE un procès, Milord, même deux. Dussiez-vous me faire le mien, je ne puis me dispenser de vous parler de ces causes trop intéressantes par les personnages, par les faits & par les accessoires. Il s'agit d'abord de la marquise de Mirabeau, qui se plaint que son mari, surnommé par excellence l'*ami des hommes*, ne soit rien moins que celui de ses femmes, en soit, au contraire, le tyran & le bourreau.

Il n'est pas sans doute étonnant de voir à Paris, comme il arrive tous les jours, de jeunes époux, unis seulement par les liens de l'intérêt, par les convenances de leur état, par des vues de fortune & d'ambition, se dégoûter bientôt réciproquement, se reprocher à l'envi d'avoir été trompés, se détester en un mot, en venir au moyen violent d'une séparation en justice; mais qu'un homme mûr, un philosophe, un chef de secte prêchant sans cesse la vertu, l'honneur, l'humanité, la bienfaisance; qu'un dévot, ayant toujours l'écriture sainte à la bouche, ne parlant que d'*enfer* & de *paradis*, force une femme, après 33 ans de mariage, à faire enfin retentir les tribunaux de ses gémissemens, à dévoiler la conduite scandaleuse, dissipatrice, barbare, tyrannique de ce grave personnage; il étoit réservé à la France de présenter une pareille scene, & au marquis de Mirabeau d'en être le héros!

Les reproches que sa femme articule contre lui sont horribles. Elle prétend que ce coryphée des économistes lui a communiqué deux fois une maladie honteuse, qui ne provient pas d'un *produit net* (*a*); qu'il lui a présenté successivement trois objets scandaleux de ses débauches, & l'a forcée de vivre avec eux; que depuis 14 ans il l'a obligée de quitter sa maison, de mener une vie errante & fugitive: qu'il la tient seule au fond du Limousin par lettre de cachet, éloignée de ses proches, sans alimens, sans secours, tandis qu'il jouit paisiblement de 50,000 livres de rentes qu'elle lui a apportées, dont il a cependant dissipé une partie, & dont il veut avoir la faculté de manger le reste.

Tel est le résultat, Milord, de deux mémoires répandus dans Paris en faveur de la marquise de Mirabeau. En les parcourant on juge aisément qu'elle n'a point cherché à séduire le public par le talent de ses défenseurs, ou à le faire rire aux dépens de son mari, quoique la cause prêtât infiniment, soit aux grands mouvemens de l'éloquence, soit à l'art de la

---

a Grand terme, fort usité dans les écrits des économistes.

plus fine ironie, aux sarcasmes, les plus ingénieux. L'un (*a*), signé d'un avocat peu connu (*b*), a moins l'air d'un ouvrage d'orateur que d'une piece d'écriture de praticien. L'autre (*c*), plus sage, plus clair, plus méthodique, mais sans chaleur & sans plaisanterie, est intéressant au fond, quoique peu amusant par la forme. C'est de ce dernier que je vais tirer le développement des griefs de la marquise contre son époux.

L'auteur d'abord suit le précepte d'Horace: *Non fumum ex fulgore.* Il débute ainsi:

„ Ceux qui ne connoissent le marquis de Mirabeau que par le titre qu'il s'est donné d'*ami des hommes*, auront peine à croire qu'il ait pu devenir l'ennemi de sa propre femme. Mais on le sait, la morale d'un auteur dans ses livres n'est pas toujours la regle de sa conduite & de ses actions. Il en coûte à la marquise de Mirabeau d'être forcée de justifier aux yeux du public cette triste vérité. Que n'a-t-elle pas fait pour en dévorer le douloureux sentiment!

Après avoir été persécutée & diffamée par celui qui devoit assurer son bonheur & protéger sa réputation; après avoir gémi pendant quatorze années sous la plus cruelle des oppressions, elle venoit of-

a Il a pour titre, réponse, &c.

b D'un M. de Beauséjour.

c De Me. de la Croix de Frainville.

fit au marquis de Mirabeau le sacrifice de ses justes ressentimens ; elle venoit lui redemander dans sa maison la place qu'il y doit à sa légitime épouse, à la mere de ses enfans. Mais, chassée de cette maison comme une étrangere, méconnue par un mari qui, depuis longtems déja, lui a déclaré qu'il *la repudioit de fait*, il ne lui reste plus d'asyle que dans le sanctuaire de la justice.

Malgré le vœu de son cœur, il faut donc qu'elle y devienne l'accusatrice de son époux : il faut qu'elle s'y dépouille du manteau philosophique, à la faveur duquel il a su masquer aux yeux du public ses iniquités domestiques. Il faut qu'elle y révele la scandaleuse histoire des persécutions dont elle est depuis si longtems la déplorable victime."

Suit l'historique du mariage & de la vie domestique & intérieure de ces deux époux.

„ La marquise de Mirabeau, fille du marquis de Vassan & de la Demoiselle de Saulvebeuf, étoit veuve à l'âge de treize ans, du marquis de Saulvebeuf. Elle n'avoit que dix-sept ans, lorsqu'en 1743 elle épousa le marquis de Mirabeau. Il s'annonçoit dès-lors comme un philosophe appellé pour prêcher le bonheur de l'humanité ; il étoit à croire qu'il auroit le talent de faire celui de sa famille : tout présageoit à sa jeune épouse la plus heureuse des destinées.

Cette douce espérance s'évanouit bientôt. Au lieu d'un époux, elle ne trouva dans le marquis de Mirabeau qu'un maître impérieux & despote, à qui le lien conjugal n'offroit des douceurs que dans l'autorité du mari qu'il exaltoit avec emphase. (*a*) *Une femme*, selon lui, *étoit la premiere servante de son mari*. Les oreilles de la marquise étoient frappées sans cesse de ces mots, *vouloir*, *soumission*, *obéissance*, même dans les circonstances les plus minutieuses.

Ce ton farouche & repoussant n'altéra point dans le cœur de la jeune marquise de Mirabeau les sentimens qui l'attachoient à son époux. Lorsque des voyages qu'il faisoit quelquefois sans elle le déroboient à sa tendresse, tantôt elle pressoit son retour dans des lettres affectueuses, tantôt elle méditoit le projet de suivre ses pas & de le rejoindre: le croira-t-on! le marquis de Mirabeau, insensible à ces témoignages flatteurs de l'amour de son épouse, s'offensoit d'être trop aimé: il ne voyoit dans ce tendre empressement qu'un de *ces travers amoureux qui ne font point du tout honneur aux femmes*; il assuroit à la sienne qu'on se *moquoit de celles qui couroient après leurs maris*, & *qu'on en jugeoit mal*; il lui reprochoit *un attachement turbulent*, *dont elle le faisoit enrager depuis dix ans*; & même dans les premiers mois de son mariage, il répondoit aux expressions de son inquiétude & de sa tendresse, dans ces termes affectueux;

---

a Cette phrase, & toutes celles en caractères italiques par la suite sont tirées des lettres du marquis de Mirabeau à sa femme.

là! eh! je t'en prie, de l'empressement tant qu'il te plaira, mais point de tyrannie & moins encore de questions ..... Une honnête femme qui veut être aimée de son mari, se tient à son ménage tranquille, en voit sortir son mari avec tranquillité & contentement pour son plaisir ou ses affaires & l'y voit rentrer sans rien exiger.

Il s'en falloit beaucoup que cette humeur sauvage du marquis de Mirabeau fût en lui l'effet d'une austérité philosophique ; il ne repoussoit avec tant d'aigreur les empressemens de son épouse, que pour se livrer sans retenue à toute la licence d'un libertinage effréné. Dès 1749 il avoit introduit dans sa maison une Dame Bontems, femme d'un commis, séparée de son mari, sous pretexte de lui donner un asyle. Mais un des billets qu'il écrivoit à cette femme, tomba malheureusement entre les mains de la marquise de Mirabeau, & trahit les motifs secrets de sa bienveillance; il étoit ainsi conçu: *ne vois pas la***, tu deviendrois chaste, ce n'est pas de cela que je veux, il te faut du plaisir sans peur, & de l'amour sans scandale; adieu, mine, je te baise entre les deux orteils.*

La dame Bontems ne suivit qu'imparfaitement ces utiles leçons. Son état devint très-scandaleux, au point que le marquis de Mirabeau la plaça fort à propos dans la maison d'un ami qu'il trompa, en la faisant passer pour une femme de province, que ses affaires amenoient à Paris. Elle y accoucha au mois d'Août 1750 de deux garçons, qui furent baptisés à

St. Nicolas des champs, & quelques jours après elle en fut chassée.

L'intimité du marquis de Mirabeau avec la Bou... tems ne l'empêcha point de prodiguer ses bonnes graces aux femmes employées dans le service de sa maison. Après avoir séduit la fille de son cocher, il l'offrit avec mille écus de rente à qui voudroit l'épouser, & parvint, au moyen de cette riche dot, à se débarrasser de sa grossesse. Eléonore, femme de chambre de la marquise de Mirabeau, ne lui fit point éprouver le même inconvénient; il n'eut pas besoin de la marier, elle resta dans la maison pour y insulter sa maitresse.

Au milieu de ce désordre étrange, la marquise de Mirabeau, toujours idolâtre de son mari, subissoit la peine de cette respectable foiblesse. Onze enfans ont été le fruit de leur union; mais elle s'est vue réduite à déplorer une malheureuse fécondité qui lui faisoit partager les fruits amers de l'incontinence de son époux. Elle n'avance rien ici qui ne soit prouvé par les lettres du marquis de Mirabeau. Il employa longtems des distinctions subtiles pour couvrir la honte de ses égaremens. *Si j'étois criminel*, écrivoit-il en 1752 à la marquise de Mirabeau, *du moins se faudroit il conserver les ressources de la vergogne, puisque je veux m'en cacher, & qu'on en voit tant qui ne se cachent de rien.* Mais lorsqu'une funeste conviction eut enlevé à la marquise de Mirabeau des ressources fragiles, il ne chercha plus à dissimmuler ses torts ; convint ouvertement qu'il *ne méritoit que la confiance.* C'étoit pour l'obtenir sans doute, qu'il vouloit, en servant de médecin à la Dame son épouse, être le réparateur de l'outrage dont il l'avoit flétrie. Elle étoit à la campagne pour le rétablissement de sa santé, *si vous devez y résider quelque tems*, lui écrivoit-il *donnez-moi l'adresse du chirurgien ; je lui manderai les remedes doux que je voudrois qui vous fussent faits, & que vous aviez commencés ici. „ C'est une chose qui „ doit se passer entierement entre nous, & sans laquelle je ne serois pas tranquille.* "Heureuse la marquise de Mirabeau, si au prix de cette injure, elle eût pu ramener son époux dans les bornes de la décence & du devoir !

On présume aisément que cette vie licencieuse du marquis de Mirabeau n'a pas dû se concilier avec l'arrangement de ses affaires. Il ne dotoit pas richement les victimes de sa séduction, il ne prodiguoit pas ses largesses aux compagnes de ses débauches, sans se livrer aux plus énormes dissipations. La marquise de Mirabeau étoit le seul objet de son économie. Depuis 1756, époque du décès du marquis de Vassan, son pere, la jouissance de ses biens étoit un objet de plus de vingt deux mille livres de rente. Avec ce riche patrimoine, elle étoit privée non seulement des dépenses relatives à son rang, mais du plus étroit nécessaire : *vous allez en visite avec des robes sales, vous n'avez pas une dentelle, ni une cornette, ni une manchette ;* c'est ainsi que lui écrivoit la marquise de Vassan. Cette tendre mere ess[illegible] vainement de faire cesser cette indécente parcim[illegible] nie : jamais elle ne put déterminer le marquis [illegible] Mirabeau à accorder à la Dame, son épouse, la d[illegible] position d'une somme annuelle pour son entreti[illegible] Pour qui le marquis de Mirabeau montroit-il d[illegible] une avarice si sordide ? Pour une femme qui, d'ap[illegible] son propre témoignage, n'a jamais eu de fantaisie ni goût des folles dépenses.

Cependant les biens de la marquise de Mirab[illegible] étoient le jouet des dissipations les plus outré[illegible] Comme le patrimoine entier du marquis de Mirab[illegible] est grevé de substitutions, il falloit bien que ce[illegible] de la Dame son épouse lui servît à couvrir l'éno[illegible] mité de ses dépenses. . . . , ... La maquise de Mirabeau se flatta pend[illegible] quelques tems que la douceur & la patience lui r[illegible] meneroient un époux qu'elle chérissoit malgré to[illegible] ses torts. Elle voulut bien se prêter, dans cet espoi[illegible] à tous les égards de complaisance que le marquis d[illegible] Mirabeau ne rougissoit pas d'exiger d'elle, pour l[illegible] indignes rivales dont il remplissoit sa maison. M[illegible] sa facilité ne servit qu'à lui attirer de nouveaux o[illegible] trages. Enhardie par la bassesse de son maître & p[illegible] la foiblesse de sa maîtresse, l'insolente *Eléonor* osa l[illegible] dire un jour : *nous verrons qui sortira la premiere*, [illegible] *de vous ou de moi*. La marquise de Mirabeau cr[illegible] pouvoir demander le congé d'Eléonor. Le marqu[illegible] de Mirabeau répondit à cette demande par une men[illegible] de séparation ; il traça même le projet & le plan cette séparation dans une lettre, qu'il termina par trait insultant : *Caton renvoya sa femme, & quand lui voulut dire les si & les mais, il montra son soulier : il est bien fait, dit-il, & cependant il me blesse ; personne de vous ne sait par où.* . . . . . .

. . . . . Enivré de la réputation d'auteur philosophe qu'il venoit d'acquérir, en publiant un traité la population, il se reposoit sur elle du soin de justifier ses égaremens domestiques. *Au reste*, écrivoit-il à la marquise de Mirabeau, *vous saurez bientôt que mes preuves sont faites en face du public pour le bon cœur*. Dans cette confiance il se crut dispensé de faire les mêmes preuves dans l'intérieur de sa famille : la licence de ses mœurs ne fit que s'accroître, ses discours libres & souvent obscenes ne respectoient pas même les oreilles de ses filles, que leur mere se trouvoit obligée d'écarter ; sa vie dissolue s'entretenoit par les caprices de l'inconstance ; une rivale succédoit à une autre rivale ; sa maison continua enfin d'être le théâtre scandaleux de ses déréglemens, & la marquise de Mirabeau se trouva réduite à l'alternative, ou de demeurer spectatrice complaisante de tant d'outrages, ou d'être renvoyée.

Elle ne put s'habituer à cet excès de turpitude ; elle fut chassée. Sa place étoit déja remplie par une de ces femmes intriguantes, séductrices dangereuses qui n'ayant point assez de vertu pour être meres de famille, ont assez d'adresse & d'impudence pour en usurper les droits. Elle fut chassée ; rien ne put sauver de cet affront ; ni la constance avec laqu elle supportoit depuis longtems l'existence la pl humiliante, ni le titre respectable de mere, ni l'att chement qu'elle conservoit pour un époux ingrat, dont elle venoit de lui donner des preuves éclatan lors de sa détention à Vincennes. On la fit partir nuit, au mois de Janvier 1762, sans hardes, s linge, sans argent. Sa garde-robe ne lui fut e voyée que plus d'une année après.

La marquise de Mirabeau alla chercher dans fond du Limousin un asyle auprès de la marquise Vassan, sa mere. Elle étoit bien éloignée de se cro confinée dans un exil perpétuel. Telle étoit cepend sa destinée."

En voila plus qu'il n'en faut, Milord, pour vo faire connoître la nature de ce procès, le caracte du marquis de Mirabeau, & le genre d'hypocri dont il couvroit sa mauvaise conduite envers sa femm

Dans la suite du mémoire on trouve le détail ses manœuvres pour perpétuer l'éloignement de ce victime de son despotisme. Pour le rendre plus i commode & la mettre hors d'état de se soustraire ses persécutions on voit comment on la sépara de mere, on l'empêcha de la voir, on annulla tout l'e fet de sa tendresse envers cette fille chérie, on pou la cruauté jusques à se servir de son nom pour obt nir une lettre de cachet contre la marquise de Mir beau ; comment celle-ci ne fut soustraite à l'ordre ni qu'en se soumettant rigoureusement à ceux de son mari : comment enfin il manquoit continuellement aux conditions même qu'il avoit prescrites, il usoit envers sa femme d'une lézinerie criante, lorsqu'il portoit dans la fortune de celle-ci la plus horrible dévastation.

Son défenseur termine de la sorte l'énumération effrayante de tant d'injustices, de perfidies, de vexations & d'horreurs.

„ Après des négociations aussi longues qu'infructueuses, la marquise de Mirabeau sentit qu'elle n'avoit point de justice à obtenir d'un homme qui sembloit s'être fait un systême d'être perpétuellement injuste avec elle. Trente années de souffrances, quatorze années d'exil & de persécutions, ne lui donnoient que trop de justes droits à s'affranchir d'un pouvoir tyrannique, en provoquant sa séparation. Mais plus les faits dont elle avoit à se plaindre étoient graves, plus il lui en coûtoit de les dévoiler. Au lieu de se déterminer à un éclat, elle voulut renoncer à tous ses avantages & mettre le marquis de Mirabeau à portée d'effacer ses torts & de réparer ses injustices.

Elle arrive à Paris le 30 Mai 1775 & se présente à sept heures du matin dans la maison de son mari, dans cette maison dont elle étoit bannie depuis tant d'années. La porte s'ouvre ; on lui annonce que le marquis de Mirabeau est chez lui ; elle monte & trouve dans l'antichambre des valets décontenancés qui, pour avoir le tems de prendre les ordres de leur

maître, lui disent que son appartement est au seco
Après qu'elle en est inutilement descendue, le ma
quis de Mirabeau se fait céler; ses laquais sont ch
gés d'interdire à la Dame son épouse l'entrée de l'a
partement, toutes les portes se ferment devant elle
on la retient dans l'antichambre, & c'est-là qu'ente
rée de valets, dont la présence étoit seule une ins
pour elle, elle *prie & requiere*, inutilement, *s*
mari de la recevoir chez lui. Quelle femme a ja
été réduite à ce comble d'humiliation. Et que fai
pendant ce tems le marquis de Mirabeau? A trav
les croisées d'un appartement voisin, ses yeux se r
paissoient avec délices de ce spectacle indécent.

Il n'a plus été possible à la marquise de Mirab
de résister à ce dernier outrage. Elle a rendu
plainte & a réclamé la protection des loix, &c....

Ce qui rend ce Factum plus formidable, Milord
c'est qu'il est appuyé de pieces justificatives, de le
tres & autres écrits qui établissent invinciblement le
caractere impérieux & despotique du marquis de Mi
rabeau, ses *dégoûts* dès l'origine (*a*) pour le té
moignage de tendresse de sa nouvelle épouse, sa vi
dissolue, ses menaces de divorce, sa parcimonie en
vers sa femme, sa vaine gloire qui lui faisoit oubl

re

a Il avoit épousé en 1743 sa femme, & l'on cite des
lettres de 1744, où il annonce déja de l'indifférence &
de l'éloignement.

out ce qu'il lui devoit, lors même qu'il en avoit çu les preuves d'attachement les plus tendres pen ant ſa détention à Vincennes (a); l'expulſion de la arquiſe, la déclaration d'un divorce perpétuel, les tenues qu'il faiſoit encore ſur la modique penſion u'il avoit accordée, ſa cruauté en lui interdiſant us les ſecours néceſſaires à ſa guériſon, en travail nt ſourdement à la ſéparation de ſa mere d'avec elle, n obtenant contre elle un ordre du roi pour la pri er de ſa liberté, & en ne la lui faiſant rendre qu'a ès avoir ſigné un compromis qui la lui fait perdre, n maintenant à force de menaces l'excution de cet cte, en réſiſtant à toutes les ſollicitations de la mar uiſe de Vaſſan pour voir ſa fille, en faiſant inter ire cette mere ſans néceſſité & par les motifs de la upidité la plus avide, en refuſant l'augmentation de enſion qu'il avoit accordée à ſa femme, en la te ant conſtamment éloignée par de nouvelles menaces e l'autorité; enfin en la mépriſant, l'injuriant, la iffamant lui même.

Je détourne, Milord, les regards d'un tableau auſſi effrayant, pour vous égayer par des anecdotes plus plaiſantes ſur ce prétendu philoſophe gonflé d'amour-propre, & dont la vanité eſt portée au plus haut point d'extravagance.

D'abord la marquiſe conteſte à ſon mari ſes pro-

---

a Pour *la théorie de l'impôt*.

ductions (*a*), littéraires s'entend. Elle prétend que *l'ami des hommes* n'est que l'amplification du manuscrit d'un Anglois, décédé il y a quarante ans, sur la population, confié à ce philosophe, & qu'il a commenté à sa maniere & dans son style ; ce qu'il est aisé de distinguer. Quant à *la théorie de l'impôt*, elle confirme le bruit général, qui l'attribue au *maître par excellence*, au feu docteur Quesnay (*b*). Le premier traité avoit paru en 1757, & la sensation qu'il produisit se manifesta par le vœu public qui portoit l'auteur à la place de sous-gouverneur des enfans de France. Il faut voir comment, dans une lettre (*c*) de la même année, il se glorifie de ce bruit. Je vais, Milord, vous transcrire les propres termes de l'original.

„ Je suis l'homme que tout le monde inconnu vient voir par curiosité ; *l'honnête-homme par excellence*. Le bruit est grand qu'on me fait sous-gouverneur des enfans de France. J'ai dit à ceux qui m'en ont parlé, que je ne prendrois pas de *sous*, pas même le poste de *sous*-fermier."

Dans une autre postérieure (*d*), il s'étend encore avec plus de complaisance sur lui-même.

---

a Cette anecdote est tirée de l'écrit de Me. de Beauséjour. Il n'en est pas question dans le second.

b Voyez ma *Lettre sur les Economistes*, en 1775.

c En date du 25 Juin.

d En date du 27 Juin.

„ Au reste vous saurez bientôt que mes preuves sont faites en face du public pour le bon cœur ; & mes engagemens pris à cet égard par un ouvrage qui a un tel succès, que grands & petits se font écrire à ma porte, & que je ne peux paroître en aucun lieu public de crainte de faire foule ; ce n'est qu'un livre qui fait un bruit prodigieux, qui m'attire les hommages, en visite & par écrit, de toute la terre, depuis les rois jusqu'aux goujats, qu'on traduit déja en trois langues. La réputation ne manque pas dans votre famille."

Enfin dans une troisieme (a), il désespere d'avoir l'emploi brillant auquel le portoit toute la France, & il en parle avec une amertume, en traits satyriques, bien propre à marquer son désespoir malgré sa protestation précédente de n'en pas vouloir.

„ Comptez que je ne serai point employé à l'éducation de princes, & cela par mille bonnes raisons. Il est toujours fort agréable que le public ait de lui-même fait ce choix, & avec un acharnement qu'il ne veut point s'en désister, & que les plus raisonnables se contentent de dire, que la chose seroit trop bien pour qu'on la puisse espérer..... Ces pestes de billevesées qui courent la cour, la ville & les provinces, m'attirent des lettres de toutes parts ; puis autant de billets de la ville ; envoi de tous livres & brochu-

a En date du 3 Décembre 1757 & 6 Janvier 1758.

tes nouvelles, avec de grandes phrases pour *l'ami des hommes.*"

Quant au second ouvrage, quoiqu'il lui eût mérité une détention à Vincennes (*a*), il n'en tire que plus de vanité. Ayant, par les sollicitations & importunités de sa femme chez les ministres, recouvré sa liberté à condition d'aller dans sa terre près Nemours, il goûte le doux plaisir de voir que, *non seulement tout Egreville, mais encore tout Nemours étoit en haie double & triple, aux fenêtres sur les ceaux & partout pour le voir passer.* Enfin la Marquise lui ayant obtenu la liberté pour revenir à Paris, il se plaint (*b*) *d'y être arrivé au milieu de trop d'empressement.*

Dans le second mémoire, outre les mêmes citations confirmées, j'en trouve d'autres non moins singulieres, non moins marquées au coin de la plus intolérable présomption. Dès 1752 M. le marquis de Mirabeau écrivoit à sa femme: „ je n'épargnerai (*c*) mes peines ni d'esprit ni de corps, *tant pour le bien de ma famille, que parce que toute la France a pour ainsi dire les yeux sur moi, & qu'il est question de l'alternative de passer ou pour un fol, ou pour un homme à miracles*"…..

„ Dites au curé [*d*] qu'il me prépare une harangue, car je ne vois plus d'habit noir, sans cela …

a En 1761

b Suivant une lettre du 17 Février 1761.

c Par une lettre en date du 23 Août.

d Dans une autre du 17 Septembre de la même année.

„ Je me fais bien plus desotique (a) & plus redoutable que je ne serai jamais, & ce peuple ne demande qu'à être mené; les bourgeois y sont sans nombre, tranquilles, le peuple obéissant, & la totalité respectueuse à l'excès". . . . Enfin il devient protecteur & reçoit des dédicaces.

„ J'espere (b) vous pouvoir faire contresigner celle-ci avec un exemplaire d'un petit livre qui m'a été dédié ; ce n'est pas pour cela que je vous l'envoie, car il y en a assez d'autres, mais c'est parce que celui-là est excellent". . . .

En voilà plus qu'il n'en faut, Milord, sans doute, pour couvrir d'un ridicule indélébile ce chef du parti des économistes, pour exposer ce sage à la dérision des sols. Aussi les mémoires en question sont-ils enlevés avec le plus grand empressement. Il est fâcheux que Me. Linguet se soit trouvé éloigné dans cette circonstance, & n'ait pas pu intervenir dans une cause qui lui auroit fourni une si belle matiere de récriminer, quoique peut-être sa plume forte, énergique & mordante eût-elle moins convenu à sa nature : qu'une plume plus fine, plus légere & plus folâtre.

C'est la défense du fils qui auroit été véritablement de son ressort : qui eût été digne du tonnerre du Pé-

---

a Dans une autre du 24 Septembre 1752.

b Dans une lettre du 14 Novembre 1761.

ricles moderne. En effet, quoi de plus propre à sa fougeuse éloquence que celle d'un infortuné jeune homme, presqu'encore dans l'adolescence (*a*) & dont cinq lettres de cachet, un mariage & une interdiction remplissent déja le tiers de la vie romanesque!

Tel étoit le cannevas intéressant que l'avocat du comte de Mirabeau, d'un fils persécuté par son pere, avoit à remplir, & qui n'exigeoit que de la sensibilité dans l'ame & du pathétique dans le style. Au contraire, on n'y trouve qu'un orateur sans entrailles & sans onction.

Tout ce qu'on peut inférer de son mémoire mal digéré, sans méthode, sans ordre & absolument informe, mais combiné avec les autres pieces (*b*) qui n'ont guere plus de clarté, c'est que ce jeune homme étoit au château de Dijon enfermé par lettre de cachet, sous prétexte de le soustraire aux poursuites de ses créanciers & à un décret de prise de corps decerné contre lui. Il paroîtroit qu'il a trouvé ac-

---

a Le fils de M. de Mirabeau n'a que 27 ans.

b Cet écrit, intitulé : *mémoire à consulter pour M. le comte de Mirabeau interdit, contre Messire Victor de Riquetti, marquis de Mirabeau*, son pere & curateur à son interdiction, & suivi d'une *consultation* du 30 Septembre signée *Beriere*, & d'une autre du 17 du même mois, signée *Grouber de Groubentall*, & accompagnée de pieces justificatives : qui sont une premiere lettre à M. de Malesherbes en date du 27 Février 1776, une seconde Lettre sans date au même & enfin deux mémoires à ce ministre.

jourd'hui le moyen de sortir de sa prison, qu'il écrit d'un lieu secret où il est retiré, & qu'il ne craint ni les griefs articulés par son pere, ni les poursuites de la justice; que les dissipations reprochées à cet enfant ne sont point aussi considérables que les calcule le marquis de Mirabeau; qu'elles font été nécessitées en grande partie par le mariage de son fils, & enfin parce que loin d'avoir liquidé ses dettes, il ne lui paie pas même la pension ordonnée par la sentence d'interdiction, & que, quant au procès-criminel dont est chargé l'interdit, il n'y a été engagé que pour une affaire grave qui intéressoit l'honneur de l'une de ses sœurs & celui de sa famille entiere; qu'il ne lui faudroit que la facilité de comparoir & de se défendre pour confondre ses adversaires. En un mot, le vrai but de cet écrit & autres pieces justificatives est de démasquer encore mieux l'hypocrisie de l'ami des hommes, de mettre au jour son injustice, sa dureté, sa barbarie envers son fils, & de prouver qu'il a d'autant plus de tort de l'accuser d'un dérangement de fortune que lui-même s'est excessivement dérangé, puisqu'il a mangé plus de 500,000 livres de biens substitués, environ 600,000 livres sur ceux de sa femme, & qu'il doit en outre environ autant.

Cette autre partie du voile levé sur la vie privée du marquis de Mirabeau, n'a servi qu'à faire triompher davantage ses ennemis & ses détracteurs. L'indignité de ses procédés envers sa femme étoit en quelque sorte affoiblie par le mélange du ridicule, mais la conduite inhumaine d'un pere envers son fils est bien autrement capable de révolter, de le rendre odieux par le développement de son cœur de bronze que ne peut amollir l'affection la plus douce de la nature. Aussi, je le répete, Milord, c'est une joie universelle chez les ennemis de la philosophie qui, pour avoir démasqué un de ses héros, voudroient faire rejaillir sur elle l'opprobre dont il est couvert. Encore faut-il entendre le marquis de Mirabeau & voir sa défense ; c'est ce que veut l'équité. Nous prononcerons ensuite. Je vous ferai part de son mémoire lorsqu'il paroîtra.

Paris, ce 22 Octobre 1776.

P. S. M. de Clugny vient de mourir, & je vous parlerai incessamment de lui, lorsque son successeur sera nommé.

LETTRE LV.

Sur le court ministere de M. de Clugny, contrôleur général. Sur sa mort. Sur M. Tabourcau & M. Necker.

QUELQUE court qu'ait été le ministere de M. de Clugny, Milord, il sera nécessairement époque par les révolutions qui ont eu lieu durant cet intervalle ;

par des établissemens nouveaux & par un génie fiscal qui a ouvert un libre cours aux concussions, aux vexations, aux déprédations, aux iniquités de toute espece dans les diverses parties des finances, que son prédécesseur avoit voulu arrêter & punir.

D'abord presque toutes les opérations de M. Turgot se sont trouvées anéanties en peu de tems, & il n'en est resté que celles peut-être les plus mal vues & les plus onéreuses, suivant la clameur publique, que je ne fais que recueillir.

On a commencé par les coches & messageries remis sur l'ancien pied. Malgré les circonlocutions du préambule de l'arrêt du conseil (*a*) qui concerne leur nouveau service, on y convient assez clairement qu'on a fait une grande étourderie & une injustice criante en retirant les privileges concédés, & que S. M. veut réparer l'un & l'autre. Mais comme c'est toujours le public dans ce pays-ci qui paye les sottises du ministere, tout ce revirement ne s'opéra qu'avec une augmentation de prix (*b*), pour conserver la forme de courir en poste autant qu'il se pourroit; car on crée en même tems d'autres voitures, ou plutôt on rajeunit & remet sur pied les anciennes, afin de continuer aux voyageurs moins aisés la facilité

a En date du 17 Août 1776.

b Les places se trouvent à-peu-près augmentées d'un quart. De 13 sols par lieue elles sont élevées à 16 sols.

d'aller, & au commerce celle de faire des transports à moindres frais. Du reste, le tout est réuni à la ferme générale des postes (*a*); ce qui est l'inverse du plan de M. Turgot qui vouloit réunir les postes à ses messageries. Mais cette ferme ne régit point par elle-même; elle en a dû faire une sous-ferme aux anciens chefs, qui renonçant à toutes les indemnités ressortissantes de la cessation de leurs baux précédens (*b*), crioient beaucoup après le service auquel on les astreignoit. Il ne sera plus que volontaire, mais on accorde aux Messageries la liberté d'y suppléer par des relais de chevaux (*c*). Du reste, on augmente de deux le nombre des administrateurs des postes (*d*), & leur district sera de veiller plus particulierement à cette autre partie de leur administration.

---

a A commencer du 1 Septembre 1776.

b Article II. „ La sous-ferme des messageries exploitera „ pour son compte tous les objets compris dans la réunion „ au domaine du roi, en vertu du bail qui lui en sera passé „ pour neuf ans & quatre mois par la ferme des postes, en „ renonçant par les anciens sous-fermiers à toutes indemnités ressortissantes de la cessation de leurs baux précédens.

c Article III. „ Lesdits fermiers seront tenus de continuer les établissemens de diligence & poste, même d'en „ former de nouveaux, leur permettant de se servir de chevaux de poste partout où les maitres de poste voudront entreprendre ce service, en leur payant les chevaux à raison de 25 sols par poste."

d De huit ils sont portés à dix.

Ce premier changement est fort blâmé, en ce que toutes les avances faites par le roi (*a*) pour commencer la nouvelle manutention des messageries se trouvent ainsi en pure perte ; & ceux-même qui n'approuvoient pas les innovations de M. Turgot, une fois faites, auroient voulu qu'elles eussent subsisté ; ce qui auroit entraîné beaucoup moins d'inconvéniens & surtout évité les reproches d'instabilité qui ne servent qu'à donner peu de considération à un gouvernement.

Au surplus, il est clair que le bien public est la moindre chose qu'on ait considérée dans cette occurrence. Le feu contrôleur général n'a voulu que reconnoître les bons offices de son ami d'Oigny, auteur de son élévation, & lui procurer un accroissement d'autorité & de fortune considérable. En effet, outre que celui ci sortoit ainsi triomphant des humiliations que lui avoit fait éprouver M. Turgot relativement à cette affaire, c'est que par une collusion honteuse, le ministre, chargé de stipuler les intérêts du roi, les avoit sacrifiés en résiliant l'ancien bail des postes (*b*), sous prétexte de la nouvelle ad.

---

a On évalue jusqu'à dix millions la mise dehors de la part du roi, pour donner à la manutention des coches & messageries la forme imaginée par M. Turgot.

b La durée de ce bail qui devoit expirer au mois de Décembre 1779 seulement, a été abrégée de trois années, &

dition, & en passant un autre qui quoique moins désavantageux que le précédent aux finances, assuroit encore des bénéfices immenses aux intéressés, moyennant de gros pots-de-vin pour lui & pour le surintendant des postes, lequel en percevoit encore des fermiers des coches & messageries, rentrés de leur côté en place à des conditions non moins favorables pour eux, toujours au détriment de S. M.

Quant à la destruction de l'édit éphémere enrégistré au dernier lit de justice concernant les arts & métiers, tout le monde l'avoit prévu : personne ne doutoit que le soulagement prétendu ne devînt bientôt après la disgrace de M. Turgot, une source de vexations & d'impôts mis sur la classe des marchands & artisans. Cela ne pouvoit surtout manquer d'arriver sous un génie aussi fiscal que M. de Clugny. Son premier soin en entrant au ministere avoit été de faire sa cour au parlement, en l'invitant à s'occuper des arrangemens à prendre, par l'entremise de l'avocat général Séguier, qui, dans son discours tenu devant le roi, avoit annoncé dans le tems des vues de réforme & d'amélioration sur cet objet. Peu après, M. le lieutenant-général de police avoit mandé les officiers & syndics de ces corporations ; il leur avoit

---

on lui a substitué un autre bail de neuf ans, à compter du premier Janvier 1777. Le précédent étoit de 7,700,000 livres par an.

notifié l'intention de S. M. de les rétablir, mais moyennant un droit & dans une forme plus convenable; il leur avoit enjoint en conséquence de fournir les mémoires relatifs, non-seulement à leur police & discipline, mais encore aux secours qu'ils pouvoient donner à l'état.

Les subdélégués des intendans dans les provinces avoient été chargés de faire les mêmes demandes dans leurs district respectif, & c'est d'après le résultat de tant d'observations, & surtout d'après les promesses d'acquiescer aux requisitions du gouvernement qu'on a procédé au rétablissement desiré.

Le plus embarrassant étoit de faire le préambule de la loi à promulguer; car ces discours préparatoires sont devenus fort à la mode sous le regne actuel, & M. de Clugny ne se piquoit pas moins que son prédécesseur de prouver qu'il savoit faire de belles phrases. Il s'agissoit surtout de colorer les variations bien promptes du ministere en ce point, encore bien plus essentiel que celui des messageries. Son orateur le fit bien mal-adroitement, puisqu'il disoit que c'étoit d'après l'attention donnée aux mémoires présentés sur cette matiere par les corps & communautés & aux représentations de la cour de parlement, sans se souvenir que le roi précédemment, avant de tenir son lit de justice, avoit donné pour réponse aux mémoires & représentations qu'il avoit tout examiné, tout pesé, prévu tous les inconvéniens. Il se flatta, sans doute, qu'on lui passeroit cette petite école;

& il chercha à détourner les lecteurs par un grand étalage du bien qui alloit résulter du nouvel édit. Voici comme le législateur s'y explique & développe tant d'heureux effets.

„ 1°. On conserve libres, malgré le rétablisse„ment, certains genres de métier ou de commerce, „ qui ne doivent être assujettis à aucuns réglemens „ particuliers. 2°. On réunit les professions qui ont „ de l'analogie entre elles. 3°. On établit à l'avenir „ des regles dans le régime desdits corps & commu„nautés, à la faveur desquelles la discipline inté„rieure & l'autorité domestique des maîtres sur les „ ouvriers seront maintenues. 4°. Le commerce, les „ talens & l'industrie ne seront point privés des „ avantages attachés à cette liberté, qui doit exciter „ l'émulation sans introduire la fraude & la licence. 5°. „ La concurrence établie pour des objets de com„merce, fabrication & façon d'ouvrages produira „ une partie de ces heureux effets. 6°. Le rétablis„sement des corps & communautés fera cesser les „ inconvéniens résultans de la confusion des états. 7°. „ Les professions qu'il sera libre à toutes personnes „ d'exercer indistinctement, contiueront d'être une „ ressource ouverte à la partie la plus indigente du „ peuple. 8°. Les droits & frais pour parvenir à „ la réception dans lesdits corps & communautés, ré„duits à un taux très-modéré & proportionné au „ genre & à l'utilité du commerce & de l'industrie, „ ne seront plus un obstacle pour y être admis,

„ 9°. Les filles & femmes n'en seront pas exclues. 10°. „ Les professions qui ne sont pas incompatibles pourront être cumulées. 11°. Il sera libre aux anciens „ maîtres de payer des droits peu onéreux, au moyen „ desquels leurs anciennes prérogatives leur seront „ rendues. 12°. Ceux qui ne voudront pas les acquitter, n'en jouiront pas moins du droit d'exercer, „ comme avant l'édit, leur commerce ou profession. „ 13°. Les particuliers qui ont été inscrits sur le „ livre de la police, en vertu de l'édit précédent, „ jouiront aussi, moyennant le payement qu'ils feront chaque année d'une somme modique, du bénéfice de cette loi. 14°. La facilité d'entrer dans „ lesdits corps & communautés, les moyens, (qu'on „ ne dit pas) mais que l'amour du roi pour ses sujets, „ & des vues de justice lui inspireront, feront cesser „ l'abus des privileges, &c."

Quoique le parlement fût très-satisfait de voir la cour se rendre à ses remontrances & en adopter les parties essentielles, cependant il conçut bien qu'il résulteroit toujours un très-grand mal de la secousse donnée à l'ancienne constitution de cette partie d'administration intérieure, & que même en y revenant le ministere se ménageoit les moyens d'exercer une rapacité qui, suspendue sous M. Turgot, reprenoit la même activité que sous l'abbé Terrai; il voulut donc faire acte de zele & n'enrégistra (*a*) qu'avec des

---

(*a*) L'édit du roi portant nouvelle création de six corps de

modifications propres à empêcher l'extension des droits qu'on voulut augmenter, & à conserver les privileges de certains lieux, à moins qu'on ne rembourse les propriétaires (a).

„ Sans néanmoins (est-il porté dans l'enrégistre-
„ ment) qu'en conséquence des dispositions de l'arti-
„ cle VI du présent édit, il puisse être exigé aucuns
„ droit additionnels aux sommes fixées par le tarif
„ annexé audit édit : comme aussi à la charge que
„ les dispositions des articles XLVII & XLVIII ne
„ pourront avoir d'exécution, que préalablement la
„ liquidation n'ait été faite & le payement consenti &
„ consommé des indemnités dûes aux seigneurs, dans
„ les justices desquels les maîtrises n'ont point eu
„ lieu jusqu'à présent; & jusqu'à ce que les ouvriers
„ établis dans l'étendue desdites justices continueront
„ d'exercer leur profession, comme par le passé"....

On ne reproche pas moins à cette cour d'avoir, malgré cette sauvegarde, toléré une introduction d'exactions nouvelles, telles que tout l'avantage de ce rétablissement tourne toujours au profit du fisc public; d'avoir souffert que, sous ses yeux, & au mépris de ses réclamations, le gouvernement ne réparât une injustice que par une autre, c'est-à dire, que moyen-

---

marchands & de quarante-quatre communautés d'arts & métiers, en date du mois d'Août 1776, a été enrégistré le 23 du même mois, par le parlement, les chambres assemblées.

a Voyez les lettres précédentes.

tant finance à payer par ceux qui voudront rentrer dans les fonctions & privileges de l'état, dont on les avoit fait déchoir Au surplus, tout cela est si compliqué, si entortillé à dessein, que l'édit volumineux ne s'entend qu'avec la plus attentive & la plus fine discussion.

Ce qu'il y a de plus clair, c'est qu'on y voit éclore trois droits principaux : celui de *confirmation*, celui de *réunion* & celui d'*admission*. Le premier surtout fait crier beaucoup, en ce qu'aucun maître ancien ne pourra jouir de la confraternité, ni participer aux honneurs & grades de sa communauté, sans avoir payé; ce qui le met dans une condition pire que celle où il étoit avant. Le second regarde les maîtres d'une profession à laquelle d'autres auront été jointes & qui voudront les accumuler. Enfin le dernier s'explique par lui-même. Il est question des maîtres qui voudroient être des *six corps* (a) & jouir des prérogatives qu'ils procurent, comme de parvenir à l'échevinage. A l'égard de ceux qui profitant de la liberté introduite par M. Turgot, ont pris un métier ou un commerce, ils sont désormais astreints à financer pour le

---

a Les *six corps* sont 1°. Les drapiers, merciers. 2°. Les épiciers. 3°. Les bonnetiers, pelletiers, chapeliers. 4°. Les orfevres, batteurs d'or, tireurs, d'or. 5°. Les fabriquans d'étoffes & de gazes, tissutiers rubaniers. 6°. Les marchands de vin

conserver. Ces surcharges (sauf cette derniere) ne sont pas forcées, il est vrai, quant à présent; mais on prévoit qu'elles ne tarderont pas à l'être, & seront toujours un germe de secours extraordinaires quand on jugera à propos de les accroître.

L'anéantissement de l'édit sur les *corvées* est ce qui a le plus affligé M. Turgot. Cet ami du peuple en a gémi, plus par humanité que par amour-propre, & en a même, dit on, versé des larmes. C'est celui au reste, qui par sa nature même devoit subsister le moins, puisque les ordres les plus puissans de l'état, le clergé, la noblesse, la magistrature, sur lesquels il pesoit principalement, étoient ligués contre. Il est vrai que ce changement avoit été si mal combiné, si mal secondé, que le ministre se trouvoit dans un embarras extrême pour son exécution; que le mal étoit urgent & le remede difficile, par les contrariétés qu'il éprouvoit : c'est de ce point qu'on fit partir le re[...] dans une déclaration très-accueillie au parlement. Aussi (*a*), comme vous vous l'imaginez bien, & malgré le vœu des gens puissans qui la sollicitoient, le renversement d'une loi si populaire, si bienfaisante, si sage, si équitable, parut tellement odieux & honteux qu'on ne l'offrit que comme une suspension pro-

---

a La déclaration qui *rétablit par provision les corvées*, ou, comme il est dit, l'ancien usage observé pour la réparation des grands chemins, est du 11 Août & a été enrégistrée le 19.

visoire nécessitée par les circonstances, & non comme une destruction totale & absolue. Les paroles du roi sont remarquables.

„ La nécessité de réparer avant l'hyver, les grandes routes de notre royaume, nous a engagé à examiner les moyens d'y pourvoir; & nous avons reconnu qu'il étoit impossible de mettre en usage ceux qui sont ordonnés par notre édit du mois de Février dernier : nous avons cru d'ailleurs devoir donner une attention particuliere aux représentations qui pourroient résulter des dispositions de notredit édit, suivant la réserve que nous en avons faite. La résolution que nous avons prise de faire examiner le tout en notre conseil, ne nous permettant pas, avant le tems destiné aux travaux nécessaires pour les réparations & l'entretien des chemins, de pouvoir prendre un parti définitif sur un objet aussi essentiel au bien général de nos sujets, & considérant d'un autre côté combien il importe que ces réparations & entretiens, négligés & presqu'entierement suspendus depuis près de deux ans, ne souffrent pas un plus long retardement, nous avons jugé plus convenable de rétablir par provision *l'ancien usage observé pour les réparations des grands chemins*. Nous nous y sommes déterminés d'autant plus volontiers, qu'occupés du bonheur de nos peuples, nous nous proposons de porter une attention particuliere à leur procurer

,, des soulagemens réels sur cette partie essentiell
,, du service public. (*a*)"

On n'approuve pas davantage M de Clugny de la création de ses ouvrages, dont deux principaux *la loterie royale de France* & *la caisse d'escompte*.

Par l'arrêt du conseil qui crée la premiere, on supprime (*b*) les loteries de l'école royale militaire, de l'hôtel de ville de Paris, la générale, celle d'association & celles des communautés religieuses & elles se trouvent toutes confondues dans une autre, sous le titre auguste de *lotterie royale de France* (*c*); à l'exception des loteries des enfans trouvés & de piété, mais unies à la regie de la nouvelle. D'abord ce jeu ruineux par lui même est toujours un vice dans un état policé; il est absolument en contradiction avec les ordonnances, arrêts ou réglemens, défendant les jeux de hazard. Il n'étoit que toléré à raison des objets d'utilité pieuse ou patriotique dont il pouvoit être. Mais aujourd'hui, par cette érection infâme l

---

a ,, *A ces causes*, &c. voulons & nous plaît, qu'immédiatement après les recoltes, tous travaux & ouvrages nécessaires pour les réparations & entretiens des grandes routes ,, continuent d'être faits dans les diverses provinces de notre ,, royaume, comme avant notre édit du mois de Février dernier. *Si donnons*, &c."

b A compter des premier & six Août dernier. L'arrêt du conseil est daté du 30 Juin 1776.

c Le premier tirage devoit avoir & a eu lieu le 1 Septembre.

qui s'établit en quelque sorte le chef de tous les tripots de son royaume, leur donne l'exemple d'une abominable cupidité & semble vouloir faire de tous ses sujets autant de dupes. Encore si le but de cette institution eût annoncé, comme celles de cette espece, quelque chose d'honnête & d'avantageux : mais on jugea seulement que ce projet infernal ne tendoit qu'à procurer dans le moment quelqu'argent comptant à toucher, & l'on eut bientôt lieu de n'en plus douter quand on apprit que les fonds destinés à former la caisse servant de gage aux pontes, en cas de chances heureuses de leur part, avoient été enlevés aussitôt que déposés (*a*). Quant aux bénéfices, on ne dit point ce qu'ils deviendront : on ne fixe pas même le sort des régisseurs; on se contente d'enoncer qu'ils auront l'intérêt de leurs fonds d'avance à raison de cinq pour cent ; mais ce sort doit être très-bon, & si bon qu'on a voulu en dérober la connoissance au

(*a*) Chacun des régisseurs de la loterie royale de France, au nombre de douze, a dû déposer 300,000 livres, faisant en tout 3,600 000 livres, qu'a mangé le contrôleur général. Au reste, ces fonds n'ont pas même été faits par les régisseurs, qui ayant exigé des employés en sous-ordre aux recettes des gages proportionnés aux deniers qu'ils manioient, ont payé leur mise avec l'argent de leurs subalternes. On prétend que depuis on a établi deux caisses, afin d'obvier à cet inconvénient : la premiere, pour contenir les fonds des régisseurs ; & la seconde pour recevoir les cautionnemens des employés. Mais si ce ne sont ceux-là, c'est le ministre qui, sans doute, aura mis aussi la main sur ces nouveaux fonds.

public. On ne ſtatue pas davantage ſur le montant des indemnités à donner annuellement à l'école militaire, à la ville & aux autres corps & communautés en faveur deſquels les loteries ſupprimées ou réunies avoient été accordées. Ces diſpoſitions en ſecond ſont voilées myſtérieuſement, d'où l'on conclud par induction du paſſé à l'avenir, que le gain énorme de cette loterie ſera diſſipé en gaſpillages, en penſions mal placées, en profuſions folles à l'égard de gens qui, s'ils étoient honnêtes, rougiroient d'exiſter par un moyen ſi honteux, c'eſt-à-dire aux dépens de tant de malheureux qui vont ſe prendre à l'amorce ſéduiſante qu'on leur offre, & ſe ruiner (*a*). Par une de ces dériſions trop communes dans les préambules modernes, on fait donner au roi pour motif de la nouvelle érection, celui d'empêcher ſes ſujets de porter leurs fonds dans le pays étranger, comme ils l'ont fait juſqu'à préſent, pour y courir les hazards des loteries qui y exiſtent & qui offrent moins d'avanta-

---

a Les nouveaux régiſſeurs de la loterie royale de France, pour inſtruire le public de la nouvelle inſtitution, répandent un proſpectus très ſcientifique concernant leurs calculs, ſurtout les quaternes, les quines, les extraits déterminés & autres chances ajoutées à l'ancienne loterie. Tout cela eſt embrouillé ou ſi ſublime qu'on n'y entend rien. C'eſt un nommé Aubri, le fils d'un ancien traiteur, rue des deux écus, dont la tête eſt parfaitement organiſée pour le calcul, qui s'eſt élevé à ces hautes combinaiſons, mais qui ne s'eſt point aſſez abaiſſé à la portée des ineptes, afin d'en être compris.

que celle-ci. C'est à-peu-près comme si un voleur, détroussant un passant sur un grand chemin, l'assuroit que c'est pour l'empêcher de l'être plus malhonnêtement par ses camarades. Le second motif plus plausible, d'épargner les frais considérables qu'occasionnoit en pure perte la régie des loteries existantes à Paris & dont la multiplicité portoit un préjudiciable aux unes & aux autres, n'étoit encore qu'illusoire. La nouvelle loterie est montée avec un luxe, un faste bien plus dispendieux que les petits frais de manutention particuliere des autres. On l'a placée dans le superbe hôtel de la compagnie des Indes, qu'on a encore embelli pour son installation, & indépendamment des régisseurs & des commis multipliés à grands frais, on a mis à la tête un intendant (*a*), qui, indépendamment de ses gros appointemens, pour son logement seul a coûté 200,000 livres. Enfin on calcule par le dépouillement du mauvais emploi des deniers de la loterie royale de France, qu'il y a sur cet établissement déja près de 1,200,000 livres de pensions & assignations sourdes, outre 800,000 livres de mises dehors en bâtimens & décorations des appartemens des chefs.

La caisse d'escompte présente un véritable objet d'utilité au premier coup d'œil, & c'est sous ce

(*a*) Le Sr. Mesnard de Conichard. Il a, dit-on, 40,000 livres d'appointemens, & l'on parle surtout de son logement, composé de 40 pieces, tant grandes, que petites.

point de vue que l'avoit envisagé M. Turgot, son véritable instituteur. Mais cet établissement, ainsi que je vous l'ai fait voir (*a*), renferme un vice radical, dont rien ne peut le préserver par la nature de l'administration Françoise actuelle ; ce qui devoit empêcher tout ministre honnête & prévoyant de le laisser se former. En effet, ce dépôt de la foi publique ne pouvant reposer que sous la sauvegarde du contrôleur général, doit nécessairement devenir sa proie lorsque la circonstance l'exigera, & la pénurie fréquente du fisc public ne peut en laisser longtems échapper l'occasion, dès qu'il viendra un administrateur peu scrupuleux. Il y a à parier, d'après le caractere & les principes donnés de M. de Clugny, que son intention secrette, en secondant la formation de la caisse d'escompte, étoit de se ménager ainsi une ressource dans un coup de main à la Terrai.

Que n'avoit-on pas à redouter en effet d'un ministre qui, au préjudice de l'intérêt d'une capitale essentielle, la forçoit à renouveller le bail de ses octrois à deux cens mille livres de moins qu'elle n'en trouvoit ! C'est ce qui est arrivé à la ville de Lyon (*b*).

---

a Voyez la lettre XLII, placée à la tête de ce volume.

b Il a paru un mémoire de l'avocat la Croix, où l'on trouve le détail de cette infamie.

Je ne m'appesantirai pas, Milord, sur toutes les infamies particulieres qu'on impute à la mémoire de M. de Clugny ; il faudroit porter le flambeau dans la nuit d'une foule de prévarications & d'iniquités toujours fort difficiles à éclaircir. Ses opérations connues & avouées peuvent induire à croire ce qu'il étoit capable de faire.

Dès son installation à la place de contrôleur-général, vous avez vu (*a*) la mauvaise opinion qu'on avoit de M. de Clugny, qui dans les différentes intendances (*b*) qu'il avoit occupées, en déployant quelque talent, s'étoit fait détester par ses vices.

A St. Domingue, indépendamment des querelles qu'il s'étoit faites avec les divers gouverneurs de cette colonie, & surtout avec le comte d'Estaing, qui l'avoit hautement accusé de concussion, il avoit eu une rixe fort singuliere & fort vive avec un commissaire de la marine sous ses ordres, dans laquelle il s'étoit comporté indignement. On affecta de répandre, lors de son élévation, le mémoire

---

a Dans la lettre XXXVI, vol. III, pag. 272 & suivante.

b M. de Clugny, d'abord conseiller au parlement de Dijon, avoit été nommé successivement intendant de St. Domingue, intendant de la marine à Brest. Il avoit approché du ministere sous le duc de Praslin ; puis disgracié & revenu sur l'eau, il avoit été fait intendant de Bordeaux, où il avoit eu une commission de distinction, dont on l'avoit chargé au préjudice de l'intendant d'Auch, relativement à la maladie épizootique désolant le Béarn.

fait alors contre lui par cet inférieur (a), où la probité de l'intendant étoit attaquée. D'ailleurs ; on lui remarquoit un caractere haut, impérieux, violent, au point qu'il s'étoit compromis jusques à se battre & se colleter avec lui, & avoit ensuite poussé la vengeance & l'abus d'autorité jusqu'à demander la tête du séditieux, comme s'il eût été coupable d'un crime de leze-majesté.

A Brest on avoit fait l'anagramme de son nom de la maniere la plus cruelle & la plus atroce. Son nom de famille étoit *Nuis* : on y avoit trouvé, avec celui *de Clugny ; indignus luce.*

A Bordeaux, il avoit affiché les mœurs les plus dissolues & les plus scandaleuses. Il avoit publiquement pour maîtresses les trois sœurs, & les avoit traînées avec lui à Paris, en prodiguant les graces aux maris.

Pour empêcher que cette conduite ne lui fît tort auprès du monarque austere, il cherchoit à compenser cette cause d'éloignement par un goût plus conforme à celui de S. M. Il avoit fait venir d'Allema-

---

a M. Magny. Sa rixe avec M. de Clugny est du 28 Mai 176. C'étoit M. Bory qui étoit alors gouverneur de Saint-Domingue. Il paroît que ce général, membre du corps de la marine militaire, & conséquemment peu porté pour le corps de l'administration, n'approuva pas toutes les violences de l'intendant, & refusa de se prêter à beaucoup de vexations qu'il desiroit exercer envers son inférieur.

gne, dit-on, deux des plus habiles serruriers, & s'exerçoit à acquérir des talens dans cet art qu'aime le roi, & avec lequel il se délasse des occupations pénibles de la souveraineté, lorsqu'il fut attaqué violemment de la goutte. Il alloit mieux, mais se livrant trop tôt à sa luxure, il est retombé; il s'est mêlé une complication de maux, & après avoir lutté longtems par la vigueur de son tempérament, il est mort le 18 du mois dernier, n'étant regretté que de ses créatures.

La longueur de cette lettre, Milord, & l'heure du courier qui presse, m'obligent d'interrompre & d'en renvoyer la continuation à l'ordinaire prochain.

Paris, ce 4 Novembre 1776.

LETTRE LVI.

Continuation du même sujet.

JE reviens, Milord, sur une des opérations de M. Turgot, la plus mal vue, la plus injuste, sur laquelle son équité ne lui auroit pas permis de laisser plus longtems sa religion surprise lorsqu'elle auroit été instruite, & que M. de Clugny n'a fait que rendre plus criante & plus oppressive.

Dans ma *Lettre sur le lit de justice* (a), je ne vous

a Voyez la XXVIIIe. lettre.

ai que légerement touché l'article de la *suppression des communautés des officiers sur les ports, quais, chantiers, halles & marchés de la ville, fauxbourgs & banlieue de Paris.* Je vous ait fait mention alors de leurs fonctions, comme si nécessaires pour éclairer les vendeurs, que dans le tems d'une premiere suppression [a], le bureau de la ville préposa à leur exercice. Ces officiers fondés sur cette connoissance & sur l'utilité dont ils pouvoient être à l'état, auquel, en 1720, on trouvoit qu'ils avoient fourni plus de 200 millions de secours, tant par la finance de leurs charges, que par leurs augmentations successives, sans y comprendre 103 millions de finances qui rentreroient dans les coffres du roi lors de leur rétablissement, se flattoient qu'on ouvriroit les yeux sur les mémoires particuliers qu'ils présentoient. M. de Clugny avoit paru disposé à écouter leur plaintes & leurs ouvertures : il étoit entré en conférences avec eux, & leurs députés s'étoient avancés jusqu'à une offre de quatre millions à certaines conditions; mais ils reconnurent que cette mansuétude du ministre n'étoit que pour les amuser, tirer de leur bouche les renseignement & instructions dont il avoit besoin, & de ce calme apparent il sortit un arrêt du conseil foudroyant [b] qui jetta la désolation parmi les mal-

---

a Par édit de 1715 & 1719. Ils furent rétablis en 1727 & en 1730.

b En date du 16 Septembre 1776.

heureux réclamans, au nombre de 1,200 Entr'autres dispositions révoltantes qu'il contenoit, on en remarqua une de la plus insigne mauvaise foi.

Il faut savoir que la suppression de ces communautés avoit été ordonnée dès 1759, & qu'en conséquence il avoit été fait une liquidation de la finance de leurs offices, moyennant laquelle elles avoient souffert une réduction considérable par l'assurance d'être remboursées en especes & par leurs mains, & d'en toucher les revenus. Cette réduction se montoit à près d'un tiers de la totalité des charges (*a*), & pour leurs créanciers, à près de la moitié. (*b*) Un édit du mois de Mars 1760 avoit mis le sceau à cet arrangement.

Qu'a fait M. de Clugny? Comme le roi se libéroit gratuitement par cette opération de près de 40 millions, il l'a prise pour base de son arrêt du conseil & remontant ensuite à l'édit de 1720, qui autorisoit les officiers rétablis à remettre au trésor-royal le prix de leurs offices, de la maniere dont ils l'avoient reçu, c'est-à-dire en papier, il ordonne, que le rem-

---

a Ces officiers renonçoient à 14,923,300 livres, sur 46,295,500 livres auxquelles montoit alors la totalité des finances.

b Les 57 millions restans des 103 reçus par le roi, lors du rétablissement de ces officiers, en 1730, appartenoient aux créanciers dont ils avoient été autorisés à emprunter pour fournir leurs finances, & ces créanciers furent réduits par la même opération à 33 millions.

boursement s'effectuera en contrats à quatre pour cent. Enfin il syncope un engagement pris dans une loi solemnelle, il l'adopte pour ce qu'il comporte d'avantageux à S. M. & il fait revivre l'ancienne, abrogée par cette derniere, pour y trouver une forme non moins favorable, mais qui lese absolument ainsi des deux côtés la partie contractante. C'est le partage du lion: à des dispositions dictées par l'équité c'est substituer la loi du plus fort.

Mais qui pouvoit donc motiver une telle iniquité, non seulement envers ces communautés, mais envers le public, exposé par leur anéantissement à toutes les fraudes dans les poids & mesures, que va introduire l'esprit de cupidité & d'astuce des vendeurs? Qui pouvoit faire refuser les sacrifices pécuniaires que leurs députés offroient de faire en leur nom? Le desir de complaire aux fermiers généraux, substitués pour la perception des droits, à la place des supprimés. Vous ne sauriez croire quels égards, quelle vénération il avoit pour les fermiers généraux: au moment de sa mort il les avoit autorisés à compulser leurs registres, à représenter tous les arrêts du conseil rendus sous M. Turgot, prétendus contraires à leurs intérêts, & leur avoit promis de les retirer & de n'en laisser aucun vestige. Dans l'intention de leur être agréable, il avoit renoncé même à cette autorité despotique des contrôleurs généraux, voulu nommer à toutes les places en sous-ordre dépendantes de ces publicains. Et ayant été dans le cas d donner un bon à un receveur général des fermes de Bordeaux, il n'avoit pas voulu le faire sans leur consentement & approbation, & c'étoit peut-être la disposition la plus sage qu'il eût faite, la meilleure maniere de composer la finance de travailleurs & de sujets excellens. Il avoit annoncé qu'il ne vouloit donner aux divers corps qui la composent, aucun membre dont le choix ne fût ratifié librement par celui dans lequel il s'agiroit de l'admettre.

On ne peut pas regarder comme aussi louable, ou plutôt on ne peut regarder que comme infiniment odieux, le zele avec lequel le feu contrôleur général étoit occupé, lorsqu'il tomba malade, à seconder les soixante, pour maintenir & prolonger l'existence d'un de ces tribunaux extrajudiciaires, appellés chambres ardentes, & dont le nom effrayant caractérise trop bien les fonctions monstrueuses.

Il ne sera pas hors de propos, Milord, de faire ici à ce sujet une digression sur les chambres ardentes. On peut les comparer avec beaucoup de vérité à cette invention horrible du fanatisme religieux connue sous le nom d'inquisition. Ce sont des commissions sollicitées par les fermiers généraux, mécontens de ce que les cours de judicature ordinaires ne se prêtoient pas sur leurs plaintes à punir assez rigoureusement les victimes qu'ils traînoient devant elles. Ces tribunaux connoissent des délits relatifs à la contrebande en dernier ressort, ils sont à la disposition entiere de la ferme, puisqu'elle en nomme, soudoye

& destitue les membres à son gré. Indépendamment des appointemens qu'elle leur paie, elle leur accorde des gratifications en raison de leur travail & une part dans les amendes & confiscations qu'ils prononcent contre les malheureux qu'ils condamnent. Ainsi les juges de ces étranges tribunaux sont en même tems parties, au moyen de l'intérêt qu'ils ont à trouver des coupables dont ils puissent partager les dépouilles. Les huissiers, les sergens, les accusateurs & les témoins sont les employés des fermes, soudoyés aussi, encouragés, avancés en proportion de leur activité à chercher & à faire punir des délits.

Quant à la maniere dont ces juges procedent, elle est simple (*a*). Le citoyen arrêté par les employés des fermes est resserré dans un cachot, séparé du reste des vivans, sans appui, sans secours, couché sur la paille & nourri aux dépens de la compagnie qui donne six sols par jour pour chaque personne, sur lesquels les géoliers ou entrepreneurs gagnent bien certainement. Ensorte que ces malheureux n'ont absolument que ce qu'il faut pour les soutenir jusqu'au moment de leur jugement. Ensuite sur la déposition seule de deux employés des fermes, qui, selon la

---

a Tous ces détails sont tirés d'un livre intitulé *sur les finances*; ouvrage posthume de Pierre-André ***, fils d'un bon laboureur, mis au jour par M*** curé de *****.

loi, doivent être crus dans tout ce qu'ils disent, les juges condamnent ce citoyen à une amende, ou aux galeres, ou à la peine de la potence, ou de la roue.

Les fermiers généraux avoient déja fait créer trois de ces tribunaux extrajudiciaires & souverains. Il en existoit à Rheims, à Saumur & à Valence, & ce n'étoit point assez, suivant les traitans, qui en auroient voulu voir partout. Après plusieurs tentatives & affoiblissant par degrés la répugnance des Normands, ils parvinrent à en faire ériger un quatrieme à Caen, d'abord fort précaire, mais qui acquit insensiblement de la consistance, & enfin, graces aux coups d'autorité vigoureux frappés par M. de Clugny, va devenir plus solide & se perpétuer comme les autres. Vous verrez mieux, Milord, dans des instructions mêmes que j'ai recueillies sur les lieux (a), quels moyens insidieux, d'abord, & violens ensuite, on a mis en œuvre pour introduire dans une province conservant encore quelque apparence de liberté, ce monument du despotisme fiscal.

Le même esprit de cupidité & d'intérêt sordide, qui rendoit M. de Clugny si docile aux impulsions des traitans, si dévoué à leur volonté, qui le faisoit s'écarter si étrangement de tous les principes de l'équité naturelle, ne devoit pas le rendre plus délicat sur les moyens d'augmenter les impôts, ne pouvant

---

a Dans trois lettres de Rouen, insérées à la suite de celle-ci, en date des 20, 25 Octobre & 1 Novembre dernier.

en établir de nouveaux & ayant trouvé le roi contraire à la banqueroute générale qu'il avoit proposée. C'est ainsi qu'il se disposoit à forcer la capitation de la maniere la plus vexatoire, & à exécuter le plan d'une assiete plus lucrative. Depuis sa création, cet impôt n'étoit que personnel, il se levoit par ordre de classes sans aucun égard à l'évaluation des revenus. Depuis peu le conseil avoit autorisé les commissaires départis à le fixer relativement aux facultés, à raison du centieme du revenu pour les nobles, & du cinquantieme pour les ennoblis. Cette méthode, déja tentée dans la Généralité de Paris, avoit excité précédemment de si vives réclamations qu'on ne l'avoit pas suivie, ou que du moins beaucoup de gens s'y étoient soustraits. M. de Cugny, plus intrépide, pour rapprocher les revenus de la dépense, toujours excédente, avoit imaginé de mettre en vigueur cette invention bursale, & les plaintes recommençoient; mais plaintes vaines, puisqu'aucune cour n'est autorisée d'en connoître; que les intendans, devant lesquels on est obligé d'aller, étant les promoteurs de ces vexations, se trouvent juges & parties & que le conseil, le tribunal suprême devant lequel les contestations sur cette matiere sont portées, en est l'auteur. On espere que son successeur, plus modéré, abandonnera un projet qui exigeroit au moins une sanction légale.

M. de Clugny s'en étoit passé encore dans un autre genre d'extension de ce même impôt de la capitation; il avoit même, par une ruse assez adroite, associé en quelque sorte Thémis à son brigandage déguisé. Afin de subvenir à la reconstruction & réparation des bâtimens du palais à Paris, incendiés au mois de Janvier de cette année, il avoit, par arrêt du conseil (a), fait ordonner par le roi qu'à compter de 1777 il seroit imposé, conjointement avec la capitation, les six derniers pour livre de principal de cette imposition sur tous les justiciables du ressort du parlement de cette capitale, en fixant cette charge extraordinaire à cinq années seulement.

Quelques zélés de cette compagnie, indignés que sous prétexte d'augmenter la splendeur & le luxe de l'edifice où ils résidoient, on voulut les rendre témoins indifférens & muets d'une concussion semblable, insinuoient de dénoncer l'arrêt du conseil (b) mais les partisans de la cour éluderent cette démarche; ils la représenterent comme purement d'humeur & de tracasserie, vu la modicité de l'impôt & son peu de durée. Pitoyable raisonnement, ménagement dangereux, en ce que c'est surtout à la source qu'il faut s'opposer aux empiétemens de l'autorité; *principiis obsta*: que le silence même, en pareil cas, ne pouvoit qu'encourager par la suite, à étendre & la quotité &

a Du 24 Juillet.

b Il a été dénoncé aussi dans l'assemblée des chambres du 6 Septembre.

la durée de cet impôt, & qu'en en laissant subsister le germe sans réclamation, le parlement auroit mauvaise grace de prétendre arrêter son développement; qu'il s'exposoit à l'alternative cruelle, ou de se voir reprocher par la nation d'avoir prévariqué en acquiesçant à un subside qu'il n'avoit pas le droit de concéder, ou par le souverain, de se porter à une démarche dont par sa conduite précédente il avoit reconnu lui-même la témérité, l'irrégularité, la fausseté.

Tandis que par l'adresse de ses émissaires le contrôleur général enchaînoit ainsi l'activité d'une cour & l'endormoit, pour ainsi parler, il en faisoit gauchir une autre qui, privée du chef (*a*) auteur de son illustration & de sa gloire, commençoit à perdre beaucoup de sa vigueur & de sa consistance. Il faisoit enrégistrer à la cour des aides une déclaration (*b*), séduisante dans son essence, par l'objet d'utilité, d'é-

---

a M. de Malesherbes, ancien premier président de la cour des aides.

b Concernant la répartition de la taille dans la généralité de Paris, donnée à Versailles le 11 Août 1476, & régistrée en la cour des aides, les chambres assemblées, le 23 Août, *à la charge que, conformement à l'enrégistrement de la déclaration du* 13 *Avril* 1761, *les amendes portées par l'article IV de la premiere partie ne pourront être prononcées qu'à la charge de l'appel: à la charge pareillement que les dispositions de l'article V. de la 2de. partie ne pourront être appliquées qu'à ceux qui seront taillables &c.*

quité, par les grandes vues d'administration qu'elle présentoit : du reste, précise, claire, bien articulée & très-propre à faire honneur au rédacteur ; mais funeste dans ses suites, tendant à anéantir peu-à-peu toutes les formes légales & à y substituer les formes irrégulieres, extrajudiciaires ; en un mot à consommer la révolution projettée depuis longtems par le conseil, de se reproduire partout à la place des tribunaux hiérarchiques, de faire exercer les plus belles fonction de l'administration par ses commissaires départis, au lieu des magistrats établis par la loi & le vœu des états, & d'ouvrir par-là la porte à l'arbitraire & au despotisme.

Cette déclaration, concernant la répartition de la taille dans la généralité de Paris, tend à continuer de prendre de loin tous les erremens nécessaires pour former le cadastre dont on parle depuis quinze ans dans ce pays-ci, & qui ne peut se réaliser qu'après une quantité d'opérations, en forme d'essais, réitérées & suivies avec le plus grand soin. Depuis trois ans l'intendant de cette capitale avoit commencé les siennes. Elles avoient souvent donné lieu à des plaintes de la part des contribuables qu'on vexoit & chargeoit de faux frais extraordinairement sous ce pretexte, mais qui, par la suppression de la cour des aides, ne pouvoient se faire entendre & recevoir justice. Pour éviter ces contrariétés, & l'interposition de cette cour, qu'on ne vouloit point irriter, on lui proposa d'enrégistrer cette déclaration qui au torisoit à continuer encore pendant six ans les mêmes procédés & de maniere semblable, afin, est-il dit, dans le préambule de la loi, sur le compte des effets qu'ils auront produit, d'en étendre l'exécution à toutes les provinces du royaume, ou d'y faire les changemens que l'expérience aura fait reconnoître nécessaires.

Pour vous mieux exposer, Milord, le captieux de cette loi, il faut vous en rapporter les dispositions principales.

Elle est divisée en deux parties.

La premiere roule sur la formation des rôles : elle attribue aux commissaires départis, c'est à dire aux intendans ou autres qu'ils auront délégués à cet effet, un pouvoir fort étendu pour faire procéder à ladite formation, sans doute avec toutes les précautions nécessaires pour empêcher la fraude de la part des contribuables; mais on ne voit rien qui contient le despotisme du commissaire, & qui fournisse la maniere de se pourvoir juridiquement contre ses vexations.

La seconde contient les principes de la répartition. Elle est divisée en deux especes; la taille réelle & la taille personnelle. Le titre indique la qualité, c'est-à-dire que la premiere porte sur les biens-fonds & l'autre sur les redevances, rentes, loyers & bénéfices de l'industrie. On ne voit point quelle doit être la quotité relative à la premiere imposition. La seconde paroît évaluée au vingtieme du net des facultés

Qu'arrivera-t-il de tout cela, Milord ? Vous le prévoyez, ainsi que moi. Le cadastre n'est qu'un leurre mis en avant, & qui n'aura jamais lieu ; mais les inquisitions établies par les commissaires aux tailles, c'est ainsi qu'on nomme les suppôts de l'intendant, ne finiront point ; elles mettront ce petit tyran en état de vexer ou de favoriser à son gré en connoissance de cause ceux qu'il voudra, d'autant mieux que la cour des aides s'étant désaisie de la connoissance de la plupart des délits en cette matiere, voudra s'en ressaisir en vain. En un mot, il arrivera de ce systême d'amélioration, comme de tant d'autres proposés en France ; on n'en prendra pas le bien & le mal subsistera.

Du détail très-étendu que je viens de vous donner des opérations de M. de Clugny, vous voyez que son ministere court a été assez plein, & que malgré le dessein formé de le contenir à son avénement au ministere, en rétablissant pour M. de Maurepas la place de chef du conseil des finances (*a*), il ne s'étoit pas mal donné carriere. Aussi, même avant sa maladie, il étoit question de le changer, & S. M. paroissoit décidée à ne le point laisser dans

a On crée ou supprime sans inconvénient cette place. Elle n'avoit pas été occupée depuis le renvoi du duc de Praslin. Celui-ci n'y avoit point brillé ; il ne la possédoit, à proprement parler, qu'honorifiquement, ou plutôt utilement, à raison des 60,000 livres de rentes y annexées.

un poste où il faisoit crier généralement. D'ailleurs la défiance étoit devenue si grande depuis une certaine époque (a) & si universelle, non-seulement du public envers le roi, mais même de particulier à particulier, que le commerce de la banque languissoit dans la plus grande inaction à Paris ; les bourses se resserroient tellement qu'on avoit peine à trouver de l'argent sur le papier des financiers les plus solides. Les effets royaux tomboient avec une précipitation effrayante (b) & tout annonçoit la nécessité de retirer un personnage aussi peu propre à ranimer la confiance dans un tems où, par les bruits de guerre, elle devenoit de plus en plus nécessaire.

Outre ces motifs de disgrace, les payemens alloient très mal. M. de Clugny, dès qu'il étoit entré en place, avoit commencé par diminuer les fonds destinés pour le payement du semestre (c) des rentes sur la ville, & la nouvelle du retranchement sur le *pot au feu* des habitans de Paris, dénomination triviale, mais énergique, avoit transpiré par l'indiscrétion d'un officier préposé au payement (d), & avoit accru les ma-

---

a Depuis le 10 Juillet environ.

b De 25 Septembre les rescriptions étoient venues à 23 pour cent de perte, & les actions de la compagnie des Indes se faisoient à 1,640 livres.

c De Juillet.

d Voici ce qu'on lisoit dans des nouvelles à la main, du 13 Août 1777.

ſéditions contre le contrôleur-général. Il en avoit pensé coûter la liberté à l'auteur du bruit, car M. de Clugny ſavoit employer les lettres de cachet comme un autre, & l'on ſait que c'eſt toujours le reſſort ordinaire des adminiſtrations perverſes & déſaſtreuſes.

Le Sr. Bourdon Deſplanches, ancien premier commis d'un intendant des finances (*a*), ayant autrefois ſpéculé ſur des matieres d'adminiſtration dont il s'occupoit par état, avoit fait un mémoire intitulé: *projet pour la réunion de la poſte aux chevaux avec les meſſageries.* Il l'avoit offert dans le tems au miniſtre des finances, & depuis il avoit voulu le faire valoir, lorſque M. Turgot avoit agréé celui du Sr. Bernard; il venoit de le remettre en avant dans la derniere occaſion des changemens en cette partie. Piqué de voir que dans aucun cas on n'eût eu égard à ſes vues étendues, plus utiles & moins diſpendieu-

---

„ M. le contrôleur général a envoyé chercher le S. Ribouttté contrôleur des rentes de M. Defays: il lui a reproché „ d'avoir dit en plein boulevard que les fonds deſtinés pour „ les fonds de ce ſemeſtre étoient diminués. Cet officier lui a „ répondu qu'il l'avoit dit parce que c'étoit vrai. Le miniſtre „ a prétendu que toutes vérités n'étoient pas bonnes à faire „ connoître; qu'il falloit garder le ſecret ſur ces détails in„ térieurs de l'adminiſtration; que cette indiſcrétion d'un „ membre attaché au fiſc public pouvoit jetter l'allarme parmi „ les rentiers. Il lui a ordonné d'être plus circonſpect, & l'a „ menacé de le faire mettre à la Baſtille s'il récidivoit".

a Mr. l'Anglois, qui ne l'étoit plus.

ses selon lui : il l'avoit fait imprimer furtivement pour rendre juge le public impartial. Mais cette contravention aux réglemens servit de prétexte à sa détention. Il fût arrêté & mis à la Bastille, où on le retint pendant près d'un mois, moins pour son crime, très-léger, que pour son courage à ne point révéler le nom du typhographe audacieux qui l'avoit servi de sa manipulation secrette. Violence infâme & bien digne de ceux qui l'exerçoient. Heureusement, par sa constance, ce captif lassa la vengeance de ses bourreaux, & il sortit avec la satisfaction de n'avoir pas trahi le malheureux dont la fortune, la liberté & l'existence se trouvoient en quelque sorte à sa disposition.

D'après tous ces faits publics & particuliers, Milord, vous pouvez juger de la joie qu'on a reçue d'être délivré de ce fléau, de ce monstre ministériel, très-propre à ramener les calamités encore récentes dont l'abbé Terrai avoit affligé la France. Comme malgré la complication de maux dont il étoit assailli, goute, fievre putride, fievre milliaire, fievre maligne, la vigueur de son tempérament l'a fait lutter longtems, la nation flottoit ainsi entre la crainte & l'espérance. Celle-ci ne prévalut que lorsqu'on sut que le malade l'avoit perdue. Un jour le Sr. de Vaines étant allé le voir lui disoit pour le rassurer sur son état, qu'il dvoit se rappeller l'axiome si connu : *qu'un contrôleur-général ne meurt jamais en place* : *oh ! bien*, répondit-il avec gaieté, *je ferai mentir le proverbe.* Il avoit été frappé surtout de voir M. de Maurepas venir prendre chez lui le porte-feuille. On ne douta plus de sa fin prochaine, & l'on dit *que ce ministre venoit de lui administrer les derniers sacremens.* Ceux-ci ne tarderent pas à lui être apportés réellement, & l'on sait que dans ce pays-ci cette cérémonie, à l'égard des gens en place & surtout peu religieux, ne se pratique que dans les cas extrêmes.

Dès-lors, M. le curé de St. Roch, sa paroisse, comptant sur sa proie, s'occupa à feuilleter ses registres pour se mettre au fait du cérémonial usité à la mort d'un contrôleur-génnéral en exercice: événement dont on n'avoit pas eu d'exemple depuis Colbert (*a*).

Il se manifesta en son hôtel par les clameurs de cinq femmes, qui le remplirent à l'instant de leurs gémissemens. Ces cinq femmes étoient Madame de Clugny, son épouse; Mad. de Clugny, sa belle-sœur & sa maîtresse favorite pour le crédit; Madame Tillorier, en exercice; & ses deux sœurs tour-à-tour la suppléant. Vous pouvez juger quel mauvais effet produisit dans le public, déja bien mal disposé, l'évasion scandaleuse de toutes ces échevelées!

Vu la rareté de l'événement & l'importance du personnage, on s'imaginoit voir quelque chose de

---

a Mort en 1683.

merveilleux à son enterrement, & il s'y étoit rendu un concours de monde prodigieux; mais on n'y a remarqué aucune cérémonie extraordinaire ni même une grande magnificence de cortege, un deuil bien nombreux: on n'y comptoit que quatre fermiers généraux. Ce grand vuide des matadors de la finance a été regardé comme une ingratitude d'autant plus marquée, que personne n'ignoroit la tendre affection que leur portoit le défunt.

On n'a pas manqué de lui faire une épitaphe roulant sur une anecdote de sa maladie. On disoit dans le monde que le délire étant survenu, il parloit souvent de ses projets pour le payement des dettes de l'état: il demandoit au ciel de lui conserver la santé jusques-là; il s'écrioit qu'il mourroit ensuite volontiers. Ces paroles prêtant à une plaisanterie maligne, mais très-fine, on les a tournées ainsi:

Ci gît un contrôleur digne qu'on le pleurât,
Aimant beaucoup la France & point du tout la vie.
Consentant de bon cœur qu'elle lui fût ravie
Lorsqu'il auroit éteint les dettes de l'état.

Du reste, si cet honnête personnage n'a pas travaillé utilement pour l'état, il a assez bien manœuvré pour son propre compte. Pendant cinq mois environ qu'il s'est trouvé à la tête du fisc public, s'il n'a pas acquitté les dettes du roi, il a payé les siennes qui n'étoient pas mal considérables; il a acheté compant une terre magnifique en Normandie (*a*), & il roit fait mieux s'il en avoit eu le loisir.

Cependant, on n'a pas manqué de dire qu'il mouroit pauvre : en conséquence on a réclamé une pension pour Madame de Clugny, ainsi que pour sa famille; & suivant l'usage on a donné 8,000 livres à cette veuve qui en avoit déja quatre, 4,000 livres à son fils & 4.000 livres à sa fille; ce qui fait le total des 20,000 livres, que sous Louis XIV obtenoit seulement un ministre au bout de 30 ou 40 ans de service.

Entre les concurrens qui briguoient en foule la place de contrôleur-général pendant la maladie du défunt, on parloit beaucoup du Sr. Cromot qui, dévoré d'ambition, avoit profité de son ascendant sur l'esprit de *Monsieur*, auquel il avoit l'honneur d'être attaché, (*b*) pour engager cette altesse royale à le porter à cette dignité. Le prince flatté de voir un de ses serviteurs porté à un pareil poste, avoit mis en œuvre tout son crédit auprès de son auguste frere, &, suivant l'impulsion de son confident, il avoit même employé la ruse pour parvenir à ses fins; il avoit donné une fête du meilleur goût & de la plus

---

a La terre de *Benouville*.

b Le Sr. Cromot du Bourg est surintendant des finances, bâtimens, arts & jardins de *Monsieur*.

grande magnificence à leurs majestés (*a*), qui témoignant leur admiration de si belles choses, donneront à *Monsieur* sujet de louer indirectement & sans affectation l'ordonateur, le Sr. Cromot dont il exalta surtout l'intelligence & l'économie (*b*). Malheureusement ce personnage ne réussit pas auprès de la reine, qui le mortifia (*c*), & M. de Maurepas te

a Cette fête a eu lieu à Brunoi, nouvelle acquisition faite par *Monsieur*, le 6 Octobre. Voici comme on l'annonçoit dans des nouvelles à la main dudit jour.

„ Il est question d'une fête magnifique que *Monsieur* doit donner aujourd'hui à Brunoi à la famille royal. Si l'on en croit le bruit public, elle doit coûter énormément, & S. A. royale, malgré son goût pour l'économie, n'épargne rien afin qu'elle puisse plaire à la reine, à qui elle est principalement destinée. On croit qu'il y a beaucoup de politique en cela, & que le Sr. Cromot, le *fac totum* de ce prince, cherche à se distinguer en cette occasion, pour ne pas trouver cette majesté défavorable, pour lui faire connoître son goût & son intelligence pour le plaisir, & réunir son suffrage à celui du roi, afin d'être élevé à la place de contrôleur-général".

b Voici ce qu'on en disoit dans les mêmes nouvelles à la main, sous la date du 9 Octobre.

„ On ne doute plus aujourd'hui du projet de *Monsieur*, & „ son affection à prôner le Sr. Cromot pendant tout le souper, dimanche dernier, jour de la fête qu'il a donnée à Brunoi, l'a manifesté à toute la cour & aux spectateurs. Il a „ exalté à plusieurs reprises l'intelligence, les talens & l'économie de son surintendant des finances ; ensorte que bien „ des gens craignent qu'il ne réussisse, surtout depuis que la „ maladie de M. de Clugny est devenue aussi grave".

c Comme gouverneur du château de Brunoi, le Sr. Cr

voulut pas faire un contrôleur-général, créature d'un si grand prince, & qu'il ne put pas faire expulser à son gré quand il lui déplairoit : il n'étoit donc plus question de lui dans ce moment-ci.

On a choisi M. Taboureau, & afin de vaincre sa résistance, motivée sur ce qu'il n'entendoit rien à la finance, on lui a donné une espece d'adjoint pour cette partie en la personne de M. Necker (a). Il y a beaucoup de choses à dire sur l'un & sur l'autre. Le premier est plus véritablement estimé ; le second a une réputation plus brillante. En général, on regarde déja cette association comme impossible à maintenir, parce que celui là doit ne pas vouloir d'égal & que celui-ci voudra moins encore de supérieur. Du reste, j'attends que j'aie rassemblé tous mes rapports sur eux pour vous en parler davantage.

Paris, ce 11 Novembre 1776.

Extrait d'une Lettre de Rouen, du 10 Octobre.

„ ..... Vraiement vous avez vu que la chambre des comptes, cour des aides & finances de cette vil-

---

not prétendit avoir le droit d'offrir la main à la reine lorsqu'elle descendit de carosse : il se présenta en conséquence, mais S. M. ne voulut pas le faire jouir de cet honneur, & ne prit que la main de son écuyer.

(a) En qualité de conseiller des finances, & de directeur général du trésor-royal, place créée pour lui.

le a fait tout ce qu'elle a pu pour empêcher le réta-blissement à Caen pour juger les contrebandiers, d'u-ne chambre ardente, tribunal illégal & odieux à la nation. En voici l'historique.

„ D'abord sous le feu roi, sous le prétexte d'ar-rêter les fraudes qui se commettoient en Normandie & les renversemens de marchandises prohibées, qui se faisoient le long des côtes, en prenant les précau-tions convenables, afin de réprimer des excès aussi dangereux pour le bon ordre, que contraires au bien du commerce du royaume & à la perception des droits des fermes, il avoit été rendu des lettres patentes en date du 8 Janvier 1767, ordonnant que les géné-ralités de Rouen, Caen & Alençon seroient pendant l'espace de deux années ajoutées aux provinces com-posant déja le ressort de la commission établie à Rheims par les lettres patentes du 21 Novembre 1765. Après des débats l'enrégistrement passa ici le 13 Avril, vu le peu de durée que devoit avoir l'ex-tension annoncée, & cette soustraction de jurisdic-tion au vrai tribunal. Premiere faute.

„ Le ministre s'enhardissant, prétendit que l'ex-périence avoit fait connoître que ce terme ne suffisoit pas pour rétablir l'ordre & pour terminer tous les procès entamés; qu'il étoit nécessaire, pour remplir l'objet de la commission, d'établir, à compter du jour où elle devoit expirer, une nouvelle commis-sion en la ville de Caen, c'est-à-dire, sous les yeux

& dans le ressort même de la chambre des comptes & cour des aides de Rouen. Pour mieux amadouer cette cour, il étoit dit qu'on y appelleroit des officiers tirés de cette compagnie. Cet établissement fut formé par lettres patentes du 9 Octobre 1768. Le feu roi y fait connoître d'une maniere particuliere ses intentions sur la compétence de ce tribunal, & il en fixe la durée à six années, à compter du jour de l'expiration de la commission en 1767, c'est-à-dire, du 13 Avril 1769 au 13 Avril 1775. Cette innovation, au moyen du leurre énoncé ci-dessus, passa : double, triple & quadruple faute.

„ La suppression de la cour des comptes, aides & finances de Normandie, arrivée dans l'intervalle des deux époques, entraînant la destruction de la commission, elle fut remplacée par une autre établie en vertu d'un simple arrêt du conseil, datée du 21 Décembre 1771 : le terme en étant expiré, il a été question de le renouveller, & pour rendre la cour, citée ci-dessus, plus favorable à cette continuation, de la composer de nouveau de membres pris entre les siens. C'est ce qui a donné lieu à de nouvelles lettres patentes, données à Versailles, le 26 Décembre 1775 ; &, qui le croiroit ? visées par M. Turgot! Elles seront la matiere d'une seconde lettre."

Extrait d'une Lettre de Rouen, du 25 Octobre.

" . . . . . Les lettres patentes du 26 Décembre, rétablissent dans la ville de Caen une commission semblable à la précédente, pour instruire & juger pendant six ans les procès des contrebandiers, faux-sauniers & autres, dans le ressort assigné, & conformément aux regles établies sur cette maniere. Elles ordonnent en outre, *que toutes les procédures commencées devant la commission établie en 1771, en vertu de commissions émanées de l'autorité du roi, soient suivies par la commission formée par les présentes sur les derniers erremens*..... Cet article étoit la plus grande pierre d'achoppement, puisqu'il obligeoit la cour de reconnoître un tribunal doublement illégal, & par sa nature & par ses membres, d'en approuver les actes & de les prendre pour base de ses jugemens. En conséquence, remontrances vigoureuses, sur lesquelles sont intervenues des lettres de jussion, en date du 4 Avril, en vertu desquelles a suivi l'enrégistrement du très-exprès commandement du roi, avec les modifications suivantes.

„ 1°. Sans néanmoins aucune approbation de la prorogation, substitution & extension de compétence de la précédente commission postérieurement au 4 Octobre 1771, & sans que l'énonciation de l'arrêt du conseil du 22 Décembre audit an, puisse tirer à conséquence ou suppléer en défaut d'enrégistrement des lettres patentes sur icelui.

„ 2°. A la charge que les commiſſaires qui ſeront nommés par ledit ſeigneur roi ne pourront exercer aucunes fonctions avant la vérification en la cour des lettres patentes qui les commettront.

„ 3°. Que l'article ſecond & autres ne pourront préjudicier aux droits appartenans au procureur-général du roi.

„ 4°. Que leſdits commiſſaires ne pourront accepter aucune autre commiſſion concernant la juriſdiction de la cour & des tribunaux y reſſortiſſans, que par lettres patentes duement enrégiſtrées en la cour.

„ 5°. Qu'ils ſeront tenus, en ce qui concernera leurs fonctions, de n'avoir égard à aucuns réglemens faits ou à faire, qu'autant qu'ils ſeront duement vérifiés en la cour.

„ 6°. Qu'ils ſeront tenus de choiſir par préférence, parmi les officiers des tribunaux reſſortiſſans en la cour, les gradués qu'ils appelleront pour juger avec eux, & de les choiſir auſſi par préférence, quoique non gradués, pour remplir les ſubdélégations qui ſeront établies par ladite commiſſion.

„ 7°. A quoi ſera pareillement tenu le miniſtere public à l'égard des ſubſtituts auxdites ſubdélégations.

„ 8°. Que ladite commiſſion ne pourra connoître ni évoquer les cauſes criminelles qui auront été précédemment inſtruites & jugées dans les ſieges reſſortiſſans & la cour à laquelle elles ſeront renvoyées.

„ 9°. Qu'elle ne pourra non plus connoître en aucun cas, des délits de contrebande, ſoit avec attroupement, rébellion ou à main armée, qui pourront être commis dans l'étendue de la ville & fauxbourgs de Rouen.

„ 10°. Que les domiciliés ne pourront être traduits en ladite commission, ni réputés vraiement complices, que dans les cas où ils seroient prévenus, soit d'avoir participé par leur propre violence aux versemens de contrebande à main armée, soit en tenant des magasins de marchandises prohibées, provenant desdits versemens, d'en avoir excité l'introduction à main armée; que lesdits domiciliés auront la faculté de se pourvoir aux élections, & par appel en la cour pour leurs intérêts civils, dans le cas où ils auroient obtenu leur entiere décharge en la commission, sans y avoir formé la demande.

„ 11°. Qu'aucunes autres personnes que les vagabonds, gens sans aveu, & autres, qui auront été condamnés à des peines afflictives ou infamantes pour crimes & autres délits de même nature que ceux dont la compétence est attribuée auxdits commissaires, par les lettres patentes des 21 Novembre 1765, 8 Janvier 1767 & 9 Octobre 1768 & les présentes, ne pourront être traduits en ladite commission, sous prétexte de récidive, ni jugés comme récidiveurs.

„ 12°. Que lesdits commissaires & gradués n'auront, en fait de récidive, aucun égard aux jugemens de la précédente commission, postérieurs au 4 Octobre 1771 & même au 13 Avril 1775, époque de cessation d'icelle, énoncée aux lettres patentes de rétablissement ; qu'il ne leur soit apparu des lettres patentes de validation d'iceux, vérifiées en la cour.

„ 13°. Que celui qui fera les fonctions de substitut du procureur-général près de ladite commission, sera tenu d'entretenir une correspondance exacte avec ledit procureur-général sur les opérations de la commission, & de lui adresser copie des procès-verbaux, plaintes ou assignations introductives de chaque instruction dans le délai de trois jours depuis la premiere communication à lui faite : & qu'en cas de conflit, les mémoires de la part de ladite commission seront communiqués à la cour avant d'être adressés au conseil, sans entendre ni retarder l'envoi ; que le greffier de ladite commission sera pareillement tenu d'envoyer tous les six mois un extrait du registre du dépôt, signé de lui, dans lequel sera inséré une copie en entier des jugemens en dernier ressort, & la prononciation d'iceux.

„ 14°. Que l'adjudicataire des fermes sera civilement responsable des faits de ses commis & des intérêts des parties, même dans les procès où il n'auroit été partie civile, lorsque le ministere public agira en conséquence d'un procès-verbal déposé au greffe de la commission.

„ 15°. Enfin que ladite commission finira au premier Octobre 1780.

„ 16°. Et que, lors de la cessation d'icelle, les

minutes des jugemens & procédures, ensemble les prisonniers, si aucuns y a, seront remis en la puissance des conseillers & autres officiers de la cour, qui seront par elle commis a l'effet d'en ordonner & exécuter le transport, où, & ainsi qu'il appartiendra.

„ 17°. Se réservant cependant ladite cour de supplier très-humblement S. M. en toutes circonstances, d'abréger la durée de ladite commission & de restreindre sa compétence sur les bâtimens trouvés au large & le long des côtes, seulement à ceux qui seroient trouvés faisant le versement de sel ou de tabac, ou qui feroient rébellion aux employés des fermes lors de leurs visites.

„ Ces modifications irritantes ne plurent pas à la cour, & je me réserve à vous rendre compte de ce qui en a résulté dans une troisieme lettre."

Extrait d'une Lettre de Rouen, du 4 Novembre 1776.

„ . . . . La cour fut piquée de voir que celle des comptes, aides & finances de Normandie, en enrégistrant les lettres patentes en question, en eût en quelque sorte annullé l'effet par ses modifications; les fermiers-généraux jettent les hauts-cris & quoiqu'il soit presque sans exemple de voir casser un arrêt d'enrégistrement, ils eurent assez de crédit auprès du nouveau contrôleur-général Clugny, qui leur étoit tout dévoué, pour en faire rendre un au conseil sur son visa, le 31 Mai, où sous prétexte que cette cour a inséré dans son arrêt d'enrégistrement, de nombreuses modifications attentatoires à l'autorité de Sa Majesté, contraires au bien de son service & excédant les pouvoirs qu'elle a daigné lui confier, elle juge de sa sagesse de ne pas laisser subsister de semblables dispositions. En conséquence casse & annulle son arrêt relativement aux modifications 5, 6, 7, 8, 9, 10, 11, 12, 13, 14, 16 & 17; fait défenses à ladite cour de prétendre sur la commission établie à Caen, aucune jurisdiction, correction ou discipline que S. M. réserve à soi & à son conseil.

„ Cet arrêt fut envoyé revêtu de lettres patentes, & la Cour ayant fait difficulté de les enrégistrer & arrêté des remontrances sur icelles, il fut expédié de nouvelles lettres de jussion, où S. M. dit qu'elle a reconnu que dans le nombre des modifications proscrites, il s'en trouvoit plusieurs absolument nouvelles, & qui n'ayant été insérés dans aucun enrégistrement précédent, ne pouvoient être présumées approuvées par elle; que les unes tendoient à changer & altérer les dispositions essentielles de ses lettres patentes, sous le prétexte d'interpréter des modifications insérées dans des enrégistremens différens; que d'autres excédoient les bornes du pouvoir confié à cette cour & étoient contraires au bien de son service qu'il lui a paru que les motifs contenus dans les remontrances qu'elle lui a présentées n'étoient pas suffisans pour le déterminer à laisser subsister ces modifications & que son service exigeoit qu'il fût procédé sans delai à l'entégistrement en souffrance, il envoya des lettres de jussion, &c.

„ Le 6 Août dernier, la cour, les bureaux assemblés en celui des comptes, vu les arrêts du conseil & lettres patentes sur icelui, l'arrêté de ladite cour du 26 Juin suivant, portant qu'il sera fait audit seigneur roi, de très-humbles & très respectueuses remontrances, dont les objets auroient été déterminés ès séances des 12, 14, 15, 18, 22 & susdit jour 26 Juin, lettres de finale, de jussion, &c. du très exprès commandement du roi, & uniquement pour donner audit seigneur roi, des marques de son obéissance, a entégistré, avec une nouvelle tournure & modification, à la charge que ..... que ..... se réservant ladite cour d'adresser incessamment audit seigneur roi les remontrances dont elle a arrêté les objets le 26 Juin dernier.

„ Les fermiers généraux n'étant pas encore contens de ces restrictions, eurent le crédit d'abord de *faire rendre des lettres* de prorogation en date du 15 Août, où S. M. dit que le rétablissement de la commission de Caen étant nécessaire au bien de son service, & jugeant à propos de faire connoître à sa cour ses dernieres intentions, elle a prorogé les tenues des séances ordinaires jusques après l'entégistrement de nouvelles lettres patentes.

„ Enfin il intervint des lettres patentes sur les

points de discipline à régler, en date du 21 Août, où S. M. dit que par le compte qu'elle s'est fait rendre de l'arrêt d'enrégistrement du 6 Août, elle a reconnu qu'en rappellant des modifications précédemment insérées, il s'en est trouvé surchargé en si grand nombre qu'il en pourroit résulter de la confusion dans l'exécution de ses volontés, & une incertitude préjudiciable au bien de son service, si elle ne prenoit soin d'expliquer ses intentions à cet égard. Ces lettres patentes ont été enrégistrées le 31 Août, encore à la charge que, &c. . . . . Nouvelle matiere de contestation avec la cour."

LETTRE LVII.

Le monarque accompli, ou prodiges de bonté, de savoir & de sagesse, qui sont l'éloge de S. M. Impériale Joseph II. & qui rendent cet auguste monarque si précieux à l'humanité, discutés au tribunal de la raison & de l'équité; par M. de Lanjuinais, principal du college de Moudon. Avec cette épigraphe: *narrando laudare, laudando monere, novum scribendi genus hactenus intactum.* 3 volumes.

J'Ai enfin, Milord, eu communication de ce livre, que j'étois curieux de lire depuis la proscription que le parlement en a faite & dont je vous ai parlé précédemment. (a) Cette perſécution l'a rendu fort rare & fort cher, ce qui eſt le ſeul effet qu'elle produiſe ordinairement.

Je ne l'ai pas jugé indigne que je vous en rende compte, & les morceaux que je vous en citerai, en vous faiſant connoître les motifs qui ont déterminé les magiſtrats à le brûler, ne vous donneront que plus d'eſtime pour l'auteur. A la diffuſion du titre on s'attend à trouver le livre tel en proportion. C'eſt un de ſes défauts & un très grand de rebuter ſon lecteur, avant qu'il ait commencé. Cependant, quand on a le courage de vaincre cette premiere répugnance, on n'a pas lieu de s'en repentir. Je vais tâcher de me préſerver de la même prolixité, en réſumant le plus briévement que je pourrai, l'objet, le plan & les diverſes parties de cet écrit volumineux.

Le *panégyrique de Trajan* par Pline, ſemble avoir été le modele ou plutôt le germe du livre de M. *de Languinais*. Il part de certains traits de la vie de l'empereur actuel, la plupart connus & exaltés dans des papiers publics, pour lui tracer ſucceſſivement un plan d'adminiſtration très étendu & très développé juſques dans les moindres branches. Quelquefois, par un tour oratoire, il ſuppoſe que ce prince a fait une choſe, pour lui enſeigner à la faire. En parcourant ce traité de politique, de juriſprudence, de

---

a Voyez la lettre XXXVI, tome III, pag. 262 & ſuiv.

morale, on ne trouve rien de bien neuf dans les détails, mais l'ensemble de l'édifice est très beau par sa réunion & solidité. Outre les anecdotes concernant Joseph II, dont il est enrichi, il y a plusieurs autres morceaux historiques qui donnent de l'ame & du mouvement à cet ouvrage, qui n'est point ennuyeux au fond, & n'a que la forme contre lui. Il n'a nulle division, il ne présente aucun repos : il est d'une seule teneur durant les trois volumes. Du reste, on y remarque des endroits vraiment hardis, pris dans les grands principes & caractérisant une ame forte & patriotique. Le style en est clair & nerveux, & partout on est émerveillé de la profonde érudition de ce professeur de Moudon dans les matieres hors de son ressort & les plus éloignées de ses études. Il s'est dégagé des préjugés les plus habituels de son état. Son génie plane en grand, & on le jugeroit plus propre à régenter dans les cours que dans l'enceinte obscure d'un college.

La premiere partie est la plus intéressante par les points importans qu'elle traite. Elle embrasse le gouvernement de sa majesté impériale. Le panégyriste trouve partout que ce prince connoit les droits des sujets & des souverains, & fait, en faisant valoir les siens, respecter & conserver les autres. Il n'a pas craint de parler de l'article du partage de la Pologne ; & voici comme il justifie la conduite de l'empereur, qui auroit pu faire peine à ceux qui n'en auroient pas découvert les motifs & la pureté. A l'en croire, ce ſont les Polonois eux-mêmes qui réfléchiſſant ſur leur triſte ſituation, ſur la néceſſité de ſe donner un maître pour y remédier, ont regardé Joſeph II comme le ſeul capable de cette cure heureuſe.

„ Voilà pourquoi, dit l'auteur, (*a*) une grande partie de la Pologne a tant témoigné d'impatience de ſe ranger ſous vos drapaux; mais que dis-je! une partie de la Pologne! la Pologne entiere ne veut d'autre maître, d'autre ſouverain que vous. Laſſés de vivre dans l'anarchie féodale, de s'égorger ſous le voile ſpécieux d'une religion dont les miniſtres les pouſſent à verſer le ſang de leurs freres, raſſaſiés de voir le couteau ſacré de la religion levé ſur le ſein des femmes, des enfans, des vieillards, de voir leurs contrées fumantes de tant de victimes humaines, immolées au nom de Dieu, tous les Polonois, du moins ceux en qui le fanatiſme religieux n'a point éteint les ſentimens d'humanité, ſont brûlés d'indignation & déchirés de pitié à l'aſpect effrayant du vaſte, dégoûtant & horrible charnier de l'intolérance, ouvert de tous côtés dans un royaume ſi vaſte; les Polonois, dis-je, que la ſuperſtition, le fanatiſme & la fureur de parti n'aveuglent plus, ne font d'autres vœux & ne témoignent d'autre ambition que pour jouir du bien ineſtimable d'être ſujets de V. M. Le plus grand nombre a réclamé votre puiſſante protection;

a Vol. 1, p. 38 & ſuivantes.

leur situation critique a attendri votre cœur : vous avez offert votre médiation, mais les esprits étoient encore trop échauffés, & par-là même aveuglés, ils ont préféré de courir unanimement à leur perte. Les plus sages d'entre eux se sont rappellés qu'ils avoient autrefois appartenu à vos ancêtres ; ils ont fait entendre leurs cris réitérés ; ils ont piqué votre curisité ; vous avez voulu voir, vous avez trouvé que V. M. avoit en effet des droits légitimes & imprescriptibles sur une grande partie de la Pologne. C'est moins l'ambition que la noble envie de faire du bien à l'humanité, qui vous a fait recouvrer des droits si légitimement acquis, mais qui avoient été négligés par quelques-uns de vos devanciers. Tout le monde aime mieux être dans des mains si généreuses, si bienfaisantes que dans toutes autres. Et s'il est encore des scissions dans la Pologne, c'est parce que tous les cœurs sont à V. M. & qu'ils veulent tous vous appartenir au prix de leur sang & de leur vie" . . . . . .

En faisant l'énumération des vertus royales de son héros, il rappelle un trait dont le souvenir fait toujours verser des larmes de joie & d'attendrissement.

„ Qu'il me soit donc permis (*a*) de rappeller ce jour & cette chasse mémorable, où le hasard amena sous vos yeux une veuve éplorée avec sept enfans affamés qui réclamerent votre secours & votre béné-

---

a Vol. 1, p. 46 & suivantes.

ficence. La plus affreuse misere étoit peinte sur leurs visages & annonçoit leur désespoir. Quelle impression ne fit pas sur votre cœur la vue de ces infortunés, plongés dans un état si déplorable! Mais quelle ne fut pas votre surprise, lorsque la mere de ces pupilles vous eut appris que son mari, après 30 ans de service, n'ayant de patrimoine que l'honneur, venoit de perdre par l'indigence une vie qu'il avoit cent fois prodiguée pour l'état! A quelle émotion, quel trouble & quel désordre votre ame ne fut-elle pas en proie? A ce spectacle, quel cri touchant & terrible la pitié arracha de votre cœur sensible!"

Ailleurs, il représente l'empereur philosophe, connoissant les maximes de la tolérance & l'exerçant. Il s'agit des troubles de Hongrie, assez semblables à ceux excités en France pour le protestantisme, & qui, graces à la douceur & à la sagesse de ce prince, sur le point d'avoir des suites aussi funestes, ont été arrêtés & appaisés. Vous admirez, Milord, l'éloquence vigoureuse dont ce Demosthene peint la tyrannie religieuse.

„ Une secte chrétienne (*a*) qui n'a rien voulu d'hétérogene dans son culte, rien que de simple, tel qu'il fut établi dans les premiers tems de l'église naissante, cette secte, dis-je, est répandue dans plusieurs contrées de la Hongrie & domine dans la plus

---

a Vol. I. p. 63 & suivante.

grande partie de la Transylvanie. Ce n'est qu'avec une douleur amere que je me trouve forcé de rappeller ici cette cruauté avec laquelle on traitoit les sujets d'un même prince, mais qui suivoient une religion plus simple & un culte moins composé que le reste de la nation. On faisoit mourir les ministres de cette religion, on s'emparoit du bien de ceux qui la professoient, on démolissoit les temples où l'on chantoit les louanges du seigneur en langue vulgaire, on séduisoit les uns, on en ravissoit d'autres. Vouloit-on faire quelque résistance? on égorgeoit impunément ceux qui avoient le courage de défendre leur vie & leurs biens; on mettoit dans les fers ce pauvre peuple qu'on appelle *réformé*, on le meurtrissoit de coups, on le réduisoit à envier la condition d'esclave; il étoit au desespoir. Vouloit-il se plaindre? on lui fermoit la bouche, on étouffoit ses cris; il auroit fallu un miracle pour que les justes plaintes d'un peuple si maltraité eussent pu percer jusqu'au trône. Comment étoit il possible de dénoncer à la cour les excès dont les présidens, les préfets & les intendans étoient ou les auteurs ou les complices? Les loix leur imposoient le devoir religieux de garantir le foible des injures du fort, & c'est dans leurs mains que résidoit la force avec le droit d'en abuser. Des dogues tonsurés dirigeoient toute cette noire intrigue & trouvoient des exécuteurs fideles de leurs attentats contre des sujets qu'ils vouloient subjuguer par le fer & le feu. Eh! comment veut-on que des peuples si cruellement tourmentés aiment un joug qui les écrase? Peuvent-ils se croire liés d'intérêts ou de devoir avec de si durs oppresseurs ? Au premier murmure que leur arrache une cruelle persécution, la misere & le désespoir, on crie à l'infidélité, à la rébellion ; on surprend des ordres rigoureux à la religion d'une princesse, qui ne veut que la tolérance dans ses états & assurer le bonheur de ses sujets. On fait marcher des armées dans la Hongrie & dans la Transilvanie pour en exterminer tout ce qui avoit le malheur de croire que Dieu n'est pas du pain, que Dieu n'est pas du vin, qui ne croyoit pas que ses mysteres sont sept, que ses ordres sont dix, qu'il déteste le genre humain au point de brûler à jamais toutes les générations, excepté les moines & ceux qui croient aux moines : des milliers de têtes alloient tomber sous le glaive du prêtre persécuteur : les ordres étoient donnés; ils alloient être exécutés dans toute la rigueur. Qu'un zele aveugle peut faire de plaies à l'humanité ! On alloit faire ruisseler le sang, comme dans ces tems malheureux où le prêtre, armé du glaive, égorgeoit, au nom de Dieu, toutes les victimes de son cruel ressentiment; tems déplorable ! où l'on prit à tâche d'exterminer, sous des prétextes de religion, la plus grande partie de la noblesse du royaume qui fut depuis le plus ferme appui du trône / C'est cette même noblesse qui a tant souffert autrefois, & qui a reçu des plaies qui saignent encore, qui, malgré toute l'oppression sous laquelle elle gémissoit, a combattu dans la suite avec le plus de courage contre les ennemis de l'état & de votre auguste famille, & qui a conjuré l'orage funeste qui menaçoit l'un & l'autre avec tant d'effroi. Un peuple excédé par tous ces tyrans subalternes, qui du regne d'un Prince équitable & doux ne font que trop souvent un regne intolérable; ce même peuple qui venoit de prodiguer son sang pour assurer la couronne à son auguste reine, alloit expirer sous le fer meurtrier du fougueux ecclésiastique; des troupes avoient ordre de marcher incontinent & d'égorger, au nom de Dieu, tous ceux qui ne seroient pas de la religion du prince.

„ Votre Majesté en est avertie à tems, elle va conjurer l'orage, se jette aux pieds de l'auguste reine qui vous a donné le jour; vous lui dessillâtes les yeux"......

Après avoir célébré l'esprit de tolérance de l'empereur, démontré par le fait, il le suppose assez grand, assez ami de la raison & de la vérité pour ne point trouver mauvais qu'on analyse à ses yeux le pacte social, pour lui faire connoître l'origine de la souveraineté, toute différente de celle qu'enseignent les prêtres & que voudroit adopter le despotisme. Il en suit la filiation.

„ D'où il fut aisé à V. M. (*a*) d'appercevoir la conséquence qui en découle naturellement, c'est que

---

a Vol. 1, p. 97 & suivantes.

la souveraineté réside originairement dans le peuple & dans chaque particulier par rapport à soi-même, & que c'est le transport & la réunion de tous les droits des particuliers dans la personne du souverain, qui le constitue tel & qui produit véritablement la souveraineté. Il n'est donc pas vrai qu'un gouvernement qui réside tout entier dans la main d'un seul ne peut avoir pour loi fondamentale que la volonté d'un seul. Votre majesté n'eut pas de peine à se persuader que l'établissement d'une autorité souveraine est absolument nécessaire pour l'ordre, la tranquillité & la conservation du genre humain; que c'est une preuve convaincante que cet établissement est autant dans les vues de la providence que si Dieu lui-même l'avoit déclaré aux hommes par une révélation positive. V. M. convint aussi qu'il n'étoit pas moins faux que Dieu fût la source immédiate de la souveraineté. Ce sentiment n'a de fondement que dans l'adulation & dans la flatterie, laquelle, pour rendre l'autorité du souverain absolue, on a voulu rendre entièrement indépendante de toute convention humaine & ne la faire dépendre que de Dieu. D'où vous concluez que tout monarque qui prétend ne devoir rendre compte de sa conduite qu'à Dieu seul, vomit un blasphême qui outrage Dieu & les hommes & dégage sur le champ ses sujets du serment de fidélité, ou plutôt les arme contre lui, parce que dans le moment il ravit toutes les portions de liberté qui lui étoient confiées; il usurpe le dépôt sacré de chaque particulier, pour ne lui laisser que des fers & des chaînes. Et c'est ainsi qu'un monarque devient lui-même coupable du crime de leze-majesté."

C'est de cet aveu, tiré de la bouche même de l'empereur, que part l'orateur pour faire aux peuples opprimés cette apostrophe sublime :

„ O ! peuple (*a*), qui êtes si patiens dans vos maux, que n'avez-vous le courage de mourir avec gloire & générosité ! Il est des tems où le lâche seul dit : il faut obéir & haïr. Quand le mal est sans remede : il faut ou égorger les monstres qui dévorent la substance du pauvre peuple, ou, si la fortune vient à tromper votre valeur, il faut faire si bien ensorte qu'on ne meure pas sans vengeance, combattre en désespéré & ne céder la victoire aux auteurs de ses maux, qu'au prix de leur sang ou de leurs larmes.

„ Peuples malheureux ! pour qui l'on forge des fers d'une trempe si singuliere, sachez, au besoin, exterminer vos tyrans ! Que ce soit là désormais votre devise. Les rois trembleront devant vous & vous ne tremblerez devant personne. Il est une époque qui devient nécessaire dans certains gouvernemens ; époque terrible & sanglante ; mais le signal de la liberté ; c'est de la guerre civile dont je veux parler. C'est-là que s'élevent les grands hommes. Les uns attaquent, les autres défendent la liberté, laquelle

---

(*a*) Vol. 1. p. 116 & suivantes.

ſeule peut former des citoyens généreux. Réduit être témoin des maux qui affligent ſa patrie, il fa ou à l'exemple de Nerva, terminer le cours de jours en maudiſſant les auteurs de tant de calamit ou prendre exemple ſur ce Chinois vertueux q juſtement irrité des vexations des grands, ſe prése te à l'empereur, lui porte ſes plaintes : *je vien dit-il; m'offrir au ſupplice auquel de pareilles rep ſentations ont fait traîner ſix cens de mes concitoye & je t'avertis de te préparer à de nouvelles exécuti La Chine poſſede encore dix-huit mille bons patri qui, pour la même cauſe, viendront te demander ſu ceſſivement le même ſalaire.* A ces mots, l'emper ſe tait ; étonné de ſa fermeté il lui donne la réco penſe la plus flatteuſe pour un homme vertueux, punition des coupables & la ſuppreſſion des impô Voilà de quelle maniere ſe manifeſte le bien pub Rois, grands de la terre ! s'il en eſt parmi v qui n'aient des yeux pour ne point voir, & d oreilles pour ne pas entendre ; s'il eſt vrai que vo avez un cœur de bronze & que vous vous croy faits pour inſulter à l'humanité & l'avilir, appre qu'un roi n'eſt puiſſant qu'à la tête d'une nati généreuſe & contente. La nation une fois avili le trône s'affaiſſe ; tôt ou tard éclate une guerre c vile qui déploie les talens les plus cachés & ce les reſſources les plus inattendues ; on voit d hommes extraordinaires s'élever & paroître dign de commander à des hommes ; c'eſt un remede eux, il eſt vrai; mais après la ſtupeur de l'état, après l'engourdiſſement des ames, il eſt indiſpenſable. La liberté ſeule enfante des miracles, elle triomphe de la nature, elle fait croître des moiſſons ſur la cime des rochers arides, elle donne un air riant aux régions les plus triſtes, éclaire des pâtres & les rend plus pénétrans que les ſuperbes eſclaves des cours. Il faut opter, ou d'être heureux ou miſérable: il faut ou languir dans les fers, ronger ſon frein, careſſer ſon bourreau, ou déteſter l'eſclavage, abhorrer la tyrannie, armer ſon bras; point de milieu, mourir avec gloire, ou vivre malheureux & déshonoré! „

Malgré le verbeux requiſitoire de M. Séguier, on ne peut s'empêcher d'admirer ce morceau oratoire, de reconnoître la vérité des principes de l'auteur; principes gravés par la nature dans le cœur de l'homme; principes auxquels les tyrans eux-mêmes ont été forcés de rendre hommage; en reconnoiſſant enfin pour libres des peuples qu'ils avoient forcés à recouvrer leurs droits impreſcriptibles, renaiſſans par la rupture du contrat ſocial: principes conſacrés à jamais dans l'hiſtoire de l'Europe, par l'exemple de la *Suiſſe* & de la *Hollande*; principes enfin que l'exemple récent des Inſurgens, que les anglois ſeuls appellent rebelles, & déja reconnus, tacitement indépendans, par les ſecours que leur donnent les nations les plus ennemies du deſpotiſme, rend encore plus ſenſibles & plus évidens aujourd'hui.

A la ſuite de ce morceau plein de force & de véhémence, où l'on s'imagine entendre gronder le tonnerre de Périclès, il en faut placer, Milord, un autre qui vous fera connoître comment l'auteur, à la fierté la plus républicaine, joint une ame douce, humaine & compatissante. C'est à l'occasion de l'esclavage des Negres, de ces millions de malheureux que l'Europe immole sans cesse aux superfluités de son luxe, à ses jeux puérils, à ses fantaisies, à ses caprices, bien plus, à son injustice & à ses vices de toute espece. Vous serez ému, serré d'attendrissement; vos larmes couleront en le lisant.

„ Parcourons, dit-il (a), d'un œil rapide la consommation d'hommes qu'occasionne nécessairement ce grand commerce. Elle est si grande qu'on ne peut sans frémir apprécier celle que suppose le commerce de l'Angleterre, de la France ou de la Hollande avec l'Amérique.

„ L'humanité, qui commande l'amour de tous les hommes, veut que dans la traite des negres, on mette également au rang des malheurs, & la mort des Européens, & celle de tant d'Africains, qu'anime au combat l'espoir de faire des prisonniers & le desir de les échanger contre des marchandises. Si l'on supprime le nombre d'hommes qui périt, tant par les guerres que dans la traversée d'Afrique en Amérique; si l'on y ajoute celui des negres, qui, arrivés à leur

a Vol. I. pag. 157 & suivantes.

nation, deviennent la victime des caprices, de la pidité & du pouvoir arbitraire d'un maître, & qu'on igne à ce nombre celui des citoyens qui périssent r le fer, le naufrage ou le scorbut; qu'enfin on y oute celui des matelots qui meurent pendant leur séur dans les isles où ils débarquent, ou par les malaies affectées à la température particuliere de ce clit, ou par les suites d'un libertinage, toujours si ngereux dans les pays d'outre-mer, on conviendra 'il n'arrive point de barrique de sucre en Europe i ne soit teinte de sang humain. Or, quel homme, la vue des malheurs qu'occasionne la culture & l'extation de cette denrée, ne refuseroit de s'en priver, ne renonceroit pas à un plaisir acheté par les lars & la mort de tant de malheureux? Ajoutez à la ce trafic infâme & criminel d'hommes convertis n vils troupeaux.

„ Voyez l'armateur qui, courbé sur un comptoir gle, la plume à la main, le nombre d'attentats qu'il t faire commettre sur les côtes de Guinée, qui amine à loisir combien chaque negre lui coûtera de sils à livrer pour entretenir la guerre qui fournit des claves, de chaînes de fer pour le tenir garotté sur n vaisseau, de fouets pour le faire travailler; comen lui vaudra chaque goutte de sang dont ce negre osera son habitation: si la négresse donnera plus à terre par ses travaux, que par le travail de l'enement.

„ Représentez-vous pour un moment le cruel tyr… à qui ces malheureux esclaves noirs sont dévolu… représentez-vous, dis-je, ce cruel tyran, qui pe… à son gré faire couler le sang de ces negres go… à goutte sous le fouet d'un bourreau, qui peut a… taquer de toutes parts & miner sourdement les prin… cipes & les ressorts de leur vie, qui peut étouffer p… des supplices lents le germe malheureux qu'une n… gresse porte dans son sein fécond, pour sa ruine &… pour la tyrannie: représentez-vous ces malheureu… esclaves à qui l'on ne laisse pas même la propriété d… leurs personnes, de leurs pieds, de leurs mai… qu'on peut à tout moment charger de fers!

„ Voilà les crimes qui sont encore un effet du l… Tout mon sang se souleve à cette image: je hais,… fuis l'espece humaine composée de victimes & de b… reaux, & si elle ne doit pas être meilleure, puis… t-elle s'anéantir!"

L'article des couvens fournit à l'écrivain l'occas… de réunir les deux genres. Il y joint l'énergie… pathétique, il exhale son indignation contre les m… nes. Ces scélérats religieux, à tous les vices d… gens du monde, ajoutent le plus infâme, celui… l'hypocrisie Il gémit, au contraire, il pleure sur… sort de ces jeunes filles, victimes de leur créd… té, coupables avec un cœur pur, & bourrelées… remords sans avoir commis de crimes. Ecoutons-… Milord.

„ U…

„ Un monarque philosophe (a) commence par diminuer insensiblement le nombre inutile & dangereux des couvens, ces gouffres de l'humanité qui absorbent des générations sans fin, ces affreux réceptacles qui recèlent tant de sujets enlevés à l'état sans procurer des adorateurs à Dieu. Quelle lepre sur un état qu'un clergé nombreux faisant profession publique de ne s'attacher à d'autre femme qu'à celle d'autrui! Luther, tonnant avec son éloquence fougueuse contre les vœux monastiques, a avancé qu'il étoit aussi peu possible d'accomplir la loi de la continence que de se dépouiller de son sexe. Si cela est, que penser de tant de couvens d'hommes & de filles? Toutes les maisons religieuses où les hommes sont entassés les uns sur les autres, couvent des guerres intestines: ce sont des serpens qui se déchirent dans l'ombre. Le moine est un animal froid & chagrin, dévoré, desséché par l'ambition d'avancer dans son corps. Comme il a tout le loisir de réfléchir sa marche, son ambition qui en est d'autant plus concentrée, a quelque chose de sombre. A-t-il une fois saisi le commandement? il est dur, impitoyable par essence.

„ V. M. est trop éclairée pour ne pas convenir que la clôture monachale est un mal en soi, ruineux pour la société, & préjudiciable à ceux mêmes qui embrassent cet état. Vous reconnoissez qu'il n'est per-

---

(a) Vol. 1, pag. 215 & suivantes.

mis à aucun membre de la société de s'isoler sous t prétexte apparent de religion, de se séquestrer d commerce des autres, de devenir inutile, soit po la propagation du genre humain, soit pour la gesti des emplois & pour toute sorte de travail, de con sumer ainsi les fruits de la terre sans contribuer à leu production; c'est imposer impunément à la socié les frais de son existence. La condition de tels fai néans ne peut avoir lieu que dans le ciel. Qu'il y ait des moines pieux qui se consacrent véritableme à une dévotion épurée, sublime, si l'on veut; qu'il y ait parmi eux des savans, qui par leurs veilles en chissent la république des lettres d'ouvrages estim bles; qu'il y en ait même qui par la prédication, p la direction des consciences, par le rachat des captifs fassent de bonnes-œuvres réelles & utiles; tout ce n'empêche pas que le bien de la religion & de l'éta ne sollicite la suppression des couvens & de tant d'o dres religieux qui ne sont que de vrais essains de sa terelles, dont la plupart sont même sorties du pu de l'abîme.

„ Mais, grand prince, si ce que je viens de tra de l'homme solitaire, condamné à sentir toute sa f des maux d'un cœur qui se dévore lui-même & consume imperceptiblement, ne vous ébranloit pas; je n'étois pas assez heureux pour vous peindre sa si tuation avec des couleurs assez touchantes, laissez vous attendrir par le malheureux sort de tant de je nes beautés, renfermées dans une prison sacrée q recelent tous les feux interdits à leur sexe, que redouble encore une clôture éternelle. Condamnées à se livrer de continuels assauts, ces jeunes religieuses timides, confiantes, abusées, étourdies par un enthousiasme pompeux, crurent dans le moment fatal de leur engagement que la religion & leur Dieu absorberoient toutes leurs pensées: au milieu des transports de ce zele ardent, la nature éveille dans le cœur de ces jeunes filles ce pouvoir invincible qu'elles ne connoissoient pas & qui les soumet à son joug impérieux; ces traits ignés portent le ravage dans leurs sens, elles brûlent dans le calme de la retraite: dès ce moment, plus de repos pour elles. Elles étoient nées pour une heureuse fécondité, un lien éternel les captive & les condamne à être malheureuses & stériles. Elles gémissent de se voir sous des barreaux insurmontables & sous un joug qui détruit leur liberté, mais qui n'est pas le joug de Dieu. Elles se désesperent; leurs regrets & leurs plaintes sont inutiles, leurs pleurs & leurs sanglots se perdent dans la nuit du silence, le poison brûlant qui fermente dans leurs veines détruit leur beauté, corrompt leur sang, précipite leurs pas vers le tombeau. Heureuses d'y descendre! elles ouvrent elles-mêmes le cercueil où elles doivent être ensevelies dans le sommeil d'une éternelle nuit."

La complaisance avec laquelle je me suis étendu, Milord, sur cette foule de paragraphes, tous tirés du premier volume, le plus important, il est vrai, me force d'être plus resserré à l'égard des suivans Je ne dirai qu'un mot du second, traitant, d'une matiere seche & aride, des loix, de la jurisprudence, de la justice distributive, des tribunaux, des procédures. Je choisis l'article du droit Romain, de ce fameux ouvrage de Justinien, tant vanté, & si peu digne de l'être suivant le professeur de Moudon. Il s'exprime ainsi sur son compte d'une maniere neuve & piquante: vous remarquerez qu'il singe un peu M. de Voltaire dans son ton libre & ironique.

,, Ce composé aussi bizarre (a) que mal digéré, des instituts, des pandectes, du digeste, du code & des novelles, s'est appellé droit romain, parce que les empereurs, résidans à Constantinople, se nommoient toujours empereurs romains. Mais à l'ouverture de ce fameux code, & surtout des instituts, on est frappé de la bévue de Justinien, qui applique sans choix ni jugement la plupart des loix qui étoient faites tant bien que mal pour Rome ou pour d'autres pays, à l'état de l'empire d'orient, auquel elles ne cadroient point du tout.

,, Quelle sottise encore plus grande aux yeux de V. M. que les nations modernes de l'Europe aient adopté ce droit pour principe de leur législation & de leur jurisprudence! tandis qu'autrefois quelques nations qui avoient remarqué les défectuosités du droit romain, avoient en conséquence défendu sous peine

---

a Vol. 2, p. 19.

de la vie d'en faire usage, comme on peut le lire dans les historiens des royaumes d'Espagne, de Suede & de Dannemarck."

Il y a de plus grandes vues dans le volume troisieme sur des objets de politique. Elles annoncent, ainsi que je vous l'ai précédemment observé, une tête fortement organisée, un homme très-au fait des intérêts des princes. Vous serez frappé, par exemple, de la prédiction qu'il nous fait, assez conforme à votre façon de penser & à la mienne sur le compte de notre nation. Ecoutons-le: il parle toujours à l'Empereur.

„ Il est une observation (a) qui fixe ici votre attention. C'est que vous prévoyez d'une maniere sûre & positive la chûte du commerce en Angleterre, la perte de ses vaisseaux, la ruine totale de cette isle avec toute sa gloire. Vos regards pénétrans découvrent d'une maniere distincte les fers qu'on fabrique pour enchaîner ces fiers insulaires. Le despotisme est sur le point d'y courber toutes ces têtes fieres & superbes. Dès que vous avez vu les Anglois viser à devenir conquérans, vous avez prédit leur esclavage, & votre prédiction, sur le point de s'accomplir, commence à réveiller quelques esprits."

Ce qu'il dit sur la circulation de l'or & de l'argent, est très-juste.

---

a Vol. 2, p. 79.

„ L'or vient (*a*) principalement du Brésil, colonie Portugaise, & l'argent, de l'Amérique Espagnole. Ces métaux se répandent en Europe en échange des productions ou des objets d'industrie des différens pays avec lesquels l'Espagne & le Portugal commercent. Il ne sort point d'or de l'Europe; mais on envoie une grande quantité d'argent à la Chine & aux Indes, beaucoup moins cependant depuis que les Anglois ont acquis de vastes possessions dans les Indes, ce qui leur permet de faire servir les impôts qu'ils y reçoivent à payer presque toutes les marchandises qu'ils exportent des Indes & de la Chine."

Et ailleurs il ne discute pas moins pertinemment l'art de suppléer dans le commerce au numéraire par du papier ou d'autres moyens industrieux.

„ En Angleterre, dit-il, (*b*) on supplée en grande partie à l'usage des monnoies par des billets de banque auxquels la foi publique est attachée. En d'autres endroits on réduit d'une autre maniere la somme de numéraire applicable aux marchés. A Lyon, par exemple, on y parvient en divisant tous les payemens en quatre époques de l'année, & en balançant alors les créances les unes par les autres. A Marseille enfin, on diminue le besoin des manufactures au moyen des compensations établies entre les négocians

a Vol. 3, p. 165 & suivantes.
b Vol. 3, p 167.

par l'entremise des courtiers, qui deviennent les débiteurs des uns & les créanciers des autres."

A propos de commerce, il parle de la contrebande, il s'éleve contre la barbarie d'ériger en crimes capitaux des contraventions aux réglemens que commande souvent la nécessité plus impérieuse que la loi. Il cite un fait peu connu, qui peint d'un seul trait un petit souverain d'Allemagne qu'il nomme.

„ Par exemple (*a*), si la France défendoit le tabac, le thé, les épiceries; si l'Allemagne prohiboit le sucre & le caffé, ce seroit à la vérité imposer sans nécessité des privations austeres & désagréables. Un prince (*b*) qui condamneroit un magistrat aux travaux publics pour être contrevenu à de tels ordres, doit passer pour aussi ignorant que barbare, par la seule raison qu'il ne sait mettre aucune proportion entre le délit & la peine."

L'auteur de cet ouvrage, quoique d'accord avec les économistes sur beaucoup de choses, n'a pas toujours des principes semblables. Il est surtout fort éloigné de leur sentiment sur l'exportation des bleds, matiere délicate, dans laquelle il semble plutôt penser comme M. Necker (*c*). Il voudroit des magasins publics, & qu'on eût toujours une recolte devant soi,

---

a Vol. 3, p. 169 & suivantes.

b Le landgrave de Hesse-Cassel.

c Dans son traité *sur la législation & le commerce des bleds.*

mais il n'eſt pas moins éloigné de cet affreux gouvernement où le roi ſe rend monopoleur & marchand de grains, ſyſtême que le dernier contrôleur général ſoutenoit fort, & qu'il avoit grande envie de remettre en vigueur. Il eſt également opposé à ce que la nobleſſe faſſe le commerce : il n'en honore pas moins la profeſſion de négociant, & veut ſeulement que chaque claſſe ait ſes fonctions à remplir. Il appuie ſon ſentiment de celui d'un empereur.

„ L'empereur Théophile, voyant arriver (a) un vaiſſeau chargé de marchandiſe, apprit qu'il appartenoit à ſon épouſe l'impératrice Théodora ; il y fit mettre le feu ſur le champ & lui dit : je ſuis empereur, & vous faites de moi un patron de vaiſſeau : avec quoi ſe nourriront donc les pauvres, ſi nous leur en ôtons les moyens ?".

Encore un mot, Milord, ſur cet ouvrage que je ne quitte qu'à regret, qui gagne beaucoup à être médité, où l'on découvre de plus en plus des obſervations fines & quelquefois neuves. Je n'ai garde de vous omettre ce paragraphe qui devroit bien nous faire ouvrir les yeux ſur la France, & nous empêcher de contribuer, comme nous faiſons, par la guerre extravagante que nous avons entrepriſe à augmenter ſa puiſſance. Il s'agit de l'intérêt de l'argent qui n'y eſt haut

---

a Vol. 3, p. 193 & ſuivantes.

que par des causes de grandeur, & de prospérité qui devroient nous faire tomber. C'est notre politique qui va parler.

„ La France (*a*) a pareillement la cause d'un bas intérêt dans la prodigieuse abondance d'argent qu'elle renferme, mais elle jouit aussi des causes d'un haut intérêt par la fécondité de son sol, par ses diverses manufactures, par son commerce dans tout l'univers & par ses colonies. Cependant, sans la dette publique & les divers emplois que la finance offre sans cesse, l'intérêt de l'argent seroit bientôt aussi bas en France que partout ailleurs. Il y a des personnes qui croient être fondées à faire monter dans ce royaume les fonds à près de deux milliards d'argent monnoyé, & l'accroissement annuel dans ces circonstances, est d'environ trente millions."

Enfin, écoutez pour derniere leçon ce qu'il dit de nous, & les menaces trop vraisemblables qu'il nous fait.

„ En vain voudroit-on (*b*) alléguer pour raison qu'en Angleterre la dette publique & les impôts sont immenses, si on les compare à la production. Aussi tout y est fort cher; mais les charmes de la liberté ont apparemment servi jusqu'à présent de dédommagement. Cependant comme l'Amérique offre la mê-

---

a Vol. 3, p. 203 & 204.
b Vol. 3, p. 217 & 218.

me liberté, si des circonstances extraordinaires occasionnoient en Angleterre de nouveaux besoins publics considérables, elle ne pourroit peut-être pas y pourvoir par de nouveaux impôts sans occasionner une émigration & sans contrarier ses établissemens d'industrie : alors les créanciers sont allarmés, &c.

Je vous laisse réfléchir, Milord, sur tant de vérités importantes, qui seront vraisemblablement perdues pour nos ministres. *Oculos habent & non vident.* Je ne saurois trop le répéter.

Paris, ce 18 Novembre 1776.

LETTRE LVIII.

Voyage de Fontainebleau. Spectacles de la cour, Courses, &c.

LE voyage de Fontainebleau, Milord, est un usage ancien des monarques François. Il a lieu périodiquement chaque année dans l'automne. C'est un délassement qu'ils se procurent & à leur cour pour échapper à l'ennui, cette maladie qui tourmente si fréquemment & si cruellement les rois & ceux qui les entourent. C'est ce qu'on appelle *le second grand voyage.* Le premier, qui est celui de Compiegne, se fait durant l'été. Il n'est pas si régulier, il manque quelquefois (*a*) & surtout pendant la guerre, ce séjour pouvant aisément être abordé de l'ennemi, parce qu'il n'est, à proprement parler, défendu par aucune place frontiere. D'ailleurs, à la forêt près, d'une grande magnificence, il est beaucoup moins agréable. On y travaille peu, & l'on s'y amuse encore moins. C'est l'objet d'un million d'extraordinaire seulement, ce qui dans ce pays-ci est une misere.

Le voyage de Fontainebleau est au moins du double, & peut-être beaucoup plus cher, suivant la nature des fêtes & des spectacles qu'on y donne. Il y a réguliérement de ces derniers. En outre c'est la saison de la chasse, & l'on s'y livre d'autant plus commodément, qu'il est aussi voisin d'une forêt superbe, mais très différente de celle de Compiegne: elle n'est pas aérée, routée, alignée comme elle: c'est une beauté majestueuse, austere, inculte; elle présente quelquefois des sites d'une horreur effrayante, spectacle qui auroit des charmes pour un philosophe, mais qui ne sont guere connus des courtisans. Quoi qu'il en soit, c'est-là qu'on célebre la *Saint-Hubert*, cette fête des chasseurs, si renommée dans toute l'Europe, où l'on prend le plaisir, incroyable pour ceux qui ne l'ont pas éprouvé, de faire la guerre

---

a Ce monarque-ci, moins allant que son ayeul, dès la premiere année de son regne, a brûlé ce voyage.

aux animaux, de les tourmenter, de les détruire souvent de la façon la plus barbare.

C'est encore à Fontainebleau que s'operent souvent les révolutions importantes, ou qu'elles s'y préparent, qu'on décide sur la paix ou sur la guerre; c'est-là qu'on forme les états de dépense pour l'année suivante; conséquemment qu'on y arrête les moyens d'avoir de l'argent, soit par des impôts, soit par des emprunts. D'ailleurs, ce moment étant celui de la vacance des tribunaux, c'est encore alors qu'on rédige tout ce qui est relatif à la magistrature. C'est là que l'on vit éclore en 1765 le germe des troubles de Bretagne: c'est-là qu'en 1770 M. le chancelier forma son plan de vengeance contre les parlemens & celui de leur destruction.

Ce voyage n'a pas été aussi fécond que de coutume en événemens. La nomination de M. Taboureaux à la place de contrôleur-général; l'érection de celle de directeur du trésor royal pour M. Necker; enfin l'adjonction décidée de M. le prince de Montbarrey au ministere de la guerre, en le revêtant d'une charge de secrétaire d'état & en lui donnant la signature, sont ce qui s'y est passé de plus important. M. de Sartine y a aussi mis la main à sa nouvelle ordonnance de la marine, dont je vous parlerai dans une de mes lettres subséquentes. Du reste, le jeu, les spectacles, les courses ont partagé les divertissemens de la cour.

Depuis quelque tems les jeunes princes se sont

livrés à la fureur des jeux de hazard. Pour s'y mieux autoriser & se mettre à l'abri des reproches du monarque austere, ils sont parvenus à rendre en quelque sorte la reine complice de leur contravention aux réglemens, qui les devroient concerner comme tous les sujets ; ils lui ont fait naître le goût de ce plaisir: on a donné le pharaon chez S. M. & il y a eu de grosses pertes.

J'ai assisté souvent aux spectacles de la cour, & je vais vous rendre compte en bref de ceux que j'y ai vus. Il y a eu beaucoup de nouveautés (a), surtout de la

---

(a) Voici le répertoire des nouveautés qui doivent être jouées à Fontainebleau, auquel il y a eu peu de changemens.

Pour le jeudi 10 Octobre, *Zuma*, tragédie de M. Lefevre.

Mercredi	16 ———	*L'Avare fastueux*, Comédie de M. Goldoni.
Jeudi	17 ———	*Le Dramomane*, Comédie du chevalier de Cubieres.
Mardi	22 ———	*Le Malheureux imaginaire*, comédie de M. Dorat.
Jeudi	31 ———	*Mustapha & Zéangir*, tragédie de M. de Chamfort.
Jeudi	7 Novembre.	*Le veuvage trompeur*, comédie de M. de la Place.
Vendredi	8 ———	*La fausse délicatesse*, opéra de M. Marsollier : musique de M. Linner.
Vendredi	8 ———	*L'Inconnu persécuté*, comédie de M. Moline : musique d'Ansossi.
Jeudi	14 ———	*Gabrielle de Vergy*, tragédie de M. de Belloi.
Mardi	19 ———	*L'Egoïsme*, de M. Cailhava.

part des comédiens françois. Ces histrions, enfin sensibles aux reproches des auteurs, qui voyoient quelquefois s'écouler dix & douze ans entre la réception & la représentation de leurs pieces, se sont animés d'un zele louable & ont déterminé les gentilshommes de la chambre à leur permettre de substituer aux anciennes, qui leur coûtoient presqu'autant d'efforts de mémoire que les autres, celles inscrites sur leur répertoire moderne. Mais comme ces dernieres sont presque toutes tombées, il est à craindre que la cour ne se dégoûte de cet essai, & ne préfere à l'avenir de voir exécuter des pieces couronnées d'un succès constant.

Zuma est une tragédie d'un M. Lefevre, par où s'est ouvert le spectacle. J'étois fort curieux de cette représentation. C'étoit la premiere fois d'ailleurs que je voyois la salle de comédie de Fontainebleau. Elle n'a rien d'extraordinaire, mais elle n'est point mal. Toute la cour est en haut, & meuble superbement les loges. Le parquet, assez bien composé en hommes, l'est très-mal en femmes: on n'y voit guere que des filles ou des grisettes: chaque garde du corps y amene sa maîtresse, qui n'est pas toujours honnête ni brillante. C'est un abus difficile à empê-

---

Le même jour 21 Novembre, *La rupture ou le mal-entendu*, comédie de Madame de l'Orme.

Samedi 23 ——— *Les trois Fermiers*, comédie de M. Monvel, musique de M. Dezaides.

cher : c'est un petit avantage qui compense les peines incroyables de ces Messieurs pour contenir la foule. Lorsqu'il s'agit d'entrer, il semble qu'on aille prendre le château d'assaut. Ce tumulte est presque aussi indécent que celui que j'ai remarqué souvent aux spectacles de Paris, lors des nouveautés.

Quoi qu'il en soit, *Zuma*, balancée dans son succès, pourroit être regardée comme tombée, malgré les réclamations du poëte (a). C'est un sujet tiré de l'histoire du Pérou ou du Mexique, ou plutôt c'est un roman sans vraisemblance, rempli d'absurdités. J'aurois beaucoup de peine à vous en rendre le plan & la marche ; la décoration imposante a d'abord prévenu favorablement le public, & le premier acte a été très-applaudi. Il n'en a pas été de même des autres Quelque chose de choquant a excité des huées dès le second ; & le troisieme & le quatrieme, remplis de choses révoltantes, sembloient menacer l'auteur d'une chûte inévitable, lorsqu'une reconnoissance, mal préparée sans doute au cinquieme acte, mais ce que n'observent pas tous les spectateurs, a produit cependant un grand effet, & malgré le mal qu'on en a dit à Fontainebleau, je ne serois pas surpris que cette scene fît la fortune de la piece à

---

a L'auteur a écrit une lettre insérée dans le journal de M. de la Harpe, où il dément le bruit que ses détracteurs affectent de répandre, que sa piece n'a point réussi à la cour.

Paris, qui aime assez à fronder les jugemens de la cour, le seul point où le François ait la liberté de la contrarier.

La seconde piece que j'ai vue à Fontainebleau, c'est *la soirée des boulevards*. Elle est de la comédie Italienne & est ancienne. Les paroles sont du Sr. Favard. Il a été question de la remettre au théâtre pour la représenter devant leurs majestés, & l'on y a fait des améliorations prétendues (*a*) & des additions qui l'ont gâtée. Des quatre parties entre lesquelles on l'a distribuée, les deux premieres ont paru charmantes, mais les deux autres absolument disparates. La derniere surtout, intitulée *le Bal*, est pitoyable, par une pantomime du plus grand ridicule qu'on y a jointe, allégorique aux vertus du roi & aux graces de la reine. On s'est apperçu aisément que l'auteur, inspire par le défunt abbé de Voisenon (*b*) dans les précédentes, avoit marché absolument sans guide dans celle-ci.

Je n'ai pu me trouver à la représentation de *l'avare fastueux*, comédie dont le titre seul, déja piquant, faisoit présumer favorablement de l'auteur. Il annonçoit un homme au fait de l'art des contrastes & pro-

---

a Voici le titre sous lequel cette espece d'opéra-comique a été exécuté le 11 Octobre : *la matinée, la soirée & la nuit des boulevards, ambigu de scenes episodiques, mêlé de chants & de danses, divisé en quatre parties.*

b Voyez ma lettre sur cet abbé.

fond dans la connoissance du théâtre. On la savoit du meilleur poëte comique sans contredit qu'il y ait à Paris, quoiqu'étranger & déja glacé par l'âge. Vous en conviendrez aisément, Milord, quand je vous aurai nommé M. Goldoni, dont le recueil italien imprimé est répandu dans toute l'Europe & a fourni des canevas à une foule de pieces représentées chez diverses nations. Cependant il n'a pas été plus heureux que ses confreres, &, par une modestie bien rare, il adopte le jugement sévere porté contre lui, & n'en appelle point, comme eux, au public de cette capitale. On m'a assuré qu'il avoit retiré son ouvrage du répertoire.

M. Dorat n'a eu garde d'être aussi docile pour son *Malheureux imaginaire*. Impatient de réparer la honte de cette chûte, il a intrigué dans le tripot comique pour être incessamment joué à Paris, & s'y relever à prix d'argent (*a*), si le public de cette capitale ne lui rend pas d'abord plus de justice que les courtisans difficiles de Fontainebleau. Quant à moi, je m'en tiens à ma décision: c'est un des sujets les plus mal traités au théâtre. Le principal personnage n'est

---

a Un auteur qui veut ou peut en sacrifier, est sûr aujourd'hui d'un succès éphémere, en prenant à ses frais, durant un certain nombre de représentations, une grande quantité de billets de parterre, qu'il distribue à ses émissaires affidés, gagés pour l'applaudir. Les loges, étourdies de ce fracas, assurent que la piece a eu le plus grand succès, & les badauds y courent.

nullement intéressant, en ce qu'il n'est représenté que comme un sot & un fol tour-à-tour. Heureusement il y a le caractere secondaire d'un insouciant qui, à l'examiner séverement du côté des mœurs, est sans doute malhonnête & fort dangereux sur la scene, mais d'un excellent comique par sa gaieté soutenue au milieu des plus grands revers, & il peut, aux yeux des spectateurs indulgens, éclipser bien des défauts.

La *Lecture interrompue* (a) a eu le sort des autres nouveautés exécutées durant le voyage. Elle est d'un ridicule si rare, que je suis désolé d'en avoir manqué le spectacle; mais je vais y suppléer, Milord, par ce que m'en a écrit dans le tems un connoisseur.

Extrait d'une lettre de Fontainebleau du 30 Octobre.

„ Jamais on n'a hasardé comédie aussi mauvaise, les brouhahas, les rires par éclat, les applaudissemens ironiques ont fait trouver que la piece étoit bien nommée. La cour n'en a pas attendu la fin. C'est une plainsanterie contre les drames, dont le goût

---

a Cette piece avoit autrefois pour titre : *le dramomane*; mais l'auteur, par égard pour M. Mercier, appellé plaisamment par feu Fréron le *dramaturge*, & dont l'admiration exclusive pour les drames faisoit le sujet de sa critique, l'a changé en celui sous lequel elle a été jouée à Fontainebleau le 29 Octobre.

devient de plus en plus commun. Comme elle porte à plomb sur le Sr. Mercier (a), les comédiens ont fait leurs efforts afin de la soutenir par leur jeu, mais inutilement. Le héros de l'ouvrage, engoué de drames, en veut imaginer un des plus noirs qui ayent jamais paru. Pour cela il choisit des aventures toutes noires, comme celle d'un pâté succulent, dont on fait l'ouverture & qui empoisonne tous les convives; celle d'un frere assassiné par son frere. En un mot, ce ne sont que démons, enfers, abîmes, têtes de morts. On apporte à l'auteur dramomane ce drame qu'il a composé. Il veut en faire la lecture & annonce d'abord fort au long ce que doit représenter le théâtre: il veut ensuite distribuer les rôles, mais il se trouve qu'il ne peut être mis en action, parce qu'il lui faudroit trois pendus, & que chacun se refuse à cette représentation. Enfin, nonobstant cet embarras, il continue sa lecture, interrompue par un exempt, qui vient de la part du prince, pour le mettre aux petites maisons, où l'on a envoyé très-

---

(a) Auteur d'une quantité considérable de drames, dans lesquels on reconnoît un certain talent. Il en avoit même un, reçu à la comédie françoise, intitulé : *Nathalie*; mais ayant fait imprimer un ouvrage sur le théatre, où les histrions sont mal-traités, ceux-ci ont arrêté de ne pas jouer sa piece; bien plus de lui ôter ses entrées à leur spectacle, qu'il avoit de droit d'après la réception de son ouvrage, & lui ont causé toutes sortes d'humiliations : il en a résulté un procès évoqué au conseil, & qui vraisemblablement ne sera jamais jugé.

hautement le poëte. Autre gentillesse : la fille de l'amateur & compositeur de drames est destinée à un certain M. de Sombreuse, dont le caractere est fort analogue à celui du pere. Il paroît devant la future & lui fait une déclaration d'amour si tragique, que la croyant voir fondre en larmes, il s'écrie : *Mademoiselle en tient !* "....

Pendant que nous sommes sur l'article des drames, j'ai vu quelque part, Milord, que M. de Voltaire, en parlant de quelques-uns, observoit que ce nouveau genre devoit s'appeller *la comédie horrible*, genre qu'il proscrivoit déja par cette appellation même. On peut dire aussi, à l'occasion de la tragédie de *Gabrielle de Vergi* de M. de Belloy, imprimée depuis longtems, mais jouée pour la premiere fois à Fontainebleau, que cet auteur a imaginé une troisieme espece de Tragédie que je désignerois par la *tragédie exécrable*. Quoique je sois Anglois, & par conséquent habitué à toutes les horreurs de notre théatre, je vous avouerai qu'elles m'ont toujours répugné. D'ailleurs ici l'actrice (*a*) enchérit sur l'action, déja repoussante, par un jeu plus révoltant encore. Vous connoissez cette piece ; vous savez qu'on apporte à *Gabrielle de Vergy*, de la part de son mari, un vase couvert, qu'elle croit contenir du poison. Elle reçoit avec joie ce fatal présent ; elle s'empresse d'en

a Mlle Vestris.

jouir & d'y trouver la fin de tous ses maux. Quel spectacle ! c'est le cœur de son amant ! Alors le mouvement naturel seroit de rejetter le vase avec horreur & de s'évanouir. Point du tout : comme pour s'assurer mieux de sa découverte, elle revient plusieurs fois sur ce cœur, le considere avec une horrible complaisance, & fait voir par degrés toutes les nuances d'une agonie étudiée, présentant les plus belles attitudes, les situations les plus pittoresques; ce qui détruit toute l'illusion pour de certains spectateurs, mais la rend plus cruelle pour les gens vaporeux & sujets aux affections spasmodiques. Aussi la jeune cour n'a pu goûter une tragédie pareille, où tous les sens sont également tourmentés : car si les yeux y trouvent le spectacle le plus hideux, les oreilles sont encore affligées par une versification dure & barbare, dont on ne rencontre d'exemple aujourd'hui que dans les autres pieces de M. de Belloy.

L'Egoïsme, comédie de M. de Cailhava, étoit fait pour produire des sensations plus agréables ; & cet auteur, qui avoit donné des espérances fondées dans le vrai genre de la comédie, avoit lieu de s'attendre à réussir ; mais pour avoir voulu trop généraliser son sujet, il l'a énervé, tous les acteurs de sa piece étant égoïstes, personne ne l'est. Ce n'est plus ni un vice, ni un défaut, ni un ridicule : c'est un attribut inséparable de notre nature. Sans doute sont but étoit très philosophique : il vouloit prouver que la différence n'est que dans *l'égoïsme* bien ou mal entendu ; mais dès-lors il dénaturoit l'acception du mot qui se prend toujours en mauvaise part. Il peignoi l'amour-propre, l'amour de soi, qui tient à notre exi tence, & qui, modifié ou exercé diversement, de vient vice ou vertu. Malgré cette gaucherie capita le, la piece n'est pas sans mérite, & l'on y trouv de ce *vis comic a*, si rare dans nos poëtes comique actuels, bien préférable à l'esprit, au brillant, au gentillesses qu'ils y sement avec tant de profusion.

Pour ne point vous ennuyer par une énumératio trop détaillée & trop longue de tant d'ouvrages mor nés, je passe à la seule piece qui ait eu un succè décidé, à la tragédie de *Mustapha & de Zéangir* de M. de Chamfort. Elle a été aux nues, & le mé ritoit au gré de ses partisans. Ils y trouvent un pla bien net, une conduite sage, une marche parfaite ment suivie, du génie enfin. Du reste, toujour suivant eux, des beautés de détail, des vers harmo nieux, des pensées les plus heureuses & l'amour fra ternel peint aux plus haut degré, ont contribué completter la satisfaction générale. Ils ne desiren que de légers changemens dans le dénouement. Pou moi, qui ne m'engoue pas avec tant de facilité, l premier acte m'a plû ; j'ai trouvé quelque sensibilit dans le second ; le troisieme m'a paru froid ; le qu trieme très beau, & le cinquieme détestable. Te étoit le jugement que j'avois porté de la piece, lors qu'on m'a prêté une tragédie sous le même titre, d'u M. Belin, exécutée en 1705 & qui eut alors ving six représentations. Je fus bien surpris de la hardiesse de M. de Chamfort à remanier un sujet qui avoit plu généralement dans un tems où l'on étoit encore tout ému d'admiration des chefs-d'œuvres de Corneille & de Racine. Mais quelle ne fut pas mon indignation, lorsque, par la discussion, je découvris que cet auteur, en prenant le même sujet, en avoit pillé de la façon la plus grossiere, le plan, l'intrigue, les caracteres, les situations, & jusqu'aux sentimens & aux pensées; qu'il avoit seulement rallenti la marche, affoibli les caracteres, &, aux vers simples & naturels de son modele, substitué des vers épiques & brillans. Je m'écriai alors avec Gresset:

Des réputations, on ne sait pas pourquoi!

Voici cependant ce qu'a produit celle-ci: c'est que le poëte, à l'occasion de l'amour fraternel, objet principal de ce drame, a placé quelques tirades, gauchement amenées, mais relatives à l'union qui regne aujourd'hui entre Louis XVI & ses freres. Le monarque en fût très satisfait, & dès le soir en témoigna son contentement à son coucher. La reine, qui protégeoit M. de Chamfort, lui annonça que le roi lui donnoit une pension (*a*). M. le prince de

a De 1,200 livres sur la cassette du roi. La reine, en apprenant cette nouvelle à son protégé, lui dit que son auguste époux lui avoit voulu laisser la satisfaction de la lui annoncer la premiere.

Condé le nomma secrétaire de ses commandemens & les fades courtisans prônerent à l'envi un poëte qui avoit eu le bonheur d'intéresser leurs majestés.

Après les spectacles, milord, les courses de chevaux ont fort amusé la cour. Ces courses, dont je ne vous ai pas encore parlé, & qui ne sont qu'une frêle imitation des nôtres, sous un gouvernement plus prévoyant, ayant de grandes vues & perçant dans l'avenir, pourroient se tourner en institution politique très-propre à nous devenir funeste un jour. En effet il seroit, sans doute, fort avantageux à la France de former, par ces exercices fréquens & multipliés, les chevaux de ses haras à la vigueur, au brillant & à la légereté des nôtres. Elle s'affranchiroit ainsi à la longue du tribut qu'elle nous paye en cette partie. Mais jusqu'à présent je n'y vois qu'un jeu puéril sans aucun but d'utilité réelle. La reine qui, dans l'âge aimable où elle est, se plaît à tout ce qui est mouvement & tumulte, a beaucoup contribué à encourager les Courses. Pour amuser S. M. Il y en a eu durant le voyage de Fontainebleau : on en avoit réservé pour ce tems une, la plus fameuse qu'on ait encore vue.

M. le comte d'Artois avoit fait acheter chez nous, il y a plusieurs mois, un superbe coureur d'un prix fol, puisqu'il lui avoit coûté 1,700 louis. Depuis on l'avoit gardé avec le plus grand mystere ; il étoit dérobé à tous les yeux, & les seuls favoris de son maître avoient la liberté de le visiter. Il se nommoit

Kin[illegible]

King Pepin (a). C'eſt ce magnifique cheval qui a été réſervé pour la courſe en queſtion. On en parloit diverſement. Quelques-uns de nos compatriotes qui le connoiſſoient, m'avoient prévenu qu'il étoit de la plus avantageuſe encolure, qu'il n'avoit point de pareil pour les deux premiers tours, mais qu'il foibliſſoit au troiſieme conſidérablement; qu'en un mot il étoit uſé: que du reſte il étoit excellent pour la pelouſe & ne valoit rien ſur la terre. Vous jugez, Milord, que je n'ai pas manqué un pareil ſpectacle, qui intéreſſoit en quelque ſorte notre nation. Il y avoit en effet beaucoup d'Anglois, & l'un d'eux a offert dix mille louis de pari. On a prétendu qu'il étoit de moitié avec l'ancien propriétaire du courſier, qui, honnêtement, ne pouvoit pas porter de défi.

Beaucoup de curieux de Paris & d'ailleurs, d'amateurs, de fainéans & de richards s'étoient rendus au jour indiqué (b) pour jouir de ce coup d'œil, que vous ſavez être de quelques minutes ſeulement.

Toute la cour n'a pas manqué d'y aſſiſter & même le roi qui, invité par le comte d'Artois de parier pour lui, y a conſenti, & preſſé de s'expliquer ſur la ſomme, a répondu qu'il iroit juſqu'à un écu de trois livres; perſiflage qui n'a point amuſé S. A Royale; mais la reine l'en a dédommagé par l'intérêt vif qu'el-

---

a Le roi Pepin.

b Au 13 Novembre 1776.

le a paru prendre au maître & au coursier, qu'elle a daigné caresser de ses augustes mains. L'animal, fier d'un tel encouragement, est parti ; il a déployé la plus héroïque ardeur : mais ce qu'on avoit annoncé est arrivé, il n'a pu soutenir son début brillant & a perdu. Malheur, sans doute, au *Jockey*, (*a*) chargé de cette expédition ! Le prince a été furieux, & il a fallu soustraire le héros vaincu aux premiers mouvemens de sa colere. Une bataille perdue en France ne met pas à beaucoup près un général dans un danger si éminent.

Je ne puis en finissant, Milord, vous rendre compte encore de l'affreuse catastrophe arrivée auprès de Fontainebleau. Vous avez raison de regarder comme absurde tout ce que les gazettes vous en ont dit, & je compte fixer incessamment vos incertitudes à cet égard. Je vous embrasse en attendant du plus profond, de mon ame.

Paris, ce 25 Novembre 1776.

---

a Le palfrenier qui court sur le cheval.

LETTRE LIX.

Etrange catastrophe arrivée à la chasse, auprès de Fontainebleau.

LA catastrophe arrivée à la chasse aux environs de Fontainebleau, & dont vous n'êtes instruit qu'imparfaitement, Milord, est une des plus cruelles aventures qu'ait jamais occasionné cette passion funeste. Elle sert de nouvelle preuve des excès auxquels elle porte ceux qui en sont tourmentés. C'est un besoin, c'est une fureur, c'est une rage : il faut qu'on se satisfasse, à quelque prix & par quelque moyen que ce soit. Les hommes les plus doux, les plus honnêtes par nature, par éducation, par état, elle les rend plus féroces & plus impitoyables que les bêtes fauves qu'ils poursuivent. C'est ce qu'on remarque dans l'auteur du meurtre, ou plutôt de l'assassinat lâche & barbare dont il s'agit. Voici le fait, tel qu'il s'est raconté dans le premier moment à Fontainebleau, lorsque les partisans & les défenseurs du coupable n'avoient pas encore eu le tems de l'arranger pour le rendre moins odieux & plus pardonnable. J'ai observé que dans les relations de cette espece, bien différentes des autres, c'étoit toujours à la premiere leçon qu'il falloit s'en rapporter.

M. de Biragues, capitaine d'artillerie, étant à ca-

ble dans son château, entend tirer ; il est surpris qu'on vienne sur la terre sans l'en avoir prévenu. Il quitte le dîner, malgré les instances de sa femme, & n'ayant pour toute arme qu'un bâton, il s'avance vers l'endroit où il a entendu le bruit. Son fils, âgé de dix ou douze ans, par la curiosité naturelle à cet âge, le suit avec un domestique. Son pere rencontre bientôt deux chasseurs, auxquels il reproche leur hardiesse : la querelle s'engage, elle s'échauffe & le propriétaire du lieu se servant des termes énergiques que lui suggere sa juste indignation, l'un des deux *quidams* (*a*), qu'on a su depuis être un officier dans le régiment de la reine, le couche en joue & le tue. Cependant le fils & le laquais crient à l'assassin & le poursuivent. L'autre *quidam*, connu ensuite pour un abbé (*b*) & un parent du premier, ayant encore son fusil chargé, les menace de tirer sur eux, s'ils ne s'éloignent & ne cessent leurs clameurs. Ils retournent vers Madame de Biragues tremblante, éplorée & presque sans vie. Elle ranime ses forces dans l'espoir d'une prompte vengeance ; elle est bientôt instruite du nom du plus coupable ; elle se rend à la cour & s'y jette aux pieds du roi en demandant justice. L'extrême sensibilité du jeune monarque à tout ce qui est horreur, attrocité, le porte à donner les ordres les

---

a M. *Berthelot de la ville Haurnoye.*

b L'abbé *Berthelot.*

plus séveres contre l'accusé. En conséquence. M. le comte de Saint Germain fait enjoindre à toutes les maréchaussées de le poursuivre sur son signalement, ainsi que les malfaiteurs & les scélérats. Mais bientôt tout a changé de face, des liaisons d'intérêt, de parenté, d'amitié, ont rendu le chef suprême de la justice moins ardent à l'exercer M. le garde des sceaux a prétendu éclairer la religion surprise de S. M. en lui faisant entendre que M. de Biragues, armé d'un bâton, avoit menacé le chasseur; ce qui rendoit la conduite de celui ci moins criminelle & même nécessaire. L'on s'est refroidi généralement : le procès s'instruit cependant pour la forme; mais comme le mort a toujours tort, on ne doute pas que le vivant n'obtienne sa grace incessamment. Pour toucher davantage en sa faveur, on raconte que son pere, âgé de 84 ans, est tombé en apoplexie à cette fatale nouvelle; & ce n'est plus sur l'épouse en deuil & sur des enfans sans appui que porte l'intérêt du François, dont le cœur change d'affection, comme l'esprit d'objet; on s'étend sur les excellentes qualités du militaire, sur sa bravoure, sa politesse, sa mansuétude; on dit, au contraire, que M. de Biragues étoit un homme mal embouché, violent, emporté. N'ayant point les pieces du procès sous les yeux, & ne pouvant lire les dépositions des témoins, discutons les vraisemblances de la narration de ceux qui cherchent à donner le tort à M. de Biragues, & à justifier le meurtrier.

Ils disent que M. de Biragues, après avoir violemment injurié les braconniers, l'un d'eux s'étoit approché honnêtement de lui, &, le chapeau à la main, lui avoit fait des excuses; qu'alors, sans égard à celle-ci, il lui avoit donné un coup de bâton qui l'avoit fait tomber, & qu'il se disposoit à lui en assener un autre, lorsqu'en se relevant le militaire s'étoit vu forcé pour éviter ce second outrage, de toucher son ennemi à bout portant.

Or, peut on croire qu'un homme n'ayant qu'un bâton soit assez téméraire pour en attaquer un autre armé d'un fusil accompagné d'un camarade également en défense? Peut-on croire que celui-ci, assez inhumain, assez furieux pour menacer un enfant demandant vengeance de la mort de son pere qu'il vient de voir expirer sous ses yeux, soit assez lâche, ait assez de sang froid pour ne pas défendre son ami tombant à ses pieds d'une maniere infâme? Y a-t-il quelque apparence que le spéctateur intact, étant resté dans l'inaction, l'autre terrassé d'un coup vigoureux, conséquemment ayant laissé échapper son fusil, ait eu le tems de se relever, de le reprendre & de faire en un clin d'œil toute la manœuvre que supposeroit le récit de ses défenseurs?

Tout le monde convient, il est vrai, assez généralement des mœurs douces & honnêtes, jusques là, du meurtrier: mais on assure assez unanimement aussi que c'étoit un braconnier impitoyable, ne connoissant ni loi, ni procédés à cet égard, lorsqu'il étoit animé de la passion de la chasse; ce qui confirme ce que je vous ai dit au commencement de ma lettre au sujet de cette fureur, transformant l'homme & le dénaturant tout-à-fait. Quant au caractere de M. de Birague, peu importe ce qu'il étoit; il avoit certainement bien droit d'entrer dans la plus violente colere de se voir bravé, insulté chez lui & jusques sous ses fenêtres; mais cela ne rend pas son action plus vraisemblable, ni même plus possible, encore moins la suite entiere de ce récit d'un bout à l'autre.

Enfin, de quelque maniere que les choses se soient passées, le coupable ne peut se laver d'un premier crime, d'être venu à main armée sur une terre étrangere, d'y avoir exercé un brigandage effroyable. Et il étoit essentiel pour le bon ordre, pour l'intérêt de tous les seigneurs & pour la nécessité de pourvoir à la conservation des droits les plus sacrés de l'humanité, de faire un exemple qui effrayât & pût arrêter à l'avenir les malheurs provenant fréquemment d'une passion effrénée, dont la potence & la roue peuvent seules arrêter les excès.

Paris, ce 28 Novembre 1776.

LETTRE LX.

Sur la nouvelle ordonnance de la marine.

Je ne saurois trop vous répéter, milord, que dans les matieres qui me sont étrangeres, par une ignorance absolue, ou relative, ou locale, je prend toutes les précautions possibles pour n'être pas trompé, afin de ne pas vous induire ensuite vous-même en erreur. Comme presque toutes les opérations du gouvernement, en favorisant certains corps, nuisent nécessairement à d'autres, j'ai toujours soin d'interroger dans les deux partis ceux qui me paroissent les plus instruits, les plus propres à m'éclairer; je compare, je discute ces diverses opinions, j'y joins encore celles de gens qui n'étant intéressés ni pour ni contre, ont au moins pour la leur un foible préjugé, je veux dire une impartialité parfaite. De tant de conversations multipliées & approfondies, il est difficile sans doute qu'il ne naisse pas la lumiere & la vérité aux yeux de quelqu'un qui la cherche, & qui n'est pas dénué d'assez de sens commun pour l'appercevoir. Comptez donc que lors même où je vous semble parler d'après moi, je ne fais que vous rendre la décision de la portion du public la plus saine & la plus judicieuse.

Quoique la marine en général ne me soit pas inconnue, la nôtre differe tellement de la marine françoise, que je me suis regardé comme neuf à cet égard ici, & que j'ai voulu recueillir sur l'ordonnance que vient de rendre M. de Sartine, tout ce que je pourrois d'avis pour vous parler plus en connoissance de cause de cette matiere importante. C'est à cette occasion principalement qu'il m'a fallu être en garde contre une foule de préventions, de passions même, que j'ai vu diriger ceux que j'interrogeois. Dernierement encore, à un dîner où j'étois, chez Madame de Masliat, la veuve d'un officier général de la marine, je fus témoin de beaucoup de discussions élevées entre plusieurs chefs des deux corps dont elle est composée en France, & je ne manquai pas de les rendre plus vives & plus soutenues dans l'espoir de m'arrêter à une derniere détermination sur un sujet aussi problématique. Enfin ne sachant encore, après tous ces débats, à qui m'en rapporter, je pris pour juge en dernier ressort un ancien premier commis, l'un des convives (*a*). C'est un homme de beaucoup d'esprit & mûri par une longue expérience. Je savois qu'il avoit de bonne heure appris son métier sous l'un des plus habiles ministres qu'ait eu la marine (*b*) pour la manutention intérieure de ce département, quoique par des raisons étrangeres à son mérite (*c*) que ce n'est pas ici le lieu de discuter, son administration ne soit marquée par aucune opération qui l'ait illustré au dehors. Je savois que ce même personnage ayant travaillé sous les successeurs de ce minis-

---

a M. Pelerin, intendant des armées navales : titre vague, sans fonctions, & qui n'est qu'une dénomination de retraite.

b M. le comte de Maurepas.

c On sait dans quel délabrement M. le cardinal de Fleury, trop économe pour la marine, avoit mis cette partie, qui ne pouvant se monter comme une machine d'opéra, doit être dans tous les tems l'objet de l'attention d'un gouvernement.

tre, étoit en état de connoître les causes & les effets des révolutions qu'ils avoient produites; que n'aguere il avoit été appellé de sa retraite auprès de l'un d'eux (a) pour le diriger dans une carriere où il se trouvoit tout neuf; qu'ayant en vain voulu lui épargner plusieurs sottises il étoit retourné dans sa solitude, & qu'enfin n'ayant plus rien à craindre ni à espérer il pourroit me dire son sentiment dans la sincérité de son cœur. J'avois remarqué qu'écoutant de sang-froid la dispute il sourioit intérieurement de toutes les absurdités qu'il entendoit. Je m'accostai de lui après le dîner, &, le tirant à l'écart, je tâchois de flatter son amour-propre & de l'aiguillonner. Je réussis : je parvins à le faire s'expliquer, & ayant passé dans la bibliotheque de la maîtresse de la maison, voici la conversation intéressante que nous eumes.

LE PREMIR COMMIS.

Vous venez d'entendre combien diversement on raisonne sur la nouvelle ordonnance de M. de Sartine. Cette contrariété naît, sans doute, comme dans tous les cas semblables, des préjugés ou des affections particulieres de ceux qui parlent. On a rarement assez de bonne foi pour s'expliquer d'après sa conviction intérieure. Les officiers de la marine, dont elle est l'ouvrage, dont elle étend les fonctions

a M. de Boynes.

& les prérogatives, auxquels elle ouvre les portes de la régie économique qu'ils avoient vainement tenté de forcer jusques-là ; qui regardant cette admission comme un aveu de la vérité des accusations de fraude, de rapine, de déprédation qu'ils formoient depuis un siecle contre les préposés par le Roi à cette partie, l'exaltent comme un monument de sagesse & de génie. Le corps de l'administration, dont on détruit absolument l'équilibre avec le premier & qu'on fait son esclave, crie que tout est perdu ; il crie que si, malgré les entraves dans lesquelles gémissoient les officiers, malgré l'inspection sous laquelle ils étoient de la part de la plume, ils abusoient encore de leur autorité, ils commettoient des exactions infâmes, on doit craindre avec raison qu'ayant un pouvoir plus étendu sans aucun frein ils ne se portent à des excès plus condamnables & plus révoltans.

L'ESPION ANGLOIS.

Eh bien! à quoi s'en tenir?

LE PREMIER COMMIS.

La premiere assertion paroît d'abord fort difficile à croire. Comment en effet se persuader qu'un homme ayant passé une grande partie de sa vie dans les fonctions les plus rétrécies, les plus minutieuses & les plus viles de la magistrature, transplanté dans un département dont la langue même lui est étrangere, ait acquis en deux ans ces connoissances particulieres, locales, multipliées, qui ne peuvent même avec beaucoup d'esprit, sans un long exercice, s'acquérir à un assez haut degré pour bouleverser utilement une constitution d'un siecle !

L'ESPION ANGLOIS.

Cela est bien hardi !

LE PREMIER COMMIS.

Ne vous y trompez pas ; c'est l'ouvrage de la foiblesse. M. de Sartine, en entrant au ministere, s'est trouvé entouré des officiers de la marine. Il sentoit son incapacité & son défaut de lumieres. Au lieu de s'en rapporter à nous autres, ses conseillers naturels, ses coopérateurs essentiels, il s'est livré aux premiers, dont il a regardé les suffrages & l'appui comme nécessaires à son ambition, & pour l'enlacer de mieux en mieux, ceux-ci lui ont communiqué cette manie épidémique de réforme qui tourne aujourd'hui les têtes ministérielles en France. Ils lui ont fait entendre qu'il falloit aussi tout bouleverser dans sa partie pour en déraciner les abus, profiter de l'exemple de son collegue, mettant sans dessus dessous le département de la guerre, adopter comme lui de nouveaux principes & une nouvelle forme ; en un mot, se rendre législateur par un chef-d'œuvre qui le couvriroit de gloire. Il s'est laissé aller à leurs adulations & arracher l'ordonnance que vous voyez, persuadé qu'elle le feroit mettre par la postérité au rang des plus grands ministres du nouveau regne.

L'ESPION ANGLOIS.

En attendant que la postérité en soit d'accord, voyons ce que pensent ses contemporains.

Le Premier Commis.

Il faut d'abord vous mettre au fait des vues dans lesquelles a été dictée l'ordonnance de 1689. Nous ne pouvons les connoître par le préambule, car il n'y en a nul. Les premiers commis d'alors n'étoient point orateurs comme les nôtres aujourd'hui : ils faisoient des réglemens solides & non verbeux : ils auroient pu nous dire ce qu'Ajax dit d'Ulysse :

Sed nec mihi dicere promptum nec facere est olli.

Voici seulement ce que la tradition & l'histoire nous apprennent de cette ordonnance.

Lorsque Louis XIV voulut rétablir, ou plutôt créer la Marine en France, il comprit que, forcé d'entretenir des armées de terre formidables, il ne pourroit jamais subvenir à cette nouvelle dépense sans une économie extrême & soutenue. Elle devoit être le fruit de la plus grande intelligence & de l'activité la plus infatigable dans ceux chargés de ce travail immense. Il ne falloit point songer à les tirer de la noblesse, encore dans l'ignorance, & destinée aux fonctions brillantes de la guerre & du commandement. Sans cesse obligés de s'éloigner des ports & arsénaux, les officiers militaires ne pouvoient se livrer à cette administration paisible, aux détails sans nombre de la construction des vaisseaux, le théatre de leur gloire. Il fallut donc avoir un corps subsistant pour la manutention intérieure, & ce corps fut appellé la PLUME, par contraste avec celui de l'EPÉE. Mais la nature de ses opérations exigeant des qualités, des connoissances & des talens, tout le monde n'étoit pas propre à y entrer indistinctement. D'ailleurs, ses fonctions étoient fatigantes & continues: elles se multiplioient, se varioient à l'infini; il falloit beaucoup de sujets pour les remplir. Si l'on eût payé ce corps en proportion de ses services, c'eût été un surcroît de charge, dont les fonds auroient diminué d'autant ceux consacrés aux besoins essentiels & indispensables du département. On ne put donc donner que des appointemens modiques à ces nouveaux brévetés du roi, & l'on compensa par la considération ce qu'on leur refusoit du côté de la fortune. On commença par les soustraire absolument à l'autorité de l'épée: on excita leur émulation; on établit des grades entre eux, une hiérarchie composée ainsi: *éleves* (*a*), *écrivains*, *écrivains principaux*, *commissaires ordinaires*, *commissaires généraux*, *intendans*, *conseillers d'état*. Ils n'étoient pas même exclus de la perspective possible, quoique toujours fugitive, du ministere (*a*). En effet, les fonctions du sécrétaire d'état de la

a Il n'est point question d'éleves dans l'ordonnance de 1689. C'est M. le Comte de Maurepas qui a institué ce grade, & a ordonné que personne n'entreroit dans le corps de la plume sans avoir passé par cette école, qui existoit cependant de fait dans les sujets aspirans & employés sans grades ni appointemens. M. de Maurepas fit aussi appointer les éleves.

b On a vu M. le Normant, ayant ainsi passé par tous les

marine, centre & chef des deux corps, sont spécialement de la nature des fonctions de la plume.

Celle-ci, en outre, égale en nombre de grades, marchoit parallelement avec l'épée (*a*), seulement l'ancienneté ne comptoit pas, & roulant ensemble, chacun de ses membres avoit toujours le dernier rang du grade respectif. Enfin elle étoit susceptible de plusieurs honneurs militaires (*b*) & présidoit dans certains cas même sur sa rivale (*c*).

Les fonctions des officiers de plume consistoient dans la visite, achat recette & emploi de toutes les matieres servant à la construction, équipement, armement des vaisseaux, dans l'admission, la formation, la police & la levée des matelots. Jusques-là les officiers d'épée n'avoient que le droit d'inspection, de contrôle & de plainte au ministre, des inepties, abus ou malversations qu'ils reconnoissoient.

---

grades, adjoint au ministere du tems de M de Massiat, & à la veille d'être lui-même en chef.

a L'éleve avoit rang de garde de la marine; l'écrivain, d'enseigne; l'écrivain principal, de lieutenant; le commissaire, de capitaine; le commissaire-général, de chef d'escadre; & l'intendant, de lieutenant-général.

b Les intendans, commissaires, &c. avoient des troupes & du canon à leur mort. Ils avoient aussi d'autres honneurs dans le port, à la mer & dans les revues.

c Comme dans le conseil aux colonies, dont l'intendant est président-né.

Le vaisseau une fois armé & à la mer, le capitaine devenoit maître absolu dans son bord, & l'officier de plume n'étoit plus que l'économe des effets du roi, que l'historien des fautes & des succès du représentant de S. M., sans que celui-ci eût pour cela aucun ordre direct à lui donner, non qu'on voulût établir deux autorités concurrentes, mais parce qu'on présumoit avec raison que la force résidant du côté de l'épée, elle seroit toujours en état de réprimer les écarts de l'autre, sauf au commandant de rendre compte à son retour des motifs supérieurs qui l'auroient déterminé.

Cet équilibre salutaire a subsisté jusques à M. Rouillé. Ce ministre, chargé de réparer la faute énorme commise par le cardinal de Fleuri, qui avoit laissé presque anéantir notre marine, vouloit faire reprendre à nos différens ports toute leur activité. Il s'agissoit ne profiter de l'intervalle d'une paix, qu'on prévoyoit ne devoir pas être bien longue, pour faire beaucoup de constructions en peu de tems, pour remplir nos magasins & nous mettre en état de parer aux événemens qui pouvoient survenir, & surtout à une guerre maritime, la seule que nous eussions à craindre. Le corps de la plume devenoit de plus en plus nécessaire, & l'un de ses chefs ayant gagné la confiance de ce ministre par une grande capacité & un esprit insinuant, lui fit donner un lustre qu'elle n'avoit pas encore eu. Elle fut augmentée considérablement, & le département, entr'autres, à la tête duquel étoit ce favori, M. le Normant, intendant de

Rochefort, devint très - florissant. Dans les différends qui s'éleverent fréquemment entre les deux corps, celui de l'épée eut beaucoup de mortifications, & les décisions lui furent constamment contraires.

Mais ce moment de prospérité ne fut que passager; la guerre de 1756 rendit à l'épée la prépondérance que lui devoient procurer les circonstances. Cependant, tant que M. de Machault, qui avoit remplacé M. Rouillé, fut en place, le corps militaire empiéta peu. Ce ministre ferme avoit conçu qu'il étoit dangereux pour lui-même de ne pas le contenir. Il avoit reconnu cet esprit d'orgueil & d'indépendance qui le domine, & s'occupoit sans relâche à le réprimer. L'état précaire & chancellant, l'ineptie, la foiblesse, la crainte de ses successeurs (*a*) sans entours & sans talens, laissa le tems à l'épée de gagner de plus en plus, & si les chefs de celle-ci ne s'étoient ôté eux-mêmes tout crédit par leur mauvaise conduite dans les expéditions dont ils furent chargés, ils auroient, durant cette espece d'anarchie, aisément rempli leur projet d'anéantissement ou d'asservissement total du corps dont la rivalité les humilioit. Mais la honte dont ils couvrirent notre pavillon, la présomption, l'ignorance, la cupidité, la lâcheté dont l'histoire de cette guerre fournit cent exemples de leur part, sauverent la plume, ou du moins prolongerent

---

a Mrs. de Moras, Massiat & Berryer.

ſon exiſtence. Leur inſolence, ſurtout envers le miniſtre le plus diſpoſé à les ſeconder, dans un moment où ils recevoient le plus d'opprobre, où, comme de concert avec l'ennemi, par une trahiſon infâme ils perdoient une ſeconde fois les reſtes précieux de notre marine ſans reſſource, lui fit ouvrir les yeux & l'empêcha de ſe livrer à leur deſir.

L'ESPION ANGLOIS.

Et quel étoit ce miniſtre?

LE PREMIER COMMIS.

M. Berrier, ſortant de la police, comme M. de Sartine. Il ne connoiſſoit pour reſſorts de ſon adminiſtration que la délation & l'eſpionnage; il n'étoit entouré que de la plus vile canaille de cette capitale; il ne voyoit que des ames mercénaires, des fripons, des brigands; il s'étoit habitué à croire qu'il n'y avoit plus de probité ni d'honnêteté dans le monde: il n'eut donc pas de peine à adopter les idées injurieuſes qu'on lui fit naître contre la plume, & ne prévoyant pas le beſoin qu'il en auroit, guidé par ſon génie dur, malfaiſant, il rouloit déja ſes projets deſtructeurs contre elle, lorſque le combat du maréchal de Conflans & ſes ſuites funeſtes attirerent ſon indignation ſur le corps qui en étoit vraiment digne. Ce fut en ce moment qu'il en reçut cette lettre incroyable, où l'un des chefs des fuyards (a) lui écri-

---

a M. Villards de la Broſſe, qui s'étoit retiré avec une divi-

tant avec un mépris insultant, sembloit oublier son infamie ou en diminuer une partie en la faisant rejaillir sur le ministre. Celui-ci n'ayant pas assez de puissance pour se venger directement de ces officiers insolens jusques dans leur fange, le fit indirectement en se refusant enfin à leur impulsion. Il sentit l'utilité d'un corps réparateur & conservateur, préférablement à un corps de destructeur qui venoit, en deux heures, d'anéantir ou de livrer aux mains de l'ennemi le fruit de dix années de travaux.

Sous le duc de Choiseul, qui gouverna ensuite le département dont sortoit M. Berrier, la plume eut une lueur d'espoir. Elle se flatta de reprendre son équilibre & même une sorte d'illustration. Outre qu'elle devenoit nécessaire aux constructions qui devoient s'établir de toutes parts pour la régénération de la marine, dans un moment d'enthousiasme dont il falloit profiter, où les corps, les provinces, les villes à l'envi offroient des vaisseaux au roi, c'est que ce ministre instruit par l'expérience de la guerre qui venoit de finir, songeoit à donner à l'épée une constitution différente. Il avoit vu que nos défaites multipliées & continues sur mer avoient été la principale cause des conditions humiliantes que nous avions reçues à la paix, la plus désastreuse que la

---

tion de l'escadre dans la Vilaine, riviere où l'on n'auroit osé faire entrer auparavant une frégate.

France eût faite depuis longtems; il avoit vu que ces défaites ne tenoient pas simplement à des causes accidentelles & passageres, mais au génie du corps des militaires en cette partie, à sa constitution radicalement vicieuse & qu'il n'y avoit d'autre remede qu'une suppression entiere de ce corps & une recréation sur un pied différent. Déja il y travailloit; il songeoit à ouvrir la porte au mérite, à confier les vaisseaux de S. M., non aux officiers du plus grand nom, mais de la plus haute capacité; non à ceux qui se glorifieroient d'une longue suite d'ayeux, mais à ceux qui compteroient une longue suite d'exploits. Il ne croyoit pas devoir garder le secret sur une opération avantageuse à l'état & glorieuse pour le monarque. Il se trompa. Le corps de l'épée, allarmé des bruits qui couroient, mit en mouvement toute la cour, & ce ministre, tout-puissant pour faire le mal, ne le fut pas assez, pour opérer le bien. Il se dépita; il abandonna un département qui ne lui donnoit que du chagrin & des dégoûts; il le remit à son cousin le duc de Praslin.

Celui-ci, foible, mou, cacochyme, sans capacité, quoiqu'avec de l'esprit, étoit fait pour être conduit, gouverné, subjugué par celui qui s'en empareroit. La guerre & le changement des ministres avoient occasionné une confusion & des désordres dans l'administration de son département auxquels il falloit nécessairement remédier: ç'auroit dû être l'objet de quelques réglemens particuliers; mais le corps de l'épé profita de cette circonstance pour obtenir en peu de tems ce qu'il n'avoit pu gagner depuis un siecle. Je me trouvois remplacé par un homme de rien (*a*), chez qui une ame fiere & élevée ne rachetoit point la bassesse de la naissance ; trop flatté des caresses des officiers, qui, plus vils que lui-même, lui faisoient leur cour pour le déterminer à trahir les intérêts de son propre corps, lorsqu'il seroit consulté par le duc, incapable de faire sciemment le mal, ayant des vues droites & un desir sincere d'opérer le bien.

Ce premier commis étoit à son tour mu par un parent (*b*) qu'il avoit dans les ports, ayant de l'esprit, des talens, vraiment instruit & très-propre à conduire son inexpérience & à manquer son ineptie. Malheureusement il étoit ambitieux, ardent à courir après la fortune ; il n'étoit point délicat sur le choix des moyens : la voie la plus courte étoit pour lui la meilleure. Il vit qu'il ne trouveroit jamais une aussi belle occasion de sortir de son obscurité & de s'avancer ; il ne craignit point par une collusion honteuse avec les ennemis de son corps de concourir à son déshonneur ; il fit adopter par le ministere cette ordonnance qui a porté le premier coup mortel à la plume & qui a décidé que l'intendant de la marine, jusques-là aussi indépendant dans sa partie que le com-

---

a M. Rodier. *b* Un nommé Marchais.

mandant, feroit fubordonné à celui-ci & lui rendroi compte de fes opérations. Tout fut lâche dans cett circonftance critique, & ces chefs qui auroient dû ré clamer contre une dégradation auffi contraire au bie du fervice, fubirent le joug fans murmurer. Celu de Breft furtout (a) qui, vieilli depuis foixante an dans le fervice, pouvoit du moins, en demandant f retraite, néceffaire, fe fouftraire à l'ignominie, fu le premier à la dévorer. Il fembla ne refter qu pour voir fon front couvert du fceau de l'efclavage

Depuis cette époque fatale, l'ordonnance de 168 ne fut plus regardée que comme un fimulacre don on refpectoit la vétufté, mais elle refta fans vigueu & abfolument vaine. Chaque jour on portoit attein impunément à quelqu'un de fes articles. Elle étoi déja en défuétude lorfque M. de Boynes vint donne à la conftitution de la marine, ainfi ébranlée de tou tes parts, un nouveau coup qui la fappoit par le

---

a M. Hocquart. Quant à M. de Ruis intendant de Roch fort, & plus zélé pour l'honneur de fon corps, il auroit peu être regimbé, mais on le féduifit par l'uniforme accordé à plume, uniforme qu'il avoit fort à cœur & fur lequel il avo donné des projets plufieurs fois; par le changement auffi d mot ignoble de *plume* en celui de *corps de l'adminiftration*, enfin par un cordon de *Saint-Lazare* dont on le barda. On parle point de M. Hurzon, intendant de Toulon; intrus da le corps il étoit peu intéreffé à le défendre, ou plutôt étoit enchanté de voir confacré en quelque forte par d'autr injuftices celles commife en fa faveur.

[fon]demens (*a*). Il publia une ordonnance si bizarre, [si] destructive de toute la composition & de l'harmonie [de] chaque corps, que tous deux en furent presqu'é[ga]lement mécontens. (*b*) Cependant celui de la plu-

---

[(*a*)] M. Pelerin me tira en même tems de sa poche un petit [co]mpendium, où il avoit extrait divises choses relatives à la [m]arine. Il m'y fit voir ce qu'on disoit de l'ordonnance de M. [de] Boynes dans des nouvelles du jour, du 12 Mars 1772.

„ La nouvelle ordonnance du Roi, portant création de huit [ré]gimens, sous la dénomination de corps royal de marine, est [da]tée du 18 Février 1772. L'attache de l'amiral est du 4 Mars. [Ell]e a été imprimée à Versailles, à la nouvelle imprimerie [du] bureau de l'hôtel de la guerre, & paroît depuis dimanche."

„ Elle se ressent de la précipitation avec laquelle elle a été [di]gérée. Elle est pleine d'obscurité, d'embarras, de contra[di]ctions & ne peut même s'exécuter en quantité de points. [On] peut la regarder, si elle subsiste, comme le coup le plus [m]ortel porté à la marine, dont la constitution déja trop ébran[lé]e sous les précédens ministeres, est ici sappée jusques dans [se]s fondemens."

(*b*) M. Pelerin me cita à cette occasion dans son *compendium* [un]e lettre de Brest, 1772:

.... „ Les trois divisions de l'escadre d'évolution seront [com]mandées par trois chefs d'escadre montant les trois vais[se]aux. M. d'Orvilliers, M. du Chaffault & M. de Breugnon....

„ Les officiers d'épée, malgré les avantages qui paroissent [r]ésulter pour eux sur ceux d'administration, par la nouvelle [or]donnance en sont presqu'aussi mécontens que ceux-ci. Ils [tr]ouvent mauvais qu'on les assimile d'une part aux officiers [d']infanterie, auxquels ils se croient bien supérieurs; que de [l']autre on leur donne avec la plume une parité de fonctions [qu]'ils regardent comme gênantes & ignobles. M. de Roque[feu]il qui commande le corps en ce département, doit en con[sé]quence envoyer un mémoire de représentations au mi-

me, appellé depuis M. de Praslin corps d'administration, étoit le plus maltraité. On ne l'obligeoit plus seulement de rendre compte de ses travaux au commandant, mais on mettoit chaque chef de détail sous l'inspection d'un officier, émissaire du premier & le contrôleur perpétuel de l'autre. Cet article avoit quelque chose de si humiliant, de si malhonnête & de si injurieux à la probité des officiers d'administration, que le ministre fut forcé d'écrire aux intendans une lettre servant de commentaire au texte. Elle étoit en forme d'excuse, écrite de sa main, & faisant connoître d'une façon peu avantageuse le style & le génie de ce grand réformateur. La voici.

„ Il est surtout nécessaire que vous donniez tous vos soins à prévenir tout sujet de division entre les officiers de la marine du roi & les officiers d'administration. Le nouvel arrangement que le roi a jugé à propos de former, a pour objet de mettre les uns & les autres en état de donner à S. M. des preuves de leur zele, & d'établir entre eux un commerce de vues & de sentimens qui doit opérer les plus grands effets pour le service du roi."

„ En

---

nistre. L'intendant, au contraire, qui en auroit à faire plus qu'un autre, n'a répondu qu'avec la plus entiere soumission & se met en quatre avec tout son corps pour disposer l'exécution de l'ordonnance en ce qui le concerne, afin qu'elle puisse avoir lieu au 1 Avril.

„ En lisant avec attention l'ordonnance que je vous envoie, vous y remarquerez que l'esprit qui l'a dictée a été d'intéresser les officiers de la marine du roi à l'amélioration & à la conservation de tous les effets en tout genre qui doivent servir à monter la marine sur un pied respectable; ce qui suppose de leur part une grande attention & une surveillance continuelle, afin qu'il en résulte le meilleur emploi possible des fonds que les circonstances présentes & la position actuelle des finances du roi lui permettent de destiner à sa marine."

„ Je ne doute pas que tous les officiers de la marine, sensibles comme ils doivent l'être, à cette marque de confiance du roi, ne s'empressent de concourir à l'envi les uns des autres à l'exécution des vues aussi honorables pour eux, & qui leur procurent des moyens aussi faciles d'acquérir de la gloire."

„ Mais ce seroit abuser étrangement de l'esprit de cette ordonnance d'imaginer que l'intention du roi ait été de déprimer le corps des officiers de l'administration. S. M. est persuadée plus que jamais que les fonctions habituelles de l'administration doivent être confiées à un corps qui s'en occupe uniquement, & que le desir d'acquérir une gloire plus brillante par le succès des expéditions militaires ne puisse pas détourner de l'honneur que procure l'exercice des fonctions paisibles de l'administration."

„ Il a donc paru essentiel à S M. de fixer d'une maniere précise les fonctions des officiers de sa marine

& celles des officiers d'administration. L'administration doit tout ordonner, le militaire doit tout inspecter; il ne doit ordonner aucune dépense, mais il doit veiller à ce que toutes celles qui seront ordonnées soient faites avec la plus grande exactitude & la plus grande économie."

„ Vous trouverez le développement de ce grand principe dans le réglement que S. M. se propose de vous envoyer pour faire connoître ses intentions sur les autres parties du service de la marine, & il résultera nécessairement de l'exécution de pareilles vues un accroissement de considération pour le corps entier de l'administration, dont toutes les opérations étant désormais connues de ceux qui ont un si grand intérêt de les connoître, ne seront plus exposées à des soupçons & à des inquiétudes qui ne pourroient servir qu'à entretenir l'esprit de division entre deux corps qu'il est si important de réunir."

„ Vous lirez cette lettre aux officiers d'administration, & vous la ferez enrégistrer au contrôle de la marine." (*a*).

---

a Il est a remarquer que c'est sous M. de Boisnes qu'ont été accordées quelques croix de Saint Louis à des commissaires de la marine, les premieres que la plume eût jamais obtenues: Ainsi par une inconséquence incroyable, tandis qu'il dégradoit ce corps d'un côté il le relevoit de l'autre, & décidoit en sa faveur une prétention qu'il avoit toujours eue, mais dont il avoit toujours été écarté. On voit dans les

Comme M. de Boisnes, dont j'étois voisin de campagne, m'avoit appellé auprès de lui lorsqu'il avoit été nommé au département de la marine, que par zele pour le bien public, qu'il sembloit avoir en vue, j'avois bien voulu l'aider de mes instructions & de mes conseils, mais sans attachement particulier, sans aucun émolument pécuniaire, on me fit l'honneur de croire que ce chef-d'œuvre étoit mon ouvrage, & je n'y avois aucune part. Je m'étois apperçu depuis quelque tems que croyant pouvoir aller sans lisieres, il se retiroit de moi & s'étoit absolument tourné du côté des officiers; ce qui me détermina à le laisser seul dans une carriere où, non content de marcher, il couroit à grands pas sans prévoir aucune chûte. Elle est arrivée cependant, & bien lourde, & tous ses ouvrages se sont écroulés avec lui.

L'ESPION ANGLOIS.

Vous venez de me faire un historique des plus curieux & des plus intéressans; mais ce n'est encore que le préliminaire de l'objet de notre conversation: nous voilà parvenus à l'époque du ministere de M. de Sartine: on doit juger que l'exemple de son prédécesseur ne l'a pas effrayé.

Anecdotes sur la Comtesse du Barri, qu'elle avoit engagé M. de Boisnes à en donner une à un commissaire nommé Dabbadie, en reconnoissance d'une perruche dont il lui avoit fait présent.

LE PREMIER COMMIS.

Fontenelle a écrit quelque part que *les sottises des peres étoient perdues pour les enfans*. On en pourroit dire autant des ministres. Ils se croyent toujours plus sages, plus intelligens, plus heureux que leurs devanciers, ou plutôt les gens intéressés à le leur persuader, le leur font accroire, d'autant plus aisément que l'amour-propre est toujours fort docile quand on le caresse. C'est ainsi qu'on a amené M. de Sartine non seulement à détruire les monumens particuliers & chancelans élevés par ses prédécesseurs, mais à renverser ouvertement celui de Colbert qui n'existoit plus que de nom, & qu'on pouvoit cependant remettre en vigueur, tant qu'il ne seroit pas anéanti expressément.

(*Ici l'interlocuteur prit une nouvelle ordonnance dans la bibliotheque.*)

Nous allons juger, continua-t-il, par le préambule, du génie dans lequel l'ouvrage du code moderne de marine a été fait (*a*).

S. M. dit, „ que s'étant assurée que les officiers de sa marine ont acquis depuis plusieurs années par la nouvelle forme donnée à leur éducation militaire, la théorie de l'architecture navale & les connoissan-

---

a La nouvelle ordonnance de la marine est datée du 27 Septembre 1776 ; elle concerne, *la régie & l'administration générale & particuliere des ports & arsenaux de marine*. Elle a 160 pages *in-folio* & est escortée de six autres du même genre.

cos nécessaires pour bien diriger la construction, le gréement & l'équipement des vaisseaux; elle a reconnu la nécessité de faire divers changemens à l'ancienne constitution de sa marine : cette constitution qui n'admettoit les officiers à aucun détail dans les arsenaux, étoit propre sans doute au tems où elle fut adoptée : mais S. M. a reconnu qu'elle ne pourroit être maintenue dans son entier sans renoncer aux avantages qui doivent résulter pour la perfection des ouvrages & pour l'économie, tant des lumieres & des talens desdits officiers, que de l'intérêt qui lie essentiellement leur propre gloire au succès des opérations méchaniques des ports & à la conservation des forces navales. En conséquence, S. M. s'est déterminée à confier aux officiers militaires de sa marine la direction des travaux relatifs à la construction, au gréement & à l'équipement de ses vaisseaux : elle a voulu aussi régler définitivement les fonctions que par son ordonnance du 8 Novembre 1774 elle s'étoit réservée d'attribuer auxdits officiers, régler pareillement celles qu'auront à l'avenir les intendans & commissaires des ports & arsenaux, fixer en même tems d'une maniere constante & invariable les fonctions du conseil de marine, maintenu par sadite ordonnance dans chacun de ses ports de Brest, Toulon & Rochefort, apporter enfin à diverses parties de l'administration de ses ports & arsenaux, des modifications que la différence des tems & des circonstances ont rendues nécessaires."

Tout cela est plus spécieux que solide. On établit des principes vrais, dont on tire des conséquences fausses.

Il est certain qu'en général les officiers de la marine sont plus instruits qu'ils n'etoient ci-devant, mais dans quel genre ? mais le sont-ils tous ? Mais, dans le cas où ils le seroient, est-il avantageux de les distraire du commandement pour les charger de l'administration ? Mais leur ignorance seule a-t-elle été la cause de l'institution des deux corps ? Il faudroit résoudre avant toutes ces questions.

1°. Les officiers de la marine sont plus instruits que du tems de Louis XIV dans la théorie. Ils ont une académie (*a*) : j'en vois plusieurs de l'académie des sciences (*b*) ; ils font des expériences, des mémoires, des voyages pour perfectionner la navigation & les connoissances relatives à cet art : & cependant jamais on ne s'est si mal battu sur mer, jamais on n'a fait de plus mauvaises manœuvres, des âneries plus grossieres ; jamais nous n'avons été aussi inférieurs à nos rivaux. Autrefois il passoit pour constant qu'un de nos vaisseaux tenoit tête à deux des vôtres : on a vu dans la derniere guerre que l'escadre de M. de Conflans, égale & même supérieure à celle

---

a L'académie royale de marine a été instituée par M. Rouillé en 1752, & rétablie par M. le Duc de Praslin en 1769.

b Comme M. le chevalier de Borda, le Marquis de Chabert, de Bury.

de l'amiral Hawke, a été dispersée avec une facilité incroyable. Convenons donc que la grossiereté & la bonhommie des du Gué-Trouin & des Jean Barth valoit mieux que la spéculation profonde & lumineuse des modernes.

2°. Pour quelques virtuoses qui se distinguent ainsi dans le corps de l'épée, on y trouve encore beaucoup d'ignorance : elle résulte même presque nécessairement de la maniere de recevoir & d'éduquer la jeunesse destinée à la profession de la marine. La condition de ne prendre les gardes de la marine que dans la noblesse, & le préjugé qui mettant ce service au second rang n'y destine que les cadets ou les gentilshommes sans fortune; la nécessité d'y entrer de très bonne heure pour obtenir des grades longs à parcourir, font que les enfans arrivant dans les ports savent à peine lire & écrire, & sont dénués de ces connoissances préliminaires, peu utiles en elles-mêmes, mais servant à répandre dans les autres la méthode, l'ordre & la clarté, sans lesquelles elles deviennent souvent vaines & pernicieuses.

3°. Le métier d'un excellent marin, celui qui de tous suppose la plus grande réunion de talens, est déja si difficile par lui-même, exige une pratique si constante, que c'est lui faire manquer son véritable but de le distraire par des occupations sédentaires ; d'un autre côté, l'administration tient à une série de détails minutieux & de travaux non interrompus, qui ne permettent pas de les quitter & reprendre tour-à-tour; autrement elle perd de vue son objet, & manque l'intention du législateur. La variation des chefs ne peut qu'encourager la fraude industrieuse des subalternes, en favoriser la cupidité active & rendre la surveillance illusoire & superflue.

4°. Enfin, l'esprit économique ne peut se supposer raisonnablement dans ceux contre qui il est spécialement dirigé. C'est surtout dans les armemens & à la mer que l'administration, en concurrence avec l'épée, doit déployer toute son intelligence, ouvrir tous ses yeux, étendre toute l'activité de son zele pour réprimer les demandes indiscretes, du militaire, celui-ci n'étant comptable de rien, n'envisageant que sa sûreté, que le brillant de son expédition, que sa commodité personnelle, à laquelle l'homme court par essence, sous prétexte de pourvoir à ses besoins exigera toujours au-delà: c'est ce qu'il faut discuter, combattre & refuser. Jugez si, se trouvant à même de se pourvoir en abondance & sans contrariété de tout ce qu'il voudra il sera assez austere pour s'y refuser! Cette facilité même peut influer sur ses fonctions: pourvu du superflu avec l'excès du luxe, il ne ménagera point le nécessaire, & manquera de cette vigilance continuelle, une des principales qualités d'un chef à la mer.

L'Espion Anglois.

Pour éviter tant d'inconvéniens, que ne faites-vous comme en Angleterre? Pourquoi un capitaine n'épouse-t-il pas son vaisseau? pourquoi n'en devient il pas l'administrateur à la fois?

LE PREMIER COMMIS.

Pourquoi? parce que ces Messieurs regardoient autrefois les fonctions de l'administration comme trop viles pour eux : ils ne les estiment pas même davantage aujourd'hui; ils en veulent attirer à eux l'autorité & ne laisser à la plume que le méchanisme du métier; car voilà à quel excès d'imprudence & de déraison est parvenu le ministere : vous en allez mieux juger par le résumé que je vais vous faire de cette ordonnance, trop volumineuse pour la détailler. En voici la quintessence.

„ La régie & l'administration générale des ports & arsenaux de marine, sera & demeurera divisée en deux parties distinctes & séparées, dont l'une sous l'autorité immédiate du commandant du port comprendra tout ce qui concerne la disposition, la direction & l'exécution des travaux, & l'autre sous l'autorité immédiate de l'intendant comprendra tout ce qui concerne la recette & la dépense, & la comptabilité des deniers & des matieres. L'administration des travaux comprendra les constructions, refontes & radoubs, les armemens & désarmemens, les opérations méchaniques, les mouvemens du port, & généralement tous les ouvrages à exécuter dans les chantiers & atteliers de l'arsenal ou ailleurs pour la construction, le grément, l'équipement & l'entretien journalier des vaisseaux ou de tous autres bâtimens flottans, ainsi que tout ce qui a rapport à la garde, sûreté & conservation desdits vaisseaux, bâtimens & machines à leur usage, & à l'entretien, la garde & la sûreté du port & de la rade. L'administration des deniers & des matieres comprendra la recette & l'emploi des deniers, les approvisionnemens, les recettes, la conservation dans les magasins, & la distribution des matieres, munitions & marchandises quelconques; les appointemens, soldes, revues & montres des officiers des troupes, des gens de mer & de tous autres entretenus dans le port ou employés sur les vaisseaux: la levée des officiers mariniers, ouvriers, journaliers, matelots & autres gens de mer, & la police des classes, la garde des magasins, l'administration particuliere des hôpitaux & des chiourmes, celle des bâtimens civils appartenans au roi & la comptabilité générale. La partie de l'administration des arsénaux, qui comprend toutes les opérations méchaniques & les travaux relatifs aux bâtimens flottans, sera & demeurera divisée en trois directions ou détails sous l'autorité du commandant: savoir, le détail des constructions, celui du port & celui de l'artillerie. La partie de l'administration des ports & arsénaux, qui comprend les dépenses & la comptabilité, sera & demeurera divisée en cinq bureaux (non compris celui du contrôle), sous l'autorité de l'intendant: savoir le bureau du magasin général, celui des chantiers & atteliers, celui des fonds & revues, celui des armemens & vivres, celui des hôpitaux & chiourmes.

L' Espion Anglois.

Mais il me semble, que vous oubliez le conseil de marine destiné à être,, dans chaque port le centre commun de deux autorités, du commandant & de l'intendant : c'est-là que les différens détails, en se rapprochant, s'éclaireront les uns par les autres & se contrôleront reciproquement, & divisés par les fonctions seront toujours réunis pour le bien du service."

Le Premier Commis.

C'est un leurre véritable. Ce conseil, où doit présider le militaire, & composé en grande, & très-grande partie d'officiers de ce corps, ne servira qu'à ratifier tout ce qu'auront fait ceux-ci, qu'à décharger les individus de leurs iniquités particulieres, qu'à leur donner une sanction qui les mette à l'abri des reproches & de l'animadversion du secrétaire d'état président au tout, mais dont l'influence, au moyen de ce corps intermédiaire, sera bien plus indirecte, car sans qu'il s'en apperçût, ces Messieurs ont lié les mains au ministre & lui ont ravi une portion de son autorité.

L' Espion Anglois.

Ainsi voilà un renversement total du corps de l'administration & de l'ordonnance de 1689 qui l'avoit institué. Permettez moi de résumer mes idées & de voir si j'ai bien compris le sens de toute notre conversation.

Colbert avoit établi un équilibre parfait entre l'épée & la plume dans la marine ; il les balançoit l'un par l'autre, il les faisoit se surveiller réciproquement : la seconde présidoit à terre, elle dominoit dans le port, dans l'arsenal, & dans les atteliers ; mais on ne pouvoit rien faire sans le concours & l'aveu de la premiere : celle-ci dans les armemens, dans les rades & à la mer reprenoit toute l'autorité, mais continuellement remontrée, ou du moins inspectée par sa rivale, sans être jamais gênée, elle en devoit rendre compte au retour d'après le récit de l'autre.

M. de Boisnes a commencé par rompre l'équilibre, en subordonnant le chef de la plume à celui de l'épée, en introduisant concurremment dans les bureaux de celle-là à terre, les officiers, moins pour la seconder que pour la gourmander, la tracasser, l'espionner & la troubler dans ses fonctions pacifiques ; &, à la mer, où elle étoit déja sans cesse obligée de lutter contre la force, elle s'est trouvée absolument nulle & écrasée.

Aujourd'hui c'est le militaire qui remplit la destination de la plume dans toutes les parties du service : elle n'est plus réduite qu'au rôle de commis. Elle a encore les registres & la caisse à terre, mais pour écrire sous la dictée du corps rival & fournir des fonds à sa volonté, & elle est exclue absolument de ses fonctions à la mer.

LE PREMIER COMMIS

A merveille ! voici six ordonnances (*a*) qui reglent cette manutention & quelques autres parties du service, qui ne sont qu'une suite du bouleversement occasionné par la premiere, & qui ne méritent pas que nous nous y arrêtions.

L'ESPION ANGLOIS.

Mais au moins résultera-t-il un bénéfice sur la réduction de la grande quantité des officiers d'administration ?

LE PREMIER COMMIS.

Cet avantage n'est qu'illusoire : 1°. en ce que Mrs. les officiers de la marine, qui par un privilege spécial ne sont jamais sujets à aucune réforme pendant la paix, comme ceux de terre, qui touchent constamment les mêmes appointemens durant l'inaction la plus

---

a 1°. Ordonnance, *pour la suppression du corps des officiers d'administration & des écrivains de la marine.*

2°. Ordonnance, *portant établissement de commissaires de marine & de gardes-magasins.*

3°. Ordonnance, *portant établissement de commissaires & syndics des classes.*

4°. Ordonnances, *portant établissement de contrôleurs de la marine.*

5°. Ordonnance, *concernant les officiers du port.*

6°. Ordonnance, *pour régler les fonctions dont les officiers de la marine seront chargés sur les escadres & à bord des vaisseaux, relativement aux consommations & remplacemens des munitions & effets, & aux revues des équipages dans le cours des campagnes.*

longue, & qui devroient au moins faire ce nouveau service *gratis*, auront des appointemens pour ces fonctions particulieres; 2°. En ce que se regardant comme d'une espece bien supérieure à ceux d'administration, ils exigeront d'être payés en proportion, & cherement en conséquence; 3°. En ce que dédaignant de s'assujettir à la routine habituelle & peu glorieuse d'une surveillance assidue, depuis que le port s'ouvre jusqu'à ce qu'il se ferme, aux écritures multipliées que prescrit l'ordonnance, il leur faudra un plus grand nombre de commis pour les aider & les suppléer. 4°. En ce que les expéditions plus attrayantes de la mer, la nécessité de ne pas oublier leur premier métier, & des circonstances de guerre, plus urgentes, les détournant fréquemment du méchanisme de l'administration, ils demanderont l'extension de leur corps, avec une dignité proportionnée au double devoir qu'ils auront à remplir.

Je ne parle pas du tort énorme qui en va résulter pour le roi, par la négligence, le gaspillage, les déprédations que le corps rival ne sera plus chargé de contenir. On sait qu'il est toujours dangereux de tenter la probité la plus intacte, à plus forte raison de ne laisser aucun frein à la cupidité insatiable qui cherchera à se dédommager de sa contrainte. L'expérience pourra faire voir si ces craintes sont bien ou mal fondées; en comparant les états antérieurs de dépense aux états subséqens, il sera aisé de faire un parallele. Quant à moi, je regarderois comme un miracle que l'état ne souffrit pas beaucoup de cet essai, le plus périlleux sans doute qui ait encore été tenté dans la marine.

En ce moment il vint du monde nous joindre, Milord, & je me retirai chez moi pour mettre par écrit une conversation dont j'avois encore les idées toutes fraîches. Vous pouvez d'après cela apprécier un ministre qu'on voudroit faire envisager comme le restaurateur de la marine.

... & crimine ab uno
Disce omnes.

Paris, ce 5 Décembre 1776.

LETTRE LXI.

Continuation des armemens de la France. Vues politiques sur l'état actuel de cette puissance & de l'Espagne. Arrivée du Docteur Franklin.

C'EST mal à propos, Milord, que vous vous inquiétez des divers mouvemens des ports de France : il s'en faut de beaucoup qu'ils aient rien de menaçant pour nous, & c'est ce dont se plaignent les Insurgens. Pour vous rassurer, il me suffira de vous mettre sous les yeux les nouvelles que j'ai reçues successivement des différens départemens de la marine. Vous y remarquerez un génie d'inquiétude, d'instabilité, de pusillanimité, qui se caractérise même dans les efforts que vous redoutez; en voici le résumé.

L'escadre de M. du Chaffault reçut à la fin de Septembre ordre de rentrer (*a*) à Brest. Il y trouva celui d'équiper six vaisseaux & quelques frégates,

---

a *Extrait d'une lettre de Brest, du 27 Septembre.*

„ Le 24 M. du Chaffault a reçu ordre de rentrer dans ce port avec son escadre, & le 25 il y a mouillé à deux heures apres-midi. Il a ordre de ne point désarmer; on a seulement diminué sur chaque bâtiment le nombre des officiers. On a débarqué par ordre, du vaisseau *le Solitaire*, que montoit M. le duc de Chartres, deux lieutenans & trois enseignes. Des premiers est M. de Larchantel, qui ne s'y étoit embarqué que comme major de S. A Sérénissime.

A notre arrivée nous avons trouvé l'ordre d'armer les six vaisseaux suivans & quatre frégates."

Le Magnifique.	de 74 canons.
L'Intrépide.	— 74. ———
Le Protée.	— 64. ———
L'Eveillé.	— 64. ———
Le Rolland.	— 64. ———
Le Bisarre.	— 64. ———

Frégates.

L'Oiseau.
L'Indiscrete.
Le Zéphir.
L'Inconstante.

„ Les capitaines ne sont point encore choisis, & l'on a nommé des officiers pour suivre l'ouvrage en attendant. Il y a apparence que M. du Chaffault restera commandant du tout."

dont les capitaines furent bientôt nommés (a), & il fut désigné pour commander le tout. Le ministre pressoit l'armement, & vouloit que la nouvelle escadre fût prête pour appareiller à la fin d'Octobre. Il sembloit avoir en ce moment le projet de l'envoyer aux colonies. C'étoit le bruit de Fontainebleau, où ce chef fut appellé pour concerter avec M. de Sartine, & en recevoir plus au long & plus promptement les détails concernant sa mission. Des *aviso* (*b*) ex-

---

a *Extrait d'une lettre de Brest, du 2 Octobre.*

„ Les capitaines pour commander les divers bâtimens de l'escadre sont nommés. En voici les noms."

Le Magnifique, de 74 Canons. M *du Chaffault*, chef-d'escadre.

L'Intrépide.	— 74 —	*de Grasse.*	capitaines.
Le Protée.	— 64 —	*de Cherisey.*	
L'Eveillé.	— 64 —	*de Goimpy.*	
Le Rolland.	— 64 —	*du Plessis Parseau.*	
Le Bisarre.	— 64 —	*de Montecier.*	

Frégates.

L'Indiscrete, de 30 can. de 12. M. *de Larchantel.*

L'Inconstante	— 26 —	12.	— *de Borderne.*	capitaines
Le Zéphir.	— 26 —	8.	— *le Gain*	
L'Oiseau.	— 26 —	8.	— *de Bombelles.*	

On dit ici que cette escadre est destinée pour la Martinique; elle doit être prête pour la fin du mois."

b *Extrait d'une lettre de Fontainebleau, du 15 Octobre.*

„ Ce qui confirme la destination de l'escadre, suivant les bruits de Brest, c'est qu'on apprend que M. de Romevu doit,

pédiés préalablement concouroient à accréditer la rumeur. La relation que répandit dans l'intervalle notre ambassadeur, de la prise de l'isle longue sur les Insurgens, ce qui promettoit des succès ultérieurs qui ne devoient pas tarder, commença à rallentir l'ardeur des préparatifs (a) & le conseil estima plus prudent de convertir cette escadre en escadre d'observation, de la grossir même (b), afin, sans se compromettre, de nous donner quelque inquiétude.

---

ou a dû partir du Havre pour aller aux isles du vent & sous le vent, avec deux corvetes servant d'*aviso*, dont il en commande une, quoique capitaine. Elles sont construites sur les nouveaux plans imaginés & fournis par cet officier.

a Extrait d'une lettre de Brest, du 13 Octobre.

„ L'armement va lentement par le retard des matelots qui „ n'arrivent pas aussi promptement qu'on l'espéroit. Aussi le „ ministre, qui conçoit l'impossibilité que l'escadre soit prête „ à partir à la fin du mois, comme il l'avoit prescrit, recule „ ce terme par ses derniers ordres. Il le fixe à la mi Novembre, ce qui est plus vraisemblable. On sait que M. du Chaffault est revenu de la cour, mais il est à sa terre & doit se „ rendre de nouveau à Fontainebleau le 27 de ce mois, pour „ y conférer définitivement sur l'expédition dont il doit être „ chargé.

„ On parle d'un second armement, dont le résultat doit être, „ à ce qu'on présume, une escadre d'observation seulement.

b Extrait d'une lettre de Rochefort, du 30 Octobre.

„ On va lancer à l'eau le vaisseau *le Réfléchi*, ainsi que *le Fendant* & *le Triton*, & tout est disposé pour les mâter, gréer & armer très-incessamment. La flûte *la Mégere* est au moment de mettre à la voile pour les isles du vent & sous le vent. Comme elle porte Madame d'Ennery, la femme du comman-

Cependant les nouvellistes spéculoient sur ces démarches du ministere: ils ne savoient trop à quoi se fixer. Moi-même embarrassé de ces variations, j'en écrivis à Fontainebleau; voici ce que me répondit un courtisan, frondeur, il est vrai, mais qui voit bien, „ Les préparatifs de nos ports, qui se continuent & tournent enfin en armemens sérieux & considérables, exercent les raisonnemens & la critique des politiques. Ils trouvent que si l'objet est simplement d'intriguer les Anglois, de les empêcher d'écraser les insurgens par des forces trop nombreuses, le coup est manqué pour cette année, & c'est de trop bonne heure se constituer en frais pour l'année prochaine: que si c'est pour soutenir nos colonies & empêcher nos rivaux d'y tenter brusquement quelque coup de main en revenant des leurs, il est trop tard également, & le mal seroit fait avant d'y apporter remede: enfin, si c'est l'idée de se venger sérieusement d'un ennemi qui nous a donné l'exemple de ne pas suivre strictement toutes les loix de la guerre, ce n'est point encore le moment: comment l'attaquer au milieu de toutes ses forces, infiniment supérieures aux nôtres? On conclud de ces diverses combinaisons que notre ministere est fort embarrassé lui même; qu'il n'a aucun plan fixe,

---

dant général & directeur général des fortifications, artillerie & troupes des colonies, on juge qu'il est sérieusement question d'y laisser son mari, & que les conjonctures conséquemment deviennent critiques de plus en plus.

& qu'il se prépare, sans trop savoir pourquoi ni de quelle maniere il usera des escadres qu'il met en mer. Le plus clair de tous ces mouvemens, c'est une dépense énorme qui pourroit bien être en pure perte : elle sera d'autant plus grande que le gouvernement n'ayant pas d'argent comptant, est obligé de se servir du secours des trésoriers."

M. du Chaffault, mandé une seconde fois à la cour, donna lieu de croire que le conseil s'étoit rassuré, & qu'il revenoit à la premiere destination de l'escadre : il eut ordre de se rendre à Brest avant la mi Novembre & de se mettre incessamment en état de partir.

Je voyois les trembleurs de ce pays toujours dans l'inquiétude de ce que cela deviendroit. Ils savoient que nous renforcions nos garnisons de Gibraltar & de Mahon, que le roi, dans son discours à l'ouverture du parlement, avoit demandé à augmenter les forces intérieures du royaume, sans annoncer cependant aucune rupture apparente, & même en donnant à entendre que la rupture prête à éclater entre l'Espagne & le Portugal étoit suspendue par ses bons offices & qu'il comptoit réunir solidement ces deux cours (a). D'un autre côté; le gouvernement paroissoit avoir repris vigueur : dans une audience particuliere du roi de

---

a Voyez le discours du roi au parlement, à son ouverture du 31 Octobre.

ance, où notre ambassadeur avoit été admis & avoit moigné l'inquiétude du roi, son maître, sur les pré-ratifs maritimes de ce royaume, on avoit fait ré-ndre à ce monarque avec dignité, qu'il n'avoit de mpte à rendre de sa conduite à qui que ce fût; qu'il ouloit bien cependant lui déclarer qu'il n'avoit inten-on d'être agresseur contre personne, mais qu'instruit r ce qui s'étoit passé sous son ayeul, il se mettra ns le cas de n'être pas attaqué impunément; qu'il loit mettre sa marine sur un pied respectable dans s deux mers; que l'océan, couvert de vaisseaux, igeoit qu'il fût en défense, & qu'il apprenoit qu'u-e escadre Russe devoit paroître dans la Méditerra-e, ce qui l'obligeoit de s'opposer à toute hostilité invasion dans ces parages.

Enfin les liaisons avec les Insurgens devenoient plus vertes, quoique non avouées (*a*); leurs cargaisons

---

(a) *Extrait d'une lettre de Nantes, du 8 Novembre* : „ un na-re Américain de *Rhode-Island* est venu, il y a quelque tems, ns ce port avec une cargaison de 200,000 livres environ en cre & riz. Le capitaine étoit porteur d'une lettre signée s principaux membres du congrès, & adressée à une des eilleures maisons de cette ville. Ils y exhortent nos négo-ans à se lier plus étroitement d'intérêts avec eux, & à for-er un commerce suivi de marchandises de nos manufactures ionales avec leurs denrées. Comme cette ouverture plus tégorique promettoit à nos négocians des avantages soute-s & considérables pour l'avenir, ils ont imaginé de donner effet plus de consistance à leur union avec les Anglo Amé-icains & de sonder le ministre sur leur projet. Ils ont envoyé

& leurs priſes arrivoient dans les ports de France leurs agens enrôloient des ſoldats & des officiers ils achetoient des munitions de guerre : on faiſoit voiturer dans les ports des fuſils, de bombes, des mortiers, des canons, qu'on diſoit hautement deſtinés faire paſſer chez nos colonies révoltées. Tout cela ſous un autre miniſtere, auroit été le préſage infaillible d'une rupture très-prochaine. Je me raſſurai bientôt quand je vis l'Eſpagne, la plus acharnée à la différer, changer d'objet, éloigner ſes forces, & s'amuſer à aller chercher dans l'Amérique Méridionale une vengeance qu'elle pouvoit prendre ſur le champ contre le Portugal, en s'emparant de ce royaume ouvert de toutes parts. Je jugeai que cette cour, la premiere à manifeſter ſes diſpoſitions favorables envers nos Inſurgens (a), voyant l'impoſſibilité de donner le moin-

---

à Paris un mémoire à cet égard pour être préſenté à M. de Sartine ; ils y expoſoient les avantages conſidérables que la France pouvoit retirer de ces propoſitions ; ils ſe flattoient que les préparatifs d'une marine formidable, qu'on commençoit, annonçoient peut-être un deſſein de donner plus d'authenticité à notre liaiſon avec les Inſurgens, n'a rien voulu répondre par écrit : il nous a fait dire verbalement, que le gouvernement ne pouvoit nous autoriſer publiquement, ce commerce, ni nous en garantir les ſuites, mais qu'on fermeroit les yeux comme ci devant ſur ce que nous entreprendrions à nos riſques, périls & fortune.

a C'eſt ce qu'on peut juger par une lettre du marquis de Grimaldi, alors miniſtre à Madrid, au gouverneur de Bilbao à l'occaſion d'un armateur Américain qui avoit été déten-

lue nerf à celles de Versailles, & ne pouvant entreprendre seule une défense aussi dangereuse, avoit pris la résolution de se tenir sur ses gardes, & d'employer ses forces contre les colonies Portugaises.

En effet, il avoit été agité entre ces deux puissances trois partis à prendre dans notre contestation actuelle avec nos colonies, ou d'accéder aux requisitions de la cour de Londres, d'observer une exacte

---

dans ce port, où il avoit relâché, après avoir pris & envoyé en Amérique cinq navires Anglois, dont il avoit encore les capitaines à son bord. Divers négocians Espagnols avoient requis sa confiscation, à raison des craintes qu'ils avoient pour des marchandises qui étoient chargées pour leur compte sur plusieurs navires Anglois.

„ S. M. est informée par votre lettre du 4 du courant (Octobre) de l'embargo mis sur le vaisseau Américain, *le Hawke*, capitaine Jean Lée, à la requête de Don Ventura Frances-Gerès de la Torre, ainsi que du protêt fait par ledit Jean Lée contre ledit embargo. Il ne paroît pas que ledit Don Gerès de la Torre soit partie suffisante pour former une demande de cette nature : S. M. par un effet de l'amitié qu'elle professe pour le roi de la Grande Bretagne, est décidée à garder une entiere neutralité qui, en l'empêchant de fournir des secours aux Américains, ne lui permet pas de retenir leurs vaisseaux, ainsi S. M. veut que vous ayez immédiatement à lever l'embargo mis sur ledit vaisseau, & à rendre au capitaine ses connoissemens & autres effets; lui permettant de prendre les vivres qui lui seront nécessaires pour son voyage, sans cependant souffrir aucune des choses prohibées par S. M. pour l'usage des colonies."

„ Donné à St. Ildephonse le 7 Octobre 1776.

le marquis de Grimaldi."

neutralité, &, en ne fournissant aucun secours direct ou indirect aux Insurgens, de les forcer inévitablement à rentrer sous l'obéissance de la métropole: ou, en continuant le plan formé sous le ministere du duc de Choiseul, cherchant à détacher ces mêmes colonies de la mere patrie, à lui opposer ainsi dans la république formée des treize colonies de l'Amérique unies, une rivale redoutable, de tenir les engagemens pris avec elle, de la secourir d'une maniere efficace, & de l'empêcher de redevenir jamais la proie d'un vainqueur irrité. Le troisieme parti est de tromper également des deux côtés, de promettre à S. M. Britannique de ne procurer aucun asyle à ses sujets rebelles, & de le faire cependant à titre d'humanité, en évitant toute réclamation trop fondée, en cessant dès qu'elle auroit lieu, & recommençant d'une autre maniere; de ne point décourager les Insurgens, de leur fournir des munitions, & des hommes, de s'enrichir par leur commerce, sans leur donner des secours assez efficaces pour expulser trop promptement les Anglois de chez eux.

Cette derniere résolution qui n'en est pas une, étoit trop dans le génie incertain du ministre actuel de la France pour n'avoir pas été adoptée. En vain le ministre Espagnol lui a représenté que c'en étoit faire trop & trop peu; trop pour ne pas aigrir les Anglois, qui en conserveroient un souvenir indélébile, & s'en vengeroient dès que leurs armes victorieuses le leur permettroient; & trop peu, pour se concilier

lier les Américains, qui ne prendroient pas beaucoup de confiance en un pareil allié, & surtout ne lui seroient jamais attachés : il n'y a pas eu moyen de faire sortir la cour de Versailles de ce plan, le seul fixe qu'elle ait. Voilà donc son point de politique bien constaté, d'être toujours en disposition de faire la guerre, sans la commencer réellement, d'intimider ainsi ses voisins, de les tenir en haleine, &, en faisant quelque dépense extraordinaire, de leur en occasionner beaucoup plus.

Cette détermination ne plaisant pas à l'Espagne, on lui a fait sentir définitivement que si elle n'en vouloit qu'au Portugal, elle étoit assez forte pour le combattre & l'envahir seule ; qu'elle ne pouvoit réclamer le pacte de famille, puisque son ennemi se mettoit à la raison & offroit toutes les satisfactions nécessaires ; que si S. M. Catholique persistoit à vouloir attaquer & humilier les Anglois, il falloit, pour engager la France à la seconder, qu'elle commençât par lui fournir cent millions, dont elle avoit besoin pour entrer en campagne. Au moyen de cette tournure ultérieure de pour-parlers, le roi d'Espagne n'a point voulu perdre le fruit de son armement immense (a),

---

a Voici le détail de cet armement : Il est composé de 8 frégates de 26, de 4 paquebots de 18, de deux bombardes de 8 canons & de deux mortiers, de 139 navires de transport chargés de vivres, munitions de guerre, train d'artillerie, &c. ; savoir 55 grandes frégates, 2 hourques, 32 brigan-

comme l'année derniere, & l'a fait partir pour sa destination dont on ne doute pas. Il paroît qu'il s'a-

---

tins & paquebots, 47 saiques depuis 150 jusqu'à 700 tonneaux, frêtés pour le compte de S. M. Catholique. Ceux qui appartiennent à des particuliers sont payés à raison de 6 à 8 piastres par mois, le tonneau, suivant la qualité du navire. Il y a à présent 156 bâtimens employés sous l'escorte du vaisseau de guerre *el Ponderoso*, commandé par le brigadier de marine D. Juan Langara, précédé par le vaisseau de guerre *el Monarca*, commandé par le capitaine de vaisseau D. Pedro Truaillo. L'on a embarqué sur tous ces bâtimens 9,438 hommes de troupes réglées de terre, avec leurs officiers & personnes nécessaires dans l'expédition, armée, & marine, & les vivres, voitures, train d'artillerie, munitions; 2,000 soldats de marine & environ 9.000 matelots & tous les ouvriers nécessaires, domestiques des officiers, &c. des vivres pour 6 mois, & en outre un rechange considérable pour ce qui peut arriver, afin que rien ne manque à l'escadre ni à l'armée; des chariots, affûts, & autres ustensils en grand nombre, de differente espece, pour tout ce dont on peut avoir besoin dans une guerre par mer & par terre: huit pieces de canon de 12 livres de balle; 8 de 8 livres; 24 de 4 livres pour les régimens & 4 obus: trente pieces de canon de 24 livres; 16 de 16 livres; 4 mortiers de 12 pouces & 4 de 9: trente mille boulets de 24 livres; 6,000 de 16 livres; 2,400 bombes de 11 pouces 8 lignes; 2,400 *dito* de 8 pouces 6 lignes, 8,000 boulets de 12 livres; 8,000 *dito* de 8 livres; 10,000 *dito* de 4 livres, 1,200 grenades royales pour obus, 400 cartouches à mitrailles de 12 livres; 400 *dito* de 8 livres; 2,400 *dito* de campagne; 16,000 cartouches de canon de 4 livres; un million de cartouches de fusil, outre 195 mille distribuées à l'infanterie, 4,000 quintaux de poudre à canon; dix-huit ingénieurs commandés par le brigadier D Michel Moreno, savoir deux colonels, un lieutenant-colonel, deux capitaines & 12 subalternes

git d'abord d'enlever l'isle *Sainte Catherine* aux Portugais, ce qui ne sera pas difficile, ainsi que tout ce

---

400 canoniers & 47 officiers d'artillerie ; savoir le brigadier Don Rudeando-Tilly, commandant, 2 colonels, 2 lieutenans-colonels, 10 capitaines, 12 lieutenans & 12 sous-lieutenans : six cens dragons démontés, avec leurs équipages, pour s'en servir au cas qu'il seroit besoin de les monter. Ces dragons sont tirés des régimens de *Numanze*, *d'Almanza*, *Sagonte* & *Lusitanie*, avec les officiers nécessaires pour 4 escadrons, commandés par D. Placido Graïl, colonel du régiment du roi, dragons, & en second par le colonel D. Ventura Caro, avec son état-major. L'infanterie consiste dans les régimens suivans : celui de *Zamora*, composé de 1376 hommes, sous les ordres du brigadier D. Joseph Avellanda ; celui de *Cordoue* de 1376 hommes, colonel D. Joseph Soto Major ; 870 hommes du régiment de *Catalogne*, aux ordres du colonel D. Bernto Pariego : & les seconds bataillons des régimens de *Savoie*, *Séville*, *Guadalaxara*, *Toledo*, *Murcie* & *la Princesse*, commandés par leurs lieutenans-colonels. Etat-major de l'escadre : le marquis de Casa-Tilly, commandant général ; le chef d'escadre D. Adrian Cantini, commandant en second ; le général-major D. Louis Munoz, capitaine de frégate ; D. Domingo Ernam, aumônier de l'escadre, & D. François Villa - Villaverde, chirurgien - major. Etat - major de l'armée : le lieutenant général, D. pedro de Cevallos, commandant général ; D. Pedro Cermeno & D. Victorio de Navia, maréchaux de camp ; le marquis de Casa - Cagigal, D. Juan Manuel Cagigal, D. Guillaume Vaugham & D. Domingo Zelasar, brigadiers ; D. Pedro Guelfs, général-major, quartier-maître général ; D. Michel Moreno, brigadier des ingénieurs, & son adjudant D. Joseph Pezo : 5 aides-de-camp : intendant, D. Manuel Fernandez ; principal contrôleur D. Augustin Fernandez Comena. L'on a embarqué aussi 20 millions de réaux de vellon.

qu'on voudra tenter contre ce peuple mal aguerri, & dont nous sommes obligés d'abandonner les intérêts par la quantité d'affaires que nous nous sommes mises sur les bras.

Pour revenir à la situation actuelle de la France, voici où en sont ses armemens. Il doit y avoir à *Brest* au printems une escadre composée de neuf vaisseaux de ligne de ce port (car il paroît décidé, après plusieurs variations, que les six, (*a*) armés en ce moment, ne partiront pas,) d'un de l'Orient & de trois de Rochefort (*b*), avec plusieurs frégates.

Quant à Toulon, il y a bien des rumeurs d'ar-

---

a *Extrait d'une lettre de Brest, du* 11 *Octobre.* ,, Le commandant a reçu ordre d'armer *le Robuste*, de 74 canons, ainsi que l'*Actif* du même nombre de canons, & *le Dauphin Royal* de 70. Les matelots & soldats de l'escadre en rade doivent être employés à cette besogne, jusques à ce que les levées soient prêtes. Les frégates de la même escadre en rade, doivent sortir deux à deux pour aller croiser sur Ouessant & observer ce qui se passe ''

b *Extrait d'une lettre de Rochefort, du* 9 *Octobre.* ,, On ne conçoit rien à l'esprit de notre ministere, qui varie sans cesse, qui veut & ne veut pas. Depuis quelque tems le munitionnaire des vivres travailloit ici à la confection d'une quantité considérable de biscuit pour les armemens. Il vient de recevoir ordre de suspendre. En conséquence les fours sont éteints & il a renvoyé quantité de boulangers appellés extraordinairement. Les vaisseaux qui devoient être lancés à l'eau ne le sont pas, & l'activité se rallentit beaucoup. La flûte *la Ménagere* est cependant partie.''

memens, de dispositions, de préparatifs même, mais il n'y a rien de décidé encore. M. le comte d'Estaing, lieutenant-général des armées de terre & de mer, envoyé dans ce département avec le plus grand mystere (*a*) & ayant ensuite déployé une autorité

Extrait d'une lettre de Rochefort, du 15 *Novembre.* „ Ce n'est décidément que pour le mois de Mars prochain que doivent être armés le vaisseau *le Fendant* de 74 canons, lancé à l'eau le 11; *le Réfléchi*, qui le sera le 25; & *le Triton* de 64, que l'on doit mettre hors du bassin vers la fin de ce mois. On arme actuellement la corvette *le Saumon* de 12 canons, & une autre corvette de pareille grandeur. On ignore leur destination.

„ Les frégates *la Sylphide* & *l'Ecluse* viennent d'arriver de Brest. On attend encore de ce port la frégate *la Terpsicore*, de 30 canons de 12, & une autre frégate d'à peu près même force, qui doivent armer ici, on ne sait également pour quels lieux: on présume que ce sera pour aller avec les vaisseaux ci-dessus, ainsi que la frégate *la Pourvoyeuse* de 30 canons, qui va armer incessamment. Les capitaines de ces bâtimens ne sont point nommés, mais leurs vivres sont prêts.

„ On présume que cette escadre, destinée pour le mois de Mars, ira se joindre à une autre de Brest, qu'on y prépare de loin, afin de la disposer à partir au même tems. On dit ici que M. d'Orvilliers, commandant de Brest, pourroit bien être à la tête de tout cet armement; mais c'est bien fort pour un simple chef-d'escadre.

a *Extrait d'une lettre de Marseille, du* 25 *Octobre.*

„ Le comte d'Estaing, lieutenant-général des armées navales, est arrivé ici dans le plus grand incognito: il est allé au château d'If, a visité les places des environs, & est parti

rès étendue, ne peut quant à présent y prendre le commandement d'aucune escadre susceptible de son grade, suivant le bruit qui s'en étoit répandu, puisqu'il a rapporté au ministre que ce port, où l'on ne comptoit alors que dix-sept vaisseaux de ligne, n'en avoit que huit en état d'être équipés sur le champ.

Vous voyez, Milord, par tous ces faits positifs, que nous n'avons encore rien à craindre de la France pour l'année prochaine; que par une prévoyance de M. de Sartine qu'il croit fine, & très mal entendue réellement, sans s'épuiser autant que nous, il va faire faire à ce royaume des efforts vraiement en pure perte, ainsi que s'en est douté le politique dont je vous ai rapporté les réflexions, en ce qu'ils ne sont pas assez formidables pour nous allarmer & nous détourner de nos projets de conquête; mais s'il y avoit quelque vigueur dans notre parlement, nous en tiendrions-nous à rire de ces bravades puériles, & intimidant nos voisins jaloux jusques dans leurs foyers ne les ferions nous pas repentir de nous jouer aussi cruellement? car il n'y a plus de doute de leur union avec nos colonies Je vais joindre pour preuves d'autres faits à ceux rapportés ci-devant.

Leur agent, M d'*Ean*, commence à se montrer assez ouvertement; mais, quoiqu'il soit homme d'es-

---

le 23 à cinq heures du matin pour cassis & la Ciotat, d'où il se rendra à Toulon, où l'on croit qu'il quittera l'incognito.

prit, comme il eſt en même tems foible & craintif, le congrès vient de lui envoyer un renfort dans la perſonne du docteur *Franklin.* Il a débarqué à Nantes avec deux priſes & s'eſt rendu ici. Vous ſavez que ce perſonnage eſt un de ſes chefs le plus eſtimé, le plus ſage & le plus éloquent. On ne doute pas qu'il ne ſoit chargé de négociations & choiſi comme l'homme le plus propre à ébranler le miniſtere de Verſailles; car les Inſurgens que j'ai rencontrés dans cette capitale, declarent hautement aujourd'hui qu'ils ne ſe ſeroient pas portés aux extrêmités où ils ont été contre la mere-patrie, ſans l'eſpoir d'une diverſion de la part de la France ou de l'Eſpagne, ou peut-être de toutes deux. Le Sr. de Beaumarchais, cet intriguant qui amuſe le comte de Maurepas par ſes bons mots, eſt en même tems en correſpondance directe avec ces émiſſaires des Inſurgens & vraiſemblablement le porteur de paroles des deux parts C'eſt lui qui fait les arrangemens avec les artiſans, bourgeois, officiers, qu'il recrute ici & enrôle au nom du congrès. Enfin, il eſt allé au Havre expédier un bâtiment chargé de toutes ſortes de munitions de guerre & d'une quantité conſidérable d'ingénieurs, d'artilleurs, qui s'y ſont embarqués (*a*), & ces mouvemens ſe font avec ſi peu

---

a *Extrait d'une lettre du Havre, du* 10 *Novembre.*

„ Nous ſommes toujours ici dans la crainte de la guerre, malgré les aſſurances contraires que vous nous donnez, parce que nous voyons de plus près certaines manœuvres four-

de précaution, avec une telle indiscrétion, que les négocians du port ne peuvent se persuader que les Anglois le souffrent tranquillement. Ces navires, ces cargaisons, ces militaires passagers ne s'expédient pas à la sourdine & sans la participation du ministre, puisque les connoissemens des capitaines sont pour St. Domingue, & les officiers sont censés aller servir dans cette colonie. On expédie à d'autres des passeports en termes très-simples, dans lesquels le roi leur permet d'aller vaquer pendant deux ans à leurs affaires, où bon leur semblera, en leur promettant de leur conserver leurs grades & leurs appointemens. Et c'est dans ce moment que, par une complaisance bien misérable pour notre ambassadeur, on fait faire défenses dans les cafés de dire qu'on donne aucun secours aux Insurgens. En vérité, l'on seroit tenté de rire d'un pareil jeu, s'il n'étoit aussi sanglant!

Quant à moi, Milord, je vous exhorte à persévérer dans vos dispositions pacifiques, à opiner dans le

---

des qui n'annoncent pas un desir sincere de conserver la paix. Il y a dans ce port un navire prêt à partir, chargé de canons, boulets, poudre, tentes & autres ustensiles de guerre: il doit en outre s'y embarquer beaucoup d'officiers d'artillerie, des ingénieurs & autres militaires Tout cela est supposé destiné pour St. Domingue, quoique personne n'ignore que c'est pour aller chez les Insurgens. Le Sr. de Beaumarchais est arrivé hier en ce port pour présider à l'embarquement: il est censé l'armateur, & après ses aventures de palais, en tente aujourd'hui de plus grandes.

parlement pour la réunion avec nos freres, pour ne pas se prévaloir de quelques succès plus éblouissans que solides; pour profiter de la situation où sont les Insurgens & leur faire sentir qu'il est de leur intérêt de se réunir contre un peuple volage, qui en nous amusant les uns & les autres, soutient si constamment en politique, comme ailleurs, son rôle de *persifleur*.

Adieu, Milord, je vous embrasse.

Paris, ce 15 Décembre 1776.

LETTRE LX.

Sur un journal de marine. Digression sur quelques autres journaux, anecdotes, &c.

AUJOURD'HUI, Milord, que tous les politiques rêvent *marine* en France, & tous les gens de lettres *Journal*, il est question d'y établir un *journal de marine*. J'en ai vu le prospectus, arrêté depuis plusieurs mois chez l'imprimeur. L'administration inquiete, soupçonneuse de M. de Sartine, est allarmée de voir révéler au grand jour ses opérations, & l'on doute que ce ministre tolere cette entreprise. Cependant; à en juger par ce prospectus, elle lui étoit peu redoutable, ou plutôt elle se feroit absolument dirigée sous son influence. D'ailleurs, il étoit assez mal tourné, assez mal écrit; le plan m'en a paru peu net, & l'utilité médiocre, puisque chaque cahier ne devoit paroître que par trimestre; mais il auroit pu s'étendre & se perfectionner. Pour moi, quand j'ai ouï parler de ce projet, j'ai craint pour nous : je connoissois une machine inventée par un commis des affaires étrangeres, avec le secours de laquelle il fait jour par jour, aussi bien que notre ministre, les plus légers mouvemens que nous faisons en cette partie : & il le fait sans se donner aucune peine; avec la plus grand facilité & en un clin d'œil. Comme ce politique ingénieux (*a*) m'en a communiqué tous les détails avec beaucoup de franchise & d'honnêteté, je suis en état de vous en faire une description succinte, mais assez figurée pour vous en faire sentir la certitude & l'aisance.

Il a un secrétaire immense, divisé & sous-divisé en une infinité de tiroirs classés par étage & étiquetés. Au haut on lit d'abord : *état général de tous les vaisseaux, frégates & autres bâtimens de la marine royale Angloise.* Au dessous est un premier tiroir, N°. 1, qui contient les noms & la force de chacun sur une carte séparée.

A chaque côté, & un peu au dessous de ce grand titre, est un autre titre moins vague. Ces deux titres forment la premiere division : l'un à droite, porte *dans les ports*; l'autre, à la gauche, porte *à la mer*.

---

a M. Genêt, secrétaire-interprete du roi de France, au département des affaires étrangeres.

Au dessous du titre: *dans les ports*, sont des sous-divisions, en aussi grand nombre que nous avons de ports, comme *Portsmouth*, *Plymouth*, *Chatham*, &c. & sous chaque nom d'un de nos ports sont quatre tiroirs numérotés & étiquetés, *en construction ou radoub*, *dans le port*, *en armement*, *en désarmement*.

Dans l'autre part sont d'autres premieres divisions, *en Europe*, *en Amérique*, *en Asie*, *en Afrique*, elles-mêmes sous-divisées en autant de titres que nous avons de possessions dans chaque dénomination respective des quatre parties du monde, &c.

Il est inutile d'aller plus loin: en voilà suffisamment pour vous faire comprendre toute la machine. Voici maintenant la manœuvre de ce premier commis, qui n'a pu que lentement conduire son plan à sa perfection.

D'abord il n'a pas eu de peine à avoir une liste exacte de tous nos vaisseaux & bâtimens de mer. Ensuite il lisoit attentivement toutes nos gazettes, & à mesure qu'un d'eux faisoit un mouvement, il le classoit en son lieu. Une fois au fait de la position respective de toute notre marine; ce n'a plus été qu'un jeu pour lui: il a exécuté le même plan pour nos troupes & forces de terre, & il s'est trouvé en état de donner le démenti à tous les espions de son gouvernement, entretenus à grands frais. Voici ce qu'il m'a raconté lui être arrivé durant la derniere guerre.

En 1760, dans l'automne, nous fimes un grand armement: on en fut très-allarmé en France; il étoit formidable par le nombre de vaisseaux & bâtimens de transport ; & l'on parloit d'une quantité effrayante de troupes de débarquement. Les émissaires de la cour de Versailles soutenoient ces allarmes & les redoubloient. M. le duc de Choiseul, alors ministre des affaires étrangeres, instruit par ce commis, se moquoit du maréchal de Belle Isle, encore vivant, & ayant la prépondérance dans le conseil. Celui-ci étoit furieux &, comme ministre de la guerre, alloit faire passer sur nos côtes des troupes considérables. Avant cependant d'en venir à cette extrémité, il voulut voir & entendre un homme qui, de son bureau, contredisoit aussi ouvertement les avis que lui, ministre, recevoit de ses correspondans sur les lieux. Il le fait venir, l'interroge & est étonné de l'assurance positive avec laquelle il lui certifie que les Anglois peuvent tout au plus envoyer 5 ou 6,000 hommes, c'est-à-dire une quantité très inférieure à celle annoncée : il veut savoir sur quoi il fonde une assertion aussi positive ? „ Sur une proposition, lui répondit il, que personne ne peut nier, „ Monsieur le Maréchal ; qu'on ne sauroit déployer „ des forces qu'on n'à pas. La totalité des troupes „ en Angleterre se monte à..... une partie est en „ tel lieu, au nombre de ..... une autre en tel „ autre, au nombre de, &c." Il lui fait voir de la sorte „ successivement l'emploi de toutes nos forces : il n'en „ reste que la quantité que je vous déclare. Donc, „ à moins que le roi d'Angleterre, nouveau *Cad-*

„ *mus*, n'ait la ressource de faire sortir des soldats „ tout formés des entrailles de la terre, il ne peut „ mettre sur sa flotte que tant de troupes de *débar-* „ quement."

L'événement vérifia ce qu'avoit prédit le prémier commis, & prouva qu'un serviteur zélé, intelligent & assidu dans son bureau à Versailles, étoit plus utile que des traîtres mercénaires, ne pouvant opérer chez l'ennemi qu'à l'ombre & avec tremblement.

Le croiriez-vous, Milord, ce même homme est absolument négligé, n'a reçu aucune distinction, aucune récompense, que sa place créée pour lui, & c'est à ses dépens qu'il fait venir presque toutes les gazettes étrangeres ou journaux dont il a besoin!

Après cette anecdote, Milord, qui vous fera sûrement plaisir, je vais répondre à une question que vous m'avez faite dans votre derniere lettre, & qui d'ailleurs a rapport à la matiere que je traite : vous m'avez demandé comment prenoit ici le *courier de l'Europe* & ce qu'on en pensoit?

Je vous observerai d'abord que cette gazette semble devoir la naissance à mes réflexions, à mon étonnement, sur ce qu'à Londres, où l'on écrivoit tant & de toutes les manieres, il n'y eût encore aucune gazette françoise (*a*) : mais elle ne remplit qu'en

---

a Voyez la premiere *lettre de milord All'Eye à milord All'Ear*, vol. I.

partie le plan que je suggérois. Malgré cela, elle n'en est peut-être que plus intéressante dans ce moment-ci par les détails prompts & étendus qu'elle fournit sur nos débats & sur les affaires d'Amérique. L'explosion que ce papier étranger a causé ici en Juillet, n'a pas peu contribué à lui donner de la célébrité. Les défenses que le roi avoit faites à ses ministres mêmes de le recevoir, avoient merveilleusement augmenté la curiosité des amateurs, & depuis que le conseil, plus prudent, a imaginé qu'il valoit mieux, en permettant d'introduire *le courier de l'Europe* en *France*, modérer la licence, que de lui laisser la faculté de l'accroître par une exclusion absolue & irrévocable, on s'est toujours flatté que cette feuille se ressentiroit du pays de liberté où elle est composée & feroit plus piquante qu'une autre; on s'est trompé à bien des égards. L'article des nouvelles de *Paris* est assez médiocre & très-souvent faux. Ceux des autres pays sont peu curieux ou peu neufs. Cependant les souscripteurs arrivent en foule, & cette gazette est à la mode plus que toute autre. Son étendue, qui lui permet d'insérer toutes les folies ou méchancetés littéraires passant par la tête des oisifs de ce pays, lui procure des abonnés d'un autre genre, des gens qui sont bien-aises de lire imprimées des productions futiles & éphémeres qu'ils n'auroient pu placer ailleurs: mais ces écarts, souvent agréables à des particuliers, font crier beaucoup de gens, & il est toujours à craindre que sous le premier ministere moins tolérant le *courier de l'Europe* ne soit arrêté aux frontieres de la France.

Il est question, Milord, d'une autre feuille qu'on veut composer dans cette capitale, à l'instar de notre *Loudon Evening Post.* Elle paroitroit tous les jours : elle contiendroit tout ce qui peut intéresser les habitans de cette ville, ainsi que le étrangers, & si le prospectus étoit parfaitement rempli, vous n'auriez pas grand besoin de moi à bien des égards. On ne croit point qu'il soit jamais exécuté sous le point de vue qu'il présente. Il y a même des gens qui parient que ce journal n'aura aucun lieu & sera étouffé avant sa naissance. Indépendamment de la difficulté de remplir le projet par le entraves que la police donnera aux rédacteurs, par celles qu'exigeront beaucoup de corps & biens des particuliers de considération, presque tous les autres journaux existans sont intéressés à empêcher l'essor d'un rival qui leur fera tort plus ou moins par son essence, en les gagnant toujours de primauté. Sa légereté seroit pour lui un excellent vehicule chez un peuple aussi volage, aussi frivole que celui-ci : il préféreroit à recevoir le matin en détail, & en se jouant, pour ainsi dire, ce que les autres journaux ne lui apprennent qu'à certaines époques & d'une maniere plus volumineuse & conséquemment effrayante pour une foule de lecteurs. Ce qui fait encore plus douter de la réussite du projet, c'est que ses entrepreneurs ne sont pas gens dont les entours, ou le mérite personnel, soient fort recommandables. Ils paroissent devoir se briser à coup sûr contre les chocs qu'ils éprouveront indispensablement : en effet, un ancien clerc de notaire, un commis aux fermes (*a*), un apothicaire (*b*), deux gens de lettres peu connus (*c*), n'annoncent pas des personnages d'une considération capable d'intimider les jaloux & les envieux. Nous verrons au surplus, Milord, ce que cela deviendra & je vous en rendrai compte.

Le Journal François est aussi un ouvrage périodique, devant commencer l'année prochaine & s'annonçant avec beaucoup de prétentions. Ses auteurs insinuent que ce ne sont point eux qui ont brigué l'emploi qu'ils acceptent ; que c'est le gouvernement qui les a invités, priés, sollicités de se charger d'une telle entreprise : ils n'ont pu se refuser aux vues nobles & intéressantes qu'on leur a présentées de défendre la religion & le bon goût outragés. Le fin de tout cela est, qu'ennemis jurés de la philosophie & des philosophes, ces Messieurs se proposent de faire la contre partie du successeur de Me. Linguet (*d*),

---

a Le premier est le Sr. de la Place, le second est le Sr. Corenée.

b Le Sr. Cadet, frere de celui qui est membre de l'académie des sciences.

c M. Dussieux, auteur de *Nouvelles*, & M. Sautereau, le rédacteur de l'*Almanach des Muses*.

d M. de la Harpe, à la tête actuellement de la partie littéraire du *Journal de politique & de littérature*. C'est un M. de Fontenelle qui continue à présider à la partie politique.

& comme celui-ci est absolument vendu au parti encyclopédique, ils en reviseront & casseront tous les jugemens, ils en détruiront les Idoles. Ils ne manquent pas d'assurer que la décence & l'impartialité seront la base de leur travail. Ce qui n'est pas plus difficile à persuader, c'est qu'ils ne prennent point la plume pour critiquer, mais, au contraire, pour venger l'innocence opprimée, les auteurs sans défense. Quelles sont donc ces modernes reparateurs des torts littéraires ? Ce sont Mrs. Clément & Palissot. Vous ne connoissez le premier vraisemblablement, Milord, que par les injures que lui a dit M. de Voltaire. Quant au second, sa réputation est faite. Tous deux ont du talent (*a*) & un assez grand fonds de méchanceté pour en bien nourrir leur journal ; mais aucun n'a cette gaieté, cette ironie que possédoit si supérieurement Fréron.

On est dans l'attente, Milord, d'une autre production périodique qui doit éclore dans quelque terre étrangere, & qu'on s'imagine n'en devoir être que meilleure, par la liberté qu'aura l'écrivain de donner tout l'essor qu'il voudra à son imagination, à ses vengeances & à ses anathêmes littéraires. Il faut vous apprendre que Me. Linguet, obligé par ses incartades d'abandonner son journal & de s'expatrier, dans

---

a Le Sr. Clément analyse assez bien, il a de l'érudition, il discute avec justesse, mais il est lourd & verbeux.

cette occasion, comme dans toutes celles où il a succombé, crie sans cesse à l'injustice ; qu'il prétend n'avoir pu être depossédé légitimement du sceptre de la critique dont on l'avoit armé, &, après avoir long-tems méprisé, injurié & décrié le métier de journaliste, veut l'être à quelque prix que ce soit. Il a vanté le despotisme comme le meilleur gouvernement. Il a prétendu que le roi de France pouvoit ravir leurs charges aux magistrats, priver la nation de ses tribunaux, lui imposer tous les impôts qu'il jugeroit nécessaires, sans forme légale & par sa seule volonté ; qu'il étoit même à desirer que les peuples fussent bien convaincus de cette vérité, puisqu'alors seulement ils seroient très heureux : mais pour lui, c'est autre chose, il est sacré de toutes parts, personne ne peut y toucher, toutes ses propriétés sont respectables. Son ordre le raye unanimement pour des inculpations déshonorantes, sur lesquelles il ne peut se justifier ; son ordre entier a tort. Le parlement confirme cette radiation ; le parlement a tort. Le conseil ne veut pas admettre sa requête en cassation ; le conseil a tort, & lui seul a raison. Il manque aux conditions sous lesquelles le privilege d'un journal, & en général tout privilege en France est accordé : on menace le libraire (*a*), propriétaire de ce privilege, de le lui ôter, s'il continue à employer un écrivain

---

a Le Sr. Panckoucke.

qui se met dans le cas d'une animadversion grave. Pour conserver sa propriété, le libraire obéit aux ordres du ministre (a): il faut que le libraire sacrifie la sienne à celle de Me. Linguet: celui-là a tort, le ministre a tort; Me. Linguet tout seul a raison. Il soutient tous les paradoxes qui lui passent par la tête; il embrasse toutes les mauvaises causes; il n'est pas permis de le contredire: les Avocats qui prennent les intérêts de ses parties adverses, deviennent ses ennemis: les tribunaux, quand ils le favorisent, jugent très-bien; il faut les renverser, quand ils lui font perdre ses causes. En un mot, il n'est point de délire pareil au sien: il exige qu'on croie que tout le bon sens réside dans sa tête, toute la justice dans son cœur, toute l'honnêteté dans ses procédés; & non seulement il le pense ou semble le penser, mais il le dit, il le répete, il l'écrit, & le dira, le répétera, l'écrira jusqu'à ce que la parole lui manque ou la plume lui tombe des mains. C'est dans cette résolution constante, dans cette volonté ferme & intrépide, qu'il cherche un asyle en quelque lieu où il puisse faire reprendre le cours à ses *Philippiques*. On a d'abord débité qu'il s'établissoit à Maestricht & qu'il y prenoit même des lettres de bourgeoisie; ensuite

---

a M. de Vergennes le ministre des affaires étrangeres, que concernoit le privilege, à cause des nouvelles politiques dont rend compte le journal en très-grande partie.

on a inféré dans une gazette (*a*) une annonce prépa-ratoire de deux journaux (*b*) par une société de gens de lettres établie à Bruxelles, & dont un *des membres surtout est également connu dans toute l'Europe par ses talens, & par les disgraces que ces talens lui ont attirées*. Peu de tems après, il a contrarié cette nouvelle (*c*) par une lettre très-modeste, mais dont l'objet est de tenir toujours le public en suspens en l'entre-

---

a La gazette de Cleves, N°. 91.

b L'un intitulé, le *courier littéraire de l'Europe* & l'autre, *bulletin de commerce de l'Europe*.

c Par la lettre suivante inférée au N°. 94. Elle est datée de Bruxelles, le 16 Novembre, & adressée au rédacteur de la gazette de Cleves.

„ En arrivant de Londres, Monsieur, je lis le N°. 91 de votre gazette : j'y trouve à l'article *Bruxelles*, l'annonce de deux nouveaux ouvrages périodiques, entrepris, dites-vous, *par une société de gens de lettres établie dans cette ville, & dont un des membres surtout est également connu dans toute l'Europe par ses talens & par les disgraces que ses talens lui ont attirées*. Je ne me serois assurément jamais reconnu à ce tableau ; je n'ai de commun avec l'homme de lettres, quel qu'il soit, que vous désignez, qu'un séjour momentané à Bruxelles, & des disgraces trop effectives, mais causées par des *injustices* & non par des *talens*. Cependant une partie du public me fait l'honneur de croire que c'est de moi qu'il s'agit. Cela pourroit nuire à ces journaux naissans, à qui ce seroit le moyen sûr de donner plus d'ennemis que de partisans. Je déclare donc que je n'y ai & n'y aurai aucune espece de part : le public en sera redevable à des mains plus heureuses & plus exercées, &c. Je vous prie de vouloir bien rendre ma déclaration publique, &c.

tenant de lui. On assure aujourd'hui que c'est à Londres, où il va établir son arsenal, & que là tel qu'on nous peint le *gazetier cuirassé* (*a*), entouré de canons, de boulets, de bombes, il va lancer ses foudres impunément. Au reste, Milord, à l'audace, à l'impudence près, sans doute, il ne doit être assimilé en rien au libelliste obcur que je viens de citer. C'est un orateur dont vous admirerez également l'imagination, la chaleur, l'énergie, l'abondance, mais dont le style toujours brillant & figuré, n'est guere propre aux discussions froides d'un *journal*, & dont le caractere bouillant & passionné ne comporte point cette ironie légere, ces sarcasmes gais & piquans qui font l'assaisonnement de ces sortes d'ouvrages périodiques, qui, d'ailleurs, est d'une mauvaise foi trop décidée pour qu'on puisse s'en rapporter, soit aux faits, soit aux décisions qu'il avance; n'ayant pas enfin en littérature le goût sain & délicat, ce tact sûr & infaillible, qualité essentielle dans un critique, dont la profession est de diriger l'opinion des autres; mais il suppléera à tous ces défauts avec un fonds intarissable de méchanceté, qui, contenue jusqu'à présent par la gêne de la presse en France, ne va se déborder qu'avec plus de véhémence, & lui procurera beaucoup de lecteurs.

---

a Ou *anecdotes scandaleuses de la cour de France*, brochure qui a paru à Londres en 1772.

En vous parlant de Me. Linguet, Milord, je ne puis omettre de vous faire quelques détails sur la mort & le testament de la duchesse d'Olonne, dont il a été autrefois le défenseur & l'amant, suivant la chronique scandaleuse.

Cette Dame, morte au commencement du mois, étoit fameuse par son inconduite & le dérangement de ses mœurs. Vous avez peut-être entendu parler du singulier procès qu'elle eut en 1772 contre le comte Orourke. C'est à cette occasion que M. Linguet, devenu le rival de cet étranger, fit des mémoires plaisans contre cet ancien serviteur de sa cliente, où il le qualifioit énergiquement de *prince de Conacie.* Cet avocat, aussi turbulent en amour qu'en affaires, s'étoit brouillé peu après avec elle. C'étoit Me. Falconnet, jeune débutant dans la carriere du barreau, ainsi que dans celle de la galanterie, qui lui avoit succédé, & qu'on pouvoit appeller *le dernier des Romains.* Malgré les infidelités qu'il lui faisoit (*a*) il a paru constamment attaché à son char; elle a rendu le dernier soupir entre ses bras: aussi en a-t-il été le mieux récompensé, comme on le voit par le testament de la duchesse.

Ce testament est aussi bisarre que sa vie, & vous

---

a En faveur d'une Madame de Lorme, auteur de quelques mauvaises comédies, & tout récemment d'une intulée: *la rupture ou le mal-entendu*, tombée le mois dernier aux François.

en allez juger par quelques dispositions. Elle ordonne que son corps soit transporté à sa principauté de Lux en basse-Navarre, c'est-à dire, environ à 250 lieues de Paris. Le prix de cette expédition funéraire est fixé à 18,000 livres, seulement pour le loyer des chevaux & voitures : celles-ci seront au nombre de six. Elle veut que son convoi très-nombreux, ayant 200 pauvres, à un écu par jour, portant des torches, se fasse majestueusement, & ne parcoure pas plus de cinq lieues en 24 heures ; qu'à chaque endroit où il reposera, on célebre un service avant le départ & que ce service se fasse avec tenture & tout le reste du luxe de ce cérémonial. Enfin on calcule que le tout pourra former une dépense de 150.000 livres (a).

Par un autre article de son testament, non moins curieux, la défunte traite fort bien tous ses domestiques, leur laisse des rentes proportionnées à leurs services respectifs ; mais en même tems elle leur interdit de se trouver à son enterrement & les exile, c'est-à dire leur assigne un domicile fixe à une certaine distance de Paris, où ils doivent résider chacun séparément pour toucher leur revenu Son motif est qu'elle desire qu'ils ne s'entretiennent pas d'elle après sa mort & ne médisent pas sur son compte.

Elle institue exécuteur testamentaire de ces dispo-

(a) Ce convoi est parti le 3 Décembre.

sitions originales Me. Falconnet : elle lui donne pour présent une petite terre & sa bibliotheque. Elle laisse aussi 15,000 livres au poëte Robbé, qu'elle logeoit dans son hôtel & soutenoit à Paris. Ce poëte, le plus ordurier de France, (*a*), l'encensoit continuellement dans ses vers pour ses bienfaits, & l'on jugeoit, par ce prêtre, de la divinité.

Cette folle, au surplus, Milord, le cede aujourd'hui à un fol qui occupe la scene & dont tout le monde s'entretient.

Ces jours derniers un abbé, comme le roi revenoit de la messe, a mis un genou en terre devant S. M. & lui a présenté un papier. Le monarque l'a pris, &, rentré dans son appartement, l'a lu. Il en a fait part en plaisantant à ses courtisans & leur a déclaré que c'étoit un mémoire dont l'auteur lui annonçoit pouvoir lui donner un secret pour perpétuer son auguste race. Le capitaine des gardes, piqué que cet ecclésiastique, oubliant les prérogatives de sa place & le costume, eût présenté son placet au roi, au lieu de le lui confier, a observé à S. M. que cette témérité scandaleuse méritoit d'être approfondie ; ensorte qu'on a donné sur le champ ordre de rechercher ce prêtre & de l'arrêter, ce qui a été fait. Il s'est trouvé que le zele avoit exalté un peu trop cette tête-là, & il a été relâché au bout de quelques heures.

Par

---

a Voyez la *lettre sur la Dame Gourdan*, Tome II, page 352 & suivantes.

Par les interrogations qu'on lui a faites, on a reconnu que le secret en question ne consistoit en aucune drogue à prendre ou à appliquer, mais dans certaine posture par laquelle il prétendoit apprendre à S. M. à suppléer au défaut physique qui avoit fait répandre le bruit d'une opération qu'elle devoit subir. Tout cela à beaucoup fait rire la cour, le roi & surtout la reine.

Prenez-en votre part, Milord; *ride si sapis!* mais aimez-moi toujours sérieusement, comme je vous aime.

Paris, ce 8 Décembre 1776.

LETTRE LXIII.

Sur Mrs. Tabourcau & Necker, Aventure de M. de Boulainvilliers.

VOus vous impatientez, Milord, que je ne vous dise rien de Mrs. Tabourcau & Necker, objets actuels des regards de la France, de l'Angleterre & de tous les étrangers. Vous ne voulez pas que l'année finisse avant que j'aie fixé vos idées à leur égard. Cela me seroit difficile; car ils n'ont encore rien produit. On annonce beaucoup de choses, sans doute; mais ne prématurons point l'avenir: tenons-nous en au passé, & jugeons de ce qu'il y a à espérer d'après les faits connus & le caractere donné de chacun de ces émimens personnages. J'ai heureusement assez amassé de matériaux pour terminer d'une façon intéressante sur leur compte.

Le premier étoit depuis longtems, & même sous Louis XV, désigné pour le ministere. Dès qu'il y en avoit un de vacant, dans quelque genre que ce fût, le public le nommoit. Cette apothéose anticipée n'étoit pas vraisemblement à son égard, comme à l'égard de certains autres, la manœuvre sourde d'un ambitieux qui, par des émissaires gagés, cherchoit, à force de se prôner lui-même, à attirer les regards & à suggérer un choix dont n'avertiroit pas son mérite personnel. M. Tabouraux est doux, simple, humain, valétudinaire, dénué de cette énergie qui enfante également & les belles actions & les grands forfaits. S'il desiroit un département, ce n'étoit donc pas le contrôle-général, surtout dans la crise actuelle, exigeant ou l'heureux génie d'un patriote zélé, ou l'ame atroce d'un scélérat intrépide. Mais sa famille (*a*) brigeoit pour lui ; mais ses amis en grand nombre à la cour & au conseil, assuroient qu'on ne pouvoit trouver un homme plus ami du bien : mais les vrais citoyens, engoués des éloges qu'ils en entendoient faire

a Elle est peu accréditée cependant, sauf M. de Villegatour, son frere, officier-général d'artillerie, très-estimé, fort connu à la cour. fort bruyant & fort propre à donner de la consistance à l'autre.

continuellement, se flattoient que l'état respireroit enfin sous un tel soutien.

Le second est d'un caractere tout différent. On ne peut révoquer en doute ses lumieres & sa capacité, tant en théorie qu'en pratique. Il a donné au public différens ouvrages sur des matieres d'administration (*a*), où l'on remarque du génie, de grandes vues & beaucoup de ressources dans l'imagination. Il a géré d'abord les affaires d'autrui : il étoit commis à 1,200 livres chez un banquier, il y a vingt ans ; il a tenu ensuite une maison de commerce pour son compte, dans laquelle il s'est enrichi au point qu'on lui donne aujourd'hui 300.000 livres de rentes. Il a été longtems l'ame & le défenseur de la compagnie des Indes. Il étoit, lors de sa nomination, ministre de la république de Geneve. Il est dans la force de l'âge, vigoureux, laborieux ; & rempli de cet enthousiasme de gloire qui excite à faire parler de soi ; mais on le taxe de n'avoir pas été fort délicat sur les moyens de se pousser au poste où il aspiroit. Sa qualité d'étranger & de protestant, son défaut d'entours, les dégoûts & les persécutions qu'il venoit d'éprouver sous M. Turgot, tout sembloit devoir lui interdire l'entrée au

---

a Entr'autres son *éloge de Colbert*, ses *mémoires pour la compagnie des Indes*, son *traité sur le commerce & la législation des grains*.

contrôle général. Cependant, parmi les mouvemens rapides de tant de rivaux parvenus & supplantés, on l'avoit quelquefois nommé & les gens sensés en avoient toujours ri, comme d'un ridicule qu'il se donnoit. On ne peut douter aujourd'hui qu'il n'y songeât sérieusement; & voici ce qu'on a découvert sur le fil détourné qui l'a conduit à son élévation.

Il étoit fort lié avec un certain marquis de Pezay, intriguant, qui n'ayant pu se faire un nom dans la littérature, cherchoit à se pousser aux honneurs & à figurer dans le monde (*a*) par ses petits vers, ses

---

a Comme il n'étoit ni vrai poëte ni vrai marquis, on avoit fait sur lui l'epigramme suivante :

> Ce jeune homme a beaucoup acquis,
> Beaucoup acquis, je vous assure;
> En deux ans, malgré la nature,
> Il s'est fait poëte & marquis.

Voici ce qu'on en disoit dans des nouvelles à la main de cette capitale, sous la date du 9 Décembre :

„ On peut se rappeller une épigramme où l'on plaisantoit „ M. de Pezay sur sa qualité prétendue de marquis. Tout „ le monde sait que son nom est Masson; qu'il est fils d'un „ ancien commis du contrôle général. On a été bien sur„ pris qu'il ait eu l'impudence de se faire donner ce titre „ dans la gazette de France du vendredi 6, à l'occasion de „ la présentation de sa femme à la cour. Autre événement „ qui scandalise tout le monde : il s'est introduit chez M. le „ comte de Maurepas, & il fait les délices de ce ministre, „ conjointement avec le Sr. de Beaumarchais. C'est à M.

calembours & ſes ſoupleſſes. Il s'étoit introduit che M. le comte de Maurepas ; il avoit plu à ce miniſtre & à ſa femme, & il faiſoit les délices de leurs ſoupers. M. Necker avoit profité de cette intimité pour ſe faire connoître du miniſtre, lui préſenter des mé-

---

„ le comte que l'on attribue ſon mariage avec une Dlle. de „ condition, appellée de Murard. Elle eſt de la plus belle „ figure du monde On ajoute que M. de Maurepas a fait „ donner par le roi une dot conſidérable à la Dlle. peu riche"

„ Ce M. de Pezay a pour ſœur une Madame de Caſſini, „ très-élégante, & qui tient de ſon côté un bureau d'eſprit „ léger perſifleur, & analogue au ton de la cour."

Et tout récemment ſous la date du 11.

„ Le mariage du prétendu marquis de Pezay eſt l'entretien „ de Paris, & l'on en plaiſante beaucoup ſur une généalogie „ qu'il s'eſt fait faire pour paroître à la cour, où on le fait „ deſcendre des Maſſoni d'Italie. Cela réveille également la „ chronique ſcandaleuſe ſur le compte de ſa ſœur, Madame „ de Caſſini, l'amante publique du comte de Maillebois. „ Pour mieux prêter au ridicule, il a engagé le Sr. de la „ Harpe à inſérer dans ſon Journal du 25 Novembre, des „ vers de ſa compoſition inſerits en divers lieux de ſes jar„ dins. Voici comment on a parodié méchamment ceux au „ deſſus d'un cabinet de verdure :"

Poëte, jardinier & ſage tour à tour,
Je ne ſuis qu'un grand fat, à parler ſans détour :
Je ne ferai pas croître une ſimple fleurette.
  Je chante & fais bailler l'amour.
  Pour être mis dans la gazette,
De femme, à prix d'argent, je vais faire l'emplette ;
Je ſerai cocu puis bientôt, j'enragerai ;
Alors plus philoſophe ici je reviendrai.

moires concernant l'administration des finances & jetter ainsi de loin les fondemens de sa grandeur future? Le moment arrivé plutôt qu'il ne comptoit, par la vacance du contrôle général, à la mort de M. de Clugny, il a redoublé d'efforts & de cabales, & il a fait suggérer par son confident au vieux Mentor de proposer au roi M. Tabourcau : il avoit, de son côté, sondé celui-ci & il savoit ce qui devoit arriver.

En effet le comte de Maurepas ayant déclaré à ce conseiller d'état que S. M. l'avoit nommé son contrôleur général, il commença par refuser, sous prétexte qu'il n'entendoit rien à la manutention du fisc public. C'est où l'attendoit M. Necker : il fit insinuer au ministre, son protecteur, que cela ne devoit point arrêter le choix du monarque : qu'on pouvoit distraire de ce département la compatibilité, & que cette partie étant de son ressort il s'en chargeroit volontiers. C'étoit M. de Pezay qui disoit tout cela pour lui, & cela n'en avoit que plus de consistance.

M. de Maurepas revint donc à la charge, & battit en ruine toutes les excuses de M. Tabourcau, qui paroît s'être défendu de bonne foi. Il a été jusqu'à dire des choses mortifiantes pour le vieux ministre, en se retranchant sur sa mauvaise santé, sur son âge. Comme celui-ci lui objectoit qu'il étoit encore jeune : „ quand on a passé cinquante ans, Monsieur „ le comte, lui dit-il, on n'est plus guere propre „ aux affaires publiques. C'étoit un argument *ad hominem*. M. de Maurepas étoit trop intéressé à le renverser & à tenir ferme. Il mit en avant les ordres du monarque & sa résolution de lui donner un collegue, propre à le seconder pour la partie qui lui répugnoit. Cet espoir le fit accepter ; il se flattoit que la nomination en seroit à sa volonté, que rien ne pressoit, & fut tout étourdi quand il apprit que M. Necker étoit l'homme annoncé en même tems que lui, sous la dénomination de conseiller des finances & directeur général du tresor royal sous les ordres directs de S. M.

M. Taboureau n'a pas tardé à ouvrir les yeux & à se repentir. Il a conçu facilement qu'il ne seroit que le simulacre, & que l'autre alloit être le vrai contrôleur général. Cette foiblesse d'avoir accepté, après avoir refusé, après être convenu de son impéritie dans les nouvelles fonctions qu'on lui destinoit, a produit même un mauvais effet dans le public ? mais sa famille surtout a été furieuse, & lui a reproché d'être la dupe ainsi d'une intrigue de cour & de l'ambition de son collegue : toute sa ressource aujourd'hui est de déclarer qu'il essayera de la place pendant six mois, & que, si à ce terme il voit une impossibilité absolue de remplir ses intentions patriotiques, il quittera avec plus de plaisir qu'il ne s'est résigné à la volonté de son maitre.

Cette abdication paroît d'autant plus prochaine & nécessaire, que M. de Maurepas a en vain tenté de fixer en détail les limites de chacun des deux promus. Pour y suppléer, en vain leur a-t-il déclaré que l'un auroit toute la recette & l'autre toute la dépense ; cette démarcation satisfaisante au premier coup-d'œil, claire, précise & devant obvier à toute contestation, n'est à l'examen qu'illusoire, & ne remédie pas aux principales difficultés. En effet, M. Taboureau étant en outre chargé du contentieux, doit rentrer souvent dans les fonctions du dernier, en ordonnant des payemens, des restitutions, des indemnités ; dont M. Necker n'étant pas prévenu, déclarera qu'il n'y a point de fonds ; ce qui est arrivé déja.

Quant à la partie des projets, M. Taboureau prétend qu'ayant sa législation ils lui doivent être tous soumis pour qu'il les médite, les vérifie, les discute, leur donne la force législative. Son rival veut, au contraire, que les siens tendant à améliorer la comptabilité, à diminuer les dépenses ou à les rectifier, n'aient à recevoir que la sanction du monarque.

On assure que la mésintelligence est déja entre ces deux personnages ; que M. Necker ayant été plusieurs fois chez le contrôleur-général, sans que celui-ci lui ait rendu la réciproque, a déclaré qu'il ne se transporteroit plus chez M. Taboureau, qui, de son côté, se regardant comme le chef & le supérieur, exige cette déférence. Ce sont, sans doute, ces tracasseries domestiques qui vraisemblablement ont empêché le directeur du trésor royal de donner l'essor à divers plans de finances qu'il a, dit-on, dans son porte-feuille, & rédigés de longue main. Cependant il paroît deux ordonnances préliminaires de sa façon, dont je vous parlerai dans un moment, après vous avoir raconté quelques anecdotes relatives à la premiere sensation qu'a produit dans le monde l'exaltation des deux ministres. Chacun ayant su la sorte de violence que le contrôleur général actuel avoit éprouvée avant d'en accepter la place, & qu'il ne l'avoit prise que lors même que S. M. lui avoit dit de sa bouche: *je vous l'ordonne, mon peuple le desire & vous ne pouvez vous refuser au salut de la France* (*a*); on lui adressa les vers suivans, d'une fadeur à faire vomir:

L'état dans sa détresse a besoin d'un grand homme;
La France vous regarde & la vertu vous nomme. (*b*).

Le premier président de la chambre des comptes, où doit être reçu & prêter serment le ministre des finances, a voulu tempérer, sans doute, l'excès d'amour-propre qu'auroit pu procurer à M. Taboureau

a On conçoit aisément que ces paroles avoient été dictées au roi par M. de Maurepas, & que le marquis de Pezay les avoit insinuées à celui-ci par l'instigation de M. Necker, ne pouvant être contrôleur général en nom, craignoit de ne pas trouver dans un autre que M. Taboureau, un personnage aussi modeste pour avouer son incapacite, & surtout un aussi foible pour laisser démembrer sa place & en céder à un second les fonctions les plus intéressantes

b On croit ces deux vers tirés de la tragédie de M. Dorat, intitulée *Adélaïde de Hongrie*.

le distique ci-dessus, s'il en eût été susceptible. Quoique les discours prononcés à cette cour ne soient que des lieux communs dont on ne fait pas grand cas, on a trouvé celui-ci remarquable par un éloge affecté de M. de Cluguy, qui n'a rien fait de bien, dont on n'espéroit rien, dont on craignoit beaucoup, dont les essais faisoient appréhender davantage & qui avoit contre lui la voix générale. Quelqu'un a observé ce paragraphe au débit, & tout le monde s'est empressé d'en recueillir des fragmens.

Tandis que la chambre catéchisoit le nouveau contrôleur-général, les prêtres jettoient les hauts cris contre son collegue : ils étoient furieux de voir un protestant s'immiscer dans le ministere & sur la voie d'entrer peut-être au conseil. M. le grand-aumônier en ayant conféré avec d'autres prélats de ses confreres à Fontainebleau, en porta en leur nom des plaintes à M. le comte de Maurepas, en lui présentant les ordonnances du royaume qui excluent les protestans de toutes les places de l'administration : le vieux ministre toujours gorguenard, lui répondit, que si le clergé vouloit se charger de payer les dettes de l'état, le roi consentiroit à congédier son moderne directeur du trésor royal. On est parti delà pour faire un jeu de mots, quoiqu'ayant une sorte de sens :

De ton choix, ô Necker, le dévo allarmé
Crie en vain : „ quel scandale énorme!

„ Pour régir son trésor, quoi! Louis a nommé
„ Un enfant de Geneve, un maudit réformé! „
C'est qu'il s'entend à la réforme.

Cependant, si la jalousie du clergé n'a pu obtenir qu'on lui sacrifiât M. Necker absolument, il passe pour constant qu'elle l'a privé du moins d'une illustration qu'il alloit recevoir par le grand cordon de *l'ordre du mérite* (*a*); ce qui a mortifié étrangement cet ambitieux, très jaloux d'honneurs. Des gens sensés ont fait sentir à S. M. qu'en couvrant ainsi un protestant d'une décoration qui le caractériseroit plus spécialement pour tel, ce seroit exciter davantage la haine, la rage & les réclamations des dévots; qu'il valoit mieux attendre que cette espece de ministre, tout neuf, se fût distingué par des actes patriotiques, propres à fermer la bouche des envieux. Il se croyoit d'autant plus digne de cette faveur, qu'il avoit déclaré ne se charger de sa place que par zele & ne vouloir aucuns appointemens; sacrifice que des frondeurs ont trouvé indécent, car on est décidé ici à critiquer les plus belles actions : ils ont dit qu'il ne convenoit point à un particulier de servir le roi gratuite-

a Cet ordre équivaut en France à l'ordre de St. Louis, & se donne aux officiers protestans qui ne peuvent être de celui-ci. Il a été institué par Louis XV en 1759. Il y a trois dignités pour les non-militaires, non encore conférées. On donnoit à M. Necker celle de chancelier de l'ordre.

ment; que ce n'étoit point une rétribution fixe & modique qui ruineroit l'état, & que d'ailleurs on devoit lui savoir d'autant moins gré de ce désintéressement, que dans sa place il pouvoit facilement s'en récupérer au centuple sans qu'on le sût.

Quoi qu'il en soit, dès son début dans la carriere M. Necker a senti qu'il auroit bien des dégoûts, des humiliations même à dévorer; il a senti aussi que ces premieres attaques du fanatisme ne seroient pas les dernieres, & que si elles étoient impuissantes cette fois, & peut-être plusieurs autres, comme les ressources & les effets en sont inépuisables, il succomberoit à la fin s'il heurtoit trop de front le clergé & se roidissoit contre lui. Il a donc pris le parti de mettre beaucoup de liant dans sa conduite envers les prélats, d'en avoir à sa table & de leur rendre des devoirs. C'est par une suite de cet esprit de conciliation qu'on n'a pas tardé à le voir à Conflans, chez M. l'archevêque de Paris; & c'est à l'occasion d'un dîner qu'il y a fait depuis peu qu'on a composé une épigramme assez piquante :

Nous l'avons vu, scandale épouvantable !
Necker assis avec Christophe à table ;
Et dix prélats, savourant à l'envi
De rouges bords le nectar délectable !
L'église en pleure, & satan est ravi.
Mais en ce jour, d'une indulgence telle
Quel seroit donc le motif important,
Qui de Beaumont a perverti le zele ?
C'est que Necker, le fait est très-constant,
N'est janséniste........ Il n'est que protestant!

Au reste, le clergé n'est pas le seul ennemi de M. Necker. Les magistrats, les membres du conseil, les intendans de province, tous les gens aspirant à gouverner les finances, ne voient pas de bon œil un intrus en approcher de plus près qu'eux, & peut être à la veille de l'occuper *sous une dénomination plus* étendue.

Les intendans des finances, qui se regardent comme le bras droit d'un contrôleur général, ne veulent point reconnoître cet intermédiaire & travailler avec lui. Les premiers commis, accoutumés à jouer le rôle de sous-ministre, ne sont pas plus contens: tous les subalternes dans cet ordre hiérarchique se soucient peu d'un pareil inspecteur, qui viendra éclairer leur conduite & porter le jour dans leurs manœuvres ténébreuses. Enfin les financiers, qui connoissent son génie systématique, son ardeur de se distinguer, craignent de trouver en lui un second Turgot, qui avec des opinions différentes, ne leur sera pas moins contraire, parce que le premier principe en administration est de réformer les déprédateurs des finances, les vampires de l'état.

Il n'est pas étonnant que parmi cette foule d'ennemis de tout ordre & de tout rang, ne pouvant conserver d'espoir que sur la chûte des deux promus, il s'en soit trouvé qui aient profité de leur accès auprès d'eux pour semer des insinuations malignes, aiguillonner réciproquement leur amour-propre; qui aient cherché à les détruire l'un par l'autre, afin de s'éléver fur leur ruine. Vous avez vu qu'ils n'ont déja que trop bien réuſſi dans leur premiere tentative. Le ſchiſme eſt tellement établi que chacun d'eux veut avoir ſes gens de confiance & des commis à lui ; ce qui ne fait que plus mal aller la machine & multiplie les êtres, les écritures, les frais & les difficultés, par l'impoſſibilité d'accorder tant de têtes On voit tous les jours les inconvéniens de la diſtraction qu'on a faite des fonctions du contrôleur général, & l'on s'attend déja au renvoi de l'un & peut-être de tous les deux

Le Sr. de Vaines, le premier commis des finances, voyant l'impoſſibilité de ſe maintenir entre ces deux concurrens, dont l'un l'eſtimoit peu & l'autre le déteſtoit, a enfin pris le parti de ſe retirer. Vous avez vu, par ce qui en a déja été dit précédemment (*a*), qu'il s'étoit aſſuré en ce cas un ſort très-avantageux ; il s'eſt piqué de générofité & a fait convertir en lettres de nobleſſe ſon traitement pécuniaire (*b*).

---

a Voyez la *lettre ſur le Sr. de Vaines*, dans le Vol. II.

b Il faut ſe rappeller que ce commis, en entrant au contrôle, s'étoit fait aſſurer avant un ſort de 20,000 livres de rentes, au cas qu'il fût renvoyé ſans avoir de place ou de dédommagement. Comme il a un tiers de place d'adminiſtrateur des poſtes, on comptoit lui accorder les deux tiers des 20,000 livres juſqu'à ce qu'il eût la place entiere ; il s'eſt piqué de générofité, il a refuſé pour n'être point à charge à l'etat fort obéré, & a demandé que cette privation fût convertie en quelque marque honorifique ; il a donné à entendre qu'il ſeroit

C'eſt le Sr. de Lille qui le remplace auprès de M. Tabourcau: & le Sr. du Freſne auprès de M. Necker.

Le premier eſt un ancien munitionnaire général des vivres, que M. le duc de Choiſeul avoit appellé depuis la paix dans les bureaux de la guerre pour le charger de la ſubſiſtance des troupes (*a*), avec le titre de premier commis. Il avoit ſervi avec diſtinction ſous les autres miniſtres juſques à M. le comte de St. Germain. Celui-ci, ſyſtématique en tout, & voulant réformer la partie dont étoit chargé M. de Lille, ne l'avoit pas trouvé de ſon avis; ayant même éprouvé beaucoup de repréſentations & de contradictions de ſa part, il l'avoit remercié. Le contrôleur général ayant eu occaſion dans ſon intendance de reconnoître le mérite de M. de Lille, de lui trouver une tête froide, beaucoup de connoiſſances, une grande facilité de parler, a cru que c'étoit l'homme qu'il lui falloit, propre à oppoſer à M. Necker, à le renverſer, & à diriger enſuite ſon inexpérience pour la partie des finances, s'il réuſſiſſoit à ramener le tréſor royal dans ſon département. En conſéquence il ſe l'eſt attaché, l'a logé dans ſon hôtel, & lui donne toute ſa confiance.

Le ſecond, déja pourvu d'une charge honorable,

---

bien aiſe de couvrir la baſſeſſe de ſa naiſſance, & de ſortir de la claſſe des vilains; ce qui lui a été accordé.

a En vivres, bois, fourrages, lumieres, &c.

(*a*) a été attaché à différens banquiers de la cour (*b*). On assure que c'est un travailleur infatigable, fort expéditif, de beaucoup d'esprit & de la plus grande probité. Les adversaires de M. Necker répandent le bruit que, malgré son excellente constitution apparente, il a le genre nerveux dans un état misérable ; il a déja été frappé de vapeurs fortes, & il ne pourroit suffire à son nouveau travail, surtout à la lecture des mémoires, occupation qui le fatigue singulierement & qui lui répugne le plus, s'il n'avoit en celui-ci un bras droit, un confident, dans lequel il trouvât un autre lui même. Il succede plus véritablement au Sr. de Vaines, en ce que c'est lui qui portera le titre de premier commis des finances (*c*).

Le public, Milord, indépendamment des objets sur lesquels la dissention entre les deux ministres ne doit influer que sourdement & lentement, va l'éprouver bientôt d'une façon sensible & directe. M. Tabourcau, connoissant combien les payemens des rentes de l'état à l'hôtel de ville se font mal par le défaut de fonds, avoit résolu en bon patriote & en ministre humain de les augmenter pour l'année prochaine de trois millions, c'est-à-dire, de les porter

a Il est payeur des gages & augmentations des gages de la chambre des comptes.

b D'abord au Sr. de la Borde, ensuite au Sr. Beaujon.

c Il est entré en fonctions depuis le 12 de ce mois.

à 72, au lieu de 69; mais M. Necker, s'y est opposé, sous prétexte qu'on pouvoit faire ce service sans ce secours: sur quoi il est à observer qu'à la fin de Décembre où nous sommes, les trois quarts des payeurs sont au tiers de l'alphabet (*a*). On voit par-là que le directeur du trésor royal a moins craint de déplaire aux citoyens, que de leur rendre trop agréable son collegue.

Il a donné, au reste, pour raison, qu'il laisseroit les extinctions, & qu'il y en avoit pour une somme considérable (*b*), mais qui n'est pas sûrement en proportion de l'accroissement des rentes. C'est ici le lieu de rappeller une anecdote passée sous M. de Clugny; je l'ignorois lorsque je vous en ai parlé, & elle servira à faire connoître & completter le tableau de son administration.

On a découvert depuis peu comment ce ministre avoit manœuvré pour se procurer de l'argent sans qu'il y parût dans le moment, mais en augmentant les dettes de l'état de plusieurs millions. La chambre des comptes avoit laissé en souffrance l'article de l'emprunt de Hollande, qui, par l'édit de création, ne devant être que d'un million de rentes, a été por-

---

a On paye à l'hôtel de ville par rang des lettres initiales des noms de baptême des parties prenantes. On n'en est guere qu'à l'*I* actuellement.

b Pour 1,600,000 livres.

té à onze ou douze ; elle avoit fait des remontrances avant d'admettre la comptabilité de cette partie : le contrôleur général défunt a déterminé S. M. à ne pas répondre à cette cour, & pendant ce tems-là il a encore fait comprendre dans le même emprunt tout ce qu'il a pu trouver à recevoir fourdement. On connoît une feule partie, des *Genevois*, de 200,000 livres de rentes. Comme le roi doit donner des lettres patentes qui levent les difficultés de cette cour, M. de Clugny avoit imaginé de comprendre le furplus dans lefdites lettres.

Cette efpiéglerie, qu'on pourroit trouver plaifante, fi elle n'étoit funefte, qui feroit rire dans un enfant de famille, en le faifant mettre à St. Lazare, n'a que rendu plus odieufe la mémoire de M. de Clugny.

Quant à M. Necker, il a déja beaucoup perdu de la confiance des habitans de Paris, lorfqu'ils ont appris qu'il alloit ainfi gêner leurs revenus, & furtout qu'il étoit queftion de fe procurer de l'argent par une loterie, c'eft-à-dire de faire des dupes fans enrichir l'état, en le grévant, au contraire, de dettes nouvelles. Au furplus, comme le projet n'eft pas encore dévéloppé, je ne puis vous en rendre compte d'une façon pofitive. Le fait eft que les effets royaux, remontés confidérablement (*a*) à l'avenement des deux

---

a Les actions des Indes, furtout de 1725, étoient venues à 1875 livres.

rivaux, ce qu'on attribuoit un peu, il est vrai, aux manœuvres du second, très au fait des moyens de la hausse ou de la baisse du papier sur la place, sont retombés.

Comme on est fort ardent dans ce pays-ci à desirer des changemens, on se plaint déja qu'il ne fasse rien; qu'il ne renvoie pas les intendans des finances, qu'il regarde comme des intermédiaires embarrassans dans l'administration; qu'il ne supprime pas les trésoriers, les receveurs généraux des finances & même les fermiers, vautours insatiables qui, suivant lui & beaucoup d'autres, devorent impitoyablement les entrailles de la France.

C'est, sans doute, pour satisfaire la juste impatience du public, qu'il vient de faire répandre depuis que j'ai commencé ma lettre, deux ordonnances du roi, en forme de *réglemens*, en date du 22 de ce mois.

Le premier, *pour la liquidation des dettes & le payement des dépenses courantes de S. M.*, quoique critiqué, vu sa forme despotisme *de par le roi*, qui ne lui concilie pas une grande confiance, puisque S. M. évite de se lier par la forme légale de l'enrégistrement, est très-approuvé quant au fond; ce qui fait craindre qu'il n'ait pas lieu longtems, s'il est même jamais exécuté.

Il est motivé sur les principes les plus sages: savoir que le retard dans les payemens & leur incertitude encore plus, occasionnent le renchérissement général des fournitures & des entreprises qu'en outre, les adminiſtrateurs en ordonnant les dépenſes, n'appercevant que dans le lointain l'acquittement qu'ils ne ſeroient peut être pas chargés de faire, s'y livrerent plus facilement. M. Necker, en mettant à l'écart tout le paſſé, s'occupe ſpécialement du préſent & de l'avenir. En conſéquence, l'année révolue ſera payée comptant dans le courant de la ſuivante; en douze époques, à commencer de 1776 en 1777; ce qui doit opérer une diminution conſidérable ſur les marchandiſes. Les créances antérieures ſeront acquitées en ſix années ſur un fonds extraordinaire de quatre millions pour les trois premieres, qui doit être augmenté dans les trois dernieres juſqu'à la concurrence du montant entier de ces créances. Ils ſeront en outre faits en argent comptant, & non en effets négociables.

Le même réglement a lieu pour les gages & appointemens des officiers de la maiſon de S. M., qui ſeront dorénavant payés annuellement, & pour le ſurplus on fait un fonds extraordinaire de 300,000 livres par an, applicable par préférence au payement des plus petites parties, & qu'on promet d'augmenter.

Du reſte, chaque chef en ſa partie doit remettre reſpectivement à S. M. un projet général d'économie ſous deux mois.

Enfin, à moins de cas imprévus, tous les projets de dépenſes extraordinaires ſeront préſentés à S M. au mois de Décembre, chaque année, pour l'année ſuivante, avec l'état du montant.

L'autre *réglement, concernant les pensions & autres graces pécuniaires*, ne présente pas des intentions moins judicieuses.

1°. Toutes les graces de cette nature ne seront demandées qu'au mois de Décembre de chaque année, afin qu'en en découvrant toute l'étendue à une seule époque, on puisse en proportionner la distribution aux facultés de S. M.

2°. Elles ne seront plus accordées que sur le trésor royal, afin d'éviter l'abus de multiplier les graces sous différens rapports, & qu'on puisse connoître tout de suite les divers traitemens dont les solliciteurs jouiroient déja. On éteint toutes celles accordées sur des baux d'affaires qui en diminuoient les revenus, & d'ailleurs, étant ainsi appliquées sourdement, l'étoient souvent fort mal.

3°. Les pensions seront dorénavant payées d'année en année, & il sera fait un fonds extraordinaire de 500,000 livres par an pour acquitter le passé, applicable par préférence aux plus petites parties, & qui sera augmentée, dès qu'il sera possible.

4°. Les nouvelles pensions seront exemptes des déductions usitées pour les anciennes.

Au reste, tout cela est si beau qu'on ne peut guere y croire. Les partisans de l'auteur en conviennent secretement. Ils avouent que M. Necker ne se flatte pas lui même de l'exécution de ses réglemens; qu'il a voulu seulement, par ces préliminaires séduisans, éblouir le parlement, l'étonner d'une premiere admiration, l'empêcher de crier, & faire sans réclamation ses emprunts, sous prétexte de subvenir à ces arrangemens, mais dans la réalité pour des besoins plus urgens, tels que ceux de la marine.

Voilà, Milord, où on en est dans ce pays-ci sur le compte des deux ministres que vous me sollicitez si fort de vous faire connoître. Je ne crois pas que les œuvres du premier, tout à fait nul, se manifestent jamais, & l'on compteroit mal à propos sur celles du second, vrai charlatan en politique, qui saura seulement peut-être trouver des tournures plus insidieuses pour attraper l'argent du public, mais n'en fera pas meilleur usage que ses prédécesseurs.

Il y a apparence que la mauvaise situation des finances de la *France* ne fera qu'empirer l'année prochaine, comme dans le cours de celle-ci. Puisse ma patrie être plus sage! mais j'en désespere.

Je passe maintenant au second point de votre lettre, sur l'affaire du prévôt de Paris, qui vous paroît incroyable: elle est très vraie; en voici les détails.

Depuis six mois les fermiers généraux ont obtenu un arrêt du conseil qui leur permet, en remplissant certaines formalités, d'aller visiter jusques dans les maisons des princes du sang, lorsque leur intérêt l'exige. C'est M. de Clugny qui leur a accordé ce droit. On sait combien il les favorisoit. Depuis lors ils n'en avoient point usé, mais ils viennent de le faire d'une façon éclatante. M. de Boulainvilliers, le prévôt de Paris, a dans son hôtel, rue Notre Dame des Victoires, des caves immenses & de la plus grande beauté.. Depuis longtems les fermiers-généraux, instruits qu'elles recéloient des eaux-de-vie de contrebande, qu'on y en distilloit journellement, avoient fait la politesse à ce chef du Châtelet de le prévenir. Celui-ci se fiant sur les prérogatives de sa place, & ignorant le nouveau privilege accordé à la ferme, n'en a tenu compte. Enfin on est venu la nuit du 4 au 5, avec main-forte, investir sa maison : on est descendu dans les souterreins ; on a confisqué plus de cent pieces d'eau de vie, ainsi que les alambics, les fourneaux & les matieres qu'on employoit à la composition de ces boissons factices. Avec des ingrédiens de peu de valeur, ces distillateurs perfides se faisoient des revenus considérables. Pour six sols ils extrayoient une pinte d'eau-de-vie, qui se vend 24 sols. Il résulte de cette catastrophe un procès très-scandaleux contre M. de Boulainvilliers, dont la collusion avec les contrebandiers est trop manifeste pour qu'on puisse en douter. Ce qui prouve que ce n'étoit point à son insu & qu'il en étoit participant, c'est que l'année derniere encore il avoit fait construire une espece d'égoût propre aux manœuvres des travailleurs & à favoriser leurs fraudes. Il s'est trouvé dans un des souterreins une cuve seule contenant 60 muids, qui a nécessairement été construite de pieces rassemblées en ce lieu. Il avoit acheté une maison voisine, par où l'on entroit dans lesdites caves sans passer par son hôtel. En outre, les ouvriers & coopérateurs ſe préſentoient avec des habits brodés, galonnés, &c. & ſe déshabilloient enſuite. En un mot, tout décele une fraude ſoutenue & combinée avec la plus grande intelligence. On deſireroit fort qu'il fût fait un exemple ſur ce deſcendant de *Samuel Bernard*, ayant encore l'ame juive ; mais on ſait que dans ce pays-ci les coupables puiſſans ſe tirent toujours d'affaire, & d'ailleurs celui ci à des gendres accrédités, intéreſſés à le faire ſortir de ce mauvais pas.

Il vouloit d'abord publier un mémoire juſtificatif, mais on lui a fait entendre qu'il ne ſerviroit qu'à manifeſter davantage ſon infamie : qu'en pareil cas un ſilence équivoque étoit ſa ſeule reſſource, & l'autorité ſon ſalut.

Je termine l'année, Milord, en vous faiſant pour la prochaine le ſouhait d'Ovide, dont le vers ne ſauroit être mieux appliqué :

Di tibi dent annos, à te nam cætera ſumes.

Paris, ce 28 Décembre 176[illegible].

Fin du quatrieme volume.

www.ingramcontent.com/pod-product-compliance
Lightning Source LLC
LaVergne TN
LVHW020600110826
845149LV00002B/324